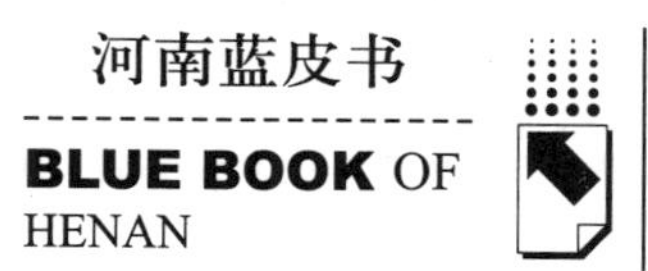


# 河南工业发展报告（2014）

ANNUAL REPORT ON INDUSTRIAL DEVELOPMENT OF HENAN (2014)

## 稳中有进的河南工业

主　编／龚绍东
副主编／赵西三　林风霞

社会科学文献出版社
SOCIAL SCIENCES ACADEMIC PRESS (CHINA)

**图书在版编目（CIP）数据**

河南工业发展报告．2014：稳中有进的河南工业/龚绍东主编．
—北京：社会科学文献出版社，2014．1
（河南蓝皮书）
ISBN 978－7－5097－5541－9

Ⅰ．①河…　Ⅱ．①龚…　Ⅲ．①地方工业经济－经济发展－研究报告－河南省－2014　Ⅳ．①F427．61

中国版本图书馆 CIP 数据核字（2013）第 316493 号

**河南蓝皮书**
**河南工业发展报告（2014）**
**——稳中有进的河南工业**

主　　编／龚绍东
副 主 编／赵西三　林风霞

出 版 人／谢寿光
出 版 者／社会科学文献出版社
地　　址／北京市西城区北三环中路甲 29 号院 3 号楼华龙大厦
邮政编码／100029

责任部门／皮书出版中心（010）59367127
电子信箱／pishubu@ ssap. cn
项目统筹／任文武
责任编辑／高　启　王凤兰　王　颉
责任校对／王翠荣
责任印制／岳　阳
经　　销／社会科学文献出版社市场营销中心（010）59367081　59367089
读者服务／读者服务中心（010）59367028

印　　装／北京季蜂印刷有限公司
开　　本／787mm×1092mm　1/16
印　　张／20．75
版　　次／2014 年 1 月第 1 版
字　　数／331 千字
印　　次／2014 年 1 月第 1 次印刷
书　　号／ISBN 978－7－5097－5541－9
定　　价／69．00 元

本书如有破损、缺页、装订错误，请与本社读者服务中心联系更换
版权所有　翻印必究

# 河南蓝皮书系列编委会

**主　　任**　喻新安

**副 主 任**　刘道兴　丁同民　谷建全

**委　　员**　（以姓氏笔画为序）

卫绍生　牛苏林　王建国　王玲杰　王景全

刘振杰　闫德民　完世伟　李立新　李宏伟

李怀玉　陈东辉　周全德　林凤霞　赵西三

赵　然　郭小燕　龚绍东

# 《河南工业发展报告（2014）》
## 编　委　会

**主　　编**　龚绍东

**副 主 编**　赵西三　林风霞

**委　　员**　（以姓氏笔画为序）

王中亚　尹汉标　刘晓萍　孙永民　杨志波
杨清伟　李　刚　宋　歌　张志超　张富禄
陈金芬　林风霞　周建峰　周春雨　赵西三
赵建吉　袁　博　郭爱民　唐海峰　龚绍东
樊万选

# 主要编撰者简介

**龚绍东** 河南省社会科学院工业经济研究所所长，研究员，兼任中国工业经济研究会理事、河南省经济学会理事、河南省工业经济联合会理事。专业研究方向为工业经济和产业经济学，重点研究河南工业经济与产业发展战略与策略、企业战略和创新。在《中国工业经济》《经济日报》等报刊发表论文100多篇。主编或合作编著出版《河南制造》《工农业协调发展的“河南模式”》等学术著作6部。主持和参加国家社会科学基金项目3项、省级社会科学类项目10余项，还主持《河南省现代产业体系建设研究》和承担《河南省工业转型升级“十二五”规划》等省政府规划编制起草和专项研究课题多项。获省级以上社科类优秀成果奖12项。

**赵西三** 河南省社会科学院工业经济研究所产业经济研究室主任，副研究员，专业研究方向为产业经济学，重点研究河南工业经济及产业发展，公开发表论文20多篇，合作著作10余部，总计字数60多万字。完成各项研究报告30多项，主持国家社科基金青年课题1项，主持并完成省级课题1项，参加国家及省级课题10余项，获省级以上社科优秀成果奖5项。

**林风霞** 河南省社会科学院工业经济研究所河南工业研究室主任，副研究员，专业研究方向为产业经济学，重点研究产业经济和河南工业经济发展，公开发表论文30余篇，合作编著学术著作6部，总计字数50多万字。参加完成国家社科基金课题1项，主持完成省级课题1项，参加完成省级社会科学和软科学课题8项。获省级以上社科类优秀成果奖3项。

# 摘　要

本书由河南省社会科学院主持编撰，以稳中有进的河南工业为主题，全面深入地分析了2013年河南工业经济运行的趋势、特点以及对2014年的展望。本书全方位、多角度地研究探讨了河南推进工业发展的举措与成效，并对河南进一步推进工业经济稳中有进提出了对策建议。

本书的总报告之一由河南省社会科学院工业经济研究所课题组撰写，代表了本书对河南工业经济运行分析与预测的基本观点。报告认为，2013年以来，面对更加复杂的国际国内环境，河南工业承压前行，从减速开局到企稳回升，全省工业运行基本呈现出“缓中趋稳、稳中有进”的总体态势和特点，“稳”的态势正在形成，“进”的格局初步呈现。预计今后一段时期，河南工业总体上仍将保持稳中有进的发展格局；2013年规模以上工业增加值将实现同比增长12%的战略目标，2014年规模以上工业增加值同比增长仍将继续保持在12%左右，但结构调整与转型升级步伐会明显加快。报告建议，在我国全面深化改革的背景下，河南工业应坚持稳中求进、稳中有为的思路，继续筑牢“稳”的基础支撑，切实理清“进”的重点方向，完善提升“为”的综合举措，尽快进入“提质增效”第二季。

本书的总报告之二也由河南省社会科学院工业经济研究所课题组撰写，代表了本书对河南区域工业竞争力评价的基本观点。报告认为，综合评价区域工业竞争力，既能全面了解各区域工业竞争力的相对水平，又能针对性地采取对策提高各区域发展速度和质量，这是河南提升整体工业竞争力、持续推进工业经济“稳中有进”的必然要求。报告通过确立工业竞争力评价的指导思想和原则，构建了河南区域工业竞争力的评价指标体系，并利用《河南统计年鉴(2013)》中各省辖市的各项数据，对河南各区域工业竞争力进行了综合评价和分析。报告建议，各区域现阶段应集中精力做大做强特色优势产业、做好集群承接工作，同时还要积极提升区域创新能力、区域开放合作水平和区域工业可持续发展能力，最终实现区域工业竞争力的持续提升。

本书的分报告主要从转型升级、产业集聚、行业运行、企业发展等方面进行专题研究，力求全面地展示河南重点区域、重点行业和典型企业在推进工业稳中求进、提质增效中所作的努力探索及成效，面临的优势及存在的特殊性问题，并提出提质增效的思路及对策建议。

本书还以附表形式给出了河南工业入榜 2013 年世界企业 500 强和中国企业 500 强的企业名单，2013 年河南省工业 100 强企业名单，2013 年河南省工业 100 家高成长企业名单，以使读者更好地了解河南工业发展情况。

# 序

2013年，面对错综复杂的形势，在省委、省政府的正确领导下，全省上下深入贯彻党的十八大和十八届二中、三中全会以及中央经济工作会议精神，全力推进粮食生产核心区、中原经济区、郑州航空港经济综合实验区三大国家战略实施，坚持“总要求”，转变“立足点”，突出“四着力”，抓好“三重点”，努力稳定增长、加快转型、惠及民生，经济社会发展稳中有升、稳中有进、稳中向好，继续保持好的趋势、好的态势、好的气势。随着河南工业稳增长调结构百日攻坚行动的深入开展，2013年全省规模以上工业增加值同比增长12%左右，发展的质量和效益进一步提升。

党的十八届三中全会通过的《中共中央关于全面深化改革若干重大问题的决定》深刻剖析了我国改革发展稳定面临的重大理论和实践问题，提出了全面深化改革的战略重点、优先顺序、主攻方向、体制机制、推进方式和时间表、路线图，是中国全面深化改革的总体设计和战略部署，在改革理论、任务和政策等方面具有一系列重大突破。省委书记郭庚茂同志指出，要自觉把党的十八届三中全会精神作为行动指南和科学标准，用全会精神审视、衡量、调整、完善、提升发展改革的思路举措。省委经济工作会议强调，做好明年的经济工作，要调中求进，把推动发展的立足点切实转到提高质量和效益上来，通过调整优化产业产品结构，确保在稳增长、保就业、惠民生上取得新进展，打造河南经济升级版；要变中取胜，顺应形势变化，寻找抢占先机，增强发展的基础和后劲，形成后发优势，持续保持蓄势崛起的良好态势；要转中促好，转变经济发展方式，促进绿色、循环、低碳、可持续发展；要改中激活，全面深化改革开放，增强发展动力、激发市场活力。

河南省正处于爬坡过坎、攻坚转型的关键时期。国际金融危机影响具有长期性，国际市场竞争日趋激烈，经济运行存在下行压力，部分行业产能过剩问题严重，结构性就业矛盾突出，新的增长动力源尚不明朗。宏观经济环境变化导致的外需不足和河南省自身结构性矛盾相互叠加，河南工业经济继续保持稳中有进的格局，面临着前所未有的挑战。同时，河南省发展也面临着良好机遇和有利条件，三大国家战略规划深入实施，河南的战略地位上升，交通、资源、要素等综合优势仍较突出，支撑能力和承载能力持续增强，集群引进处在历史最好时期，平稳向好的基础与条件正在积累和强化，工业经济仍处于加快发展的战略机遇期。在新的一年里，我们要按照中央经济工作会议、省委经济工作会议的精神，全面贯彻落实党的十八大和十八届二中、三中全会精神，紧紧围绕中原崛起、河南振兴、富民强省总目标，把改革创新、扩大开放贯穿于经济社会发展各个领域各个环节，坚持打造富强河南、文明河南、平安河南、美丽河南和推进社会主义民主政治制度建设、提高党的执政能力制度建设总布局，聚焦实施粮食生产核心区、中原经济区、郑州航空港经济综合实验区三大国家战略规划，深入推进“一个载体、三个体系”建设，着力扩大需求稳增长，着力优化结构促转型，着力改革创新增后劲，着力创造优势增强支撑，着力改善民生促和谐，调中求进、变中取胜、转中促好、改中激活，切实提高经济发展质量和效益，促进经济持续健康发展、社会和谐稳定。要把调结构、稳增长作为首要任务，把增长速度建立在提质增效可持续发展基础之上。要坚持做强工业，加快推进先进制造业大省建设，着力抓好化解产能过剩和实施创新驱动发展。要按照竞争力最强、成长性最好、关联度最高的原则选择主导产业、确定主攻方向，培育产业链条完整、集聚效益突出、竞争能力强劲的产业集群，打造功能完善、结构合理、相互配套的现代产业体系。要加快发展高成长性制造业，积极培育战略新兴产业，改造提升传统支柱产业，构建高质高效、开放创新、具有竞争活力的现代工业发展格局。

河南蓝皮书《河南工业发展报告（2014）》凝聚了河南省社科界一批专家学者的智慧和心血，是反映河南工业经济运行、区域工业发展、重点企业发展情况的一个重要平台，受到了社会各界的关注。希望河南省社会科学院和支持关心河南工业发展的各界同仁坚持理论联系实际，深入调查研究，发现新问题、总结新经验、提出新思路，为省委、省政府科学决策提供智力支持。希望全省工业战线的同志们，坚定信心，开拓创新，攻坚克难，持续求进，为推进河南工业经济持续健康较快发展，打造河南经济升级版做出新的更大贡献！

河南省人民政府副省长 张维宁

2014 年 1 月 8 日

# 目录

## 𝔹Ⅰ 总报告



## 𝔹Ⅱ 转型升级

## BⅢ 产业集聚



## BⅣ 行业运行



## BⅤ 企业发展

# 附 表



皮书数据库阅读使用指南

# 总 报 告

General Report

## B.1 稳中有进的河南工业

### ——2013～2014年河南工业经济运行分析与展望

河南省社会科学院工业经济研究所课题组*

**摘 要：**

2013年河南工业经济运行基本呈现"缓中趋稳、稳中有进"的总体态势，"稳"的态势正在形成，"进"的格局初步呈现。展望未来，河南工业发展"稳"的外部环境持续优化，"进"的制约因素依然存在，预计河南工业总体仍将保持稳中有进的发展格局，需要以全面深化改革为重点，继续筑牢"稳"的基础支撑，切实理清"进"的重点方向，完善提升"为"的综合举措，推动河南工业进入"提质增效"第二季。

**关键词：**

河南工业 稳中有进 转型升级

---

* 课题组负责人：龚绍东；课题组成员：赵西三、林风霞、宋歌、唐海峰、刘晓萍、王中亚、袁博。

2013 年以来，面对更加复杂的国际国内环境，河南工业承压前行，从减速开局到企稳回升，基本呈现出“缓中趋稳、稳中有进”的总体态势。与 2012 年相比，虽然增长速度再下台阶，进入中速增长的新常态，但企业家预期趋于稳定，转型升级呈现新亮点，新项目、新产品、新业态、新模式不断涌现，发展动力转换迹象初步显现。预计今后一段时期，伴随着全面深化改革的推进，河南工业发展的内生动力将持续增强，关键是要抓住机遇，解放思想，破除瓶颈，释放活力，开启河南工业新增长之路。

## 一　2013 年河南工业经济运行分析

根据有关部门公布的数据，结合我们实地调研中的感受，对 2013 年河南工业经济运行情况进行分析，企业实际情况与企业家实际感受是我们的研究重点，统计数据作为主要参考依据。

### （一）总体态势

**1. 增长速度再下台阶，低位趋稳波动回升**

2013 年 1～11 月，全省规模以上工业增加值累计同比增长 11.8%，而 2010 年、2011 年、2012 年全省规模以上工业增加值同比增速分别为 19.0%、19.6%和 14.6%（见图 1），与前三年相比，2013 年全省规模以上工业增加值同比增速明显再下台阶，进入中速增长新常态。尤其是一季度减速开局，全省规模以上工业增加值同比增长 11.1%，较上年同期和 12 月分别大幅回落 6.2 个、4.0 个百分点，但下半年以来出现连续小幅回升，总体上趋稳特征明显，但增速难以再回到高位，波动比较明显，呈现出低位趋稳、波动回升态势。

**2. 产业结构持续优化，传统行业困难加剧**

2013 年，在增速放缓、压力加大的背景下，行业表现持续分化（见图 2），产业结构调整稳中有进，1～9 月，六大高成长性产业和高技术产业增加值同比增长 13.1%、33.4%，占全省工业增加值比重为 59.7%、5.8%，分别较上年同期提高 2.8 个、1.2 个百分点；电子信息行业继续保持高速增长，行

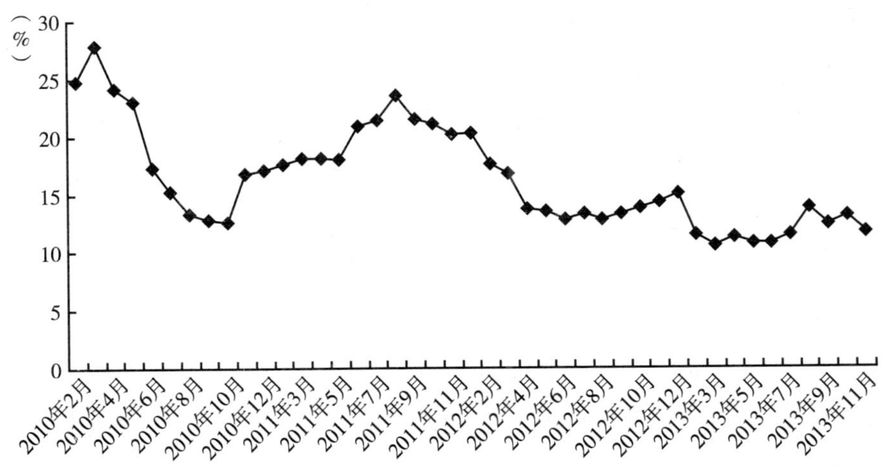


**图1　河南省规模以上工业增加值月度同比增速**

业增加值同比增长 64. 8%；规模以上工业企业实现主营业务收入 1460. 1 亿元、利润 52. 8 亿元，分别同比增长 62. 1%、120. 6%；传统支柱行业困难加剧，电解铝、甲醇、氯碱、纯碱、平板玻璃等全行业亏损，纺织行业经营困难，省内棉纺织企业开工率也不足 50%，电解铝产销价格倒挂，钢铁产能过剩严重，煤炭行业 2012 年下半年以来出现拐点，煤炭价格持续快速下降，盈利能力大幅萎缩，亏损企业增多。

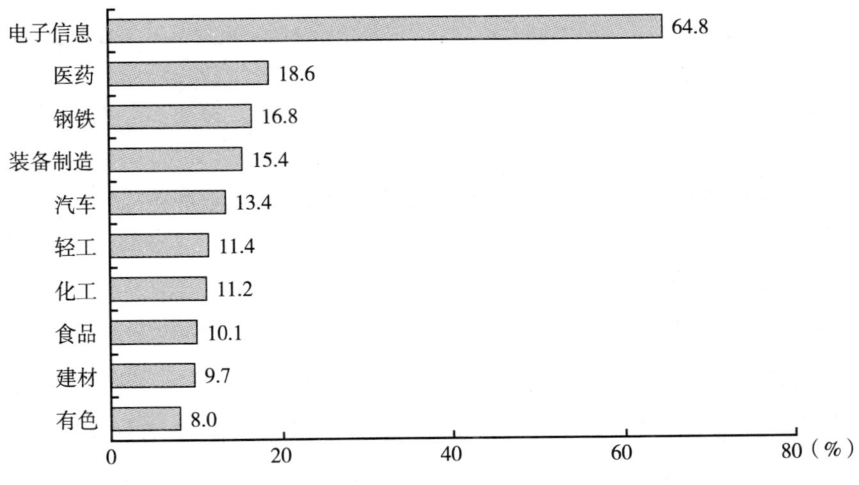


**图2　2013 年 1 ~ 9 月河南重点行业增加值同比增速**

### 3. 经济效益明显下滑，企业经营压力加大

2013 年，从利税指标看，经济效益明显下滑，1～9 月，累计利税总额与主营业务收入之比持续下降（见图 3），工信厅公布的数据显示，全省工业税收同比下降 1%，增幅较上年同期和上年全年分别回落 4.8 个、10.3 个百分点，其中，四大传统优势产业税收同比下降 0.1%，纺织行业下降 7.7%；六大高成长性产业税收同比增长 0.5%，较上年同期回落 8.1 个百分点。河南企业面临着需求疲软与成本上升，经营压力普遍增大，1～9 月，全省工业企业成本费用利润率为 7.91%，较上年同期下降 0.12 个百分点，产成品库存 1168.2 亿元，增长 7.2%。中上企业困难更加突出，前 8 个月营业成本同比增长 22.96%，同时，省管工业企业也面临着增产不增收、增收不增利的困境，资金链条比较脆弱，当前省管工业企业平均资产负债率达 75.2%。

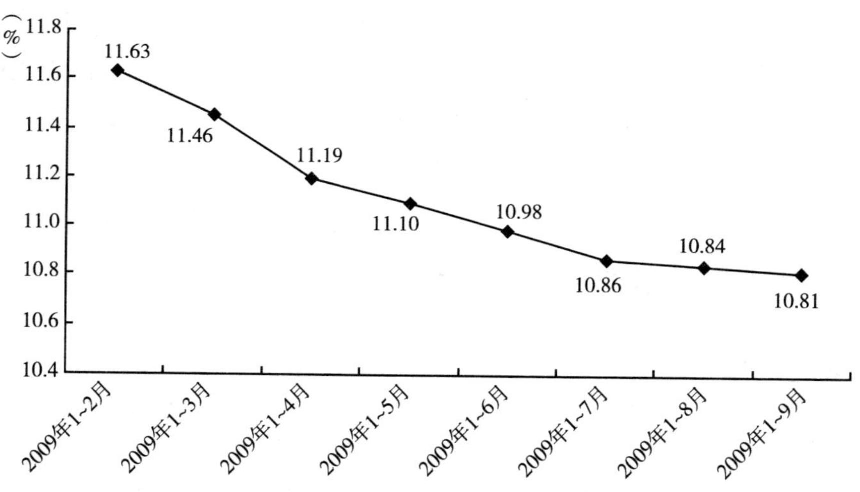


**图 3　2013 年 1～9 月河南省月度累计利税总额与主营业务收入之比**

### 4. 空间格局有所优化，区域亮点不断涌现

总体上空间格局有所优化，产业集聚效应不断增强，民权制冷、长垣起重机、汤阴食品、信阳电子信息、许昌电气装备、南阳能源装备等区域特色产业集聚发展态势良好，2013 年全省产业集聚区规模以上工业增加值同比增长 18%，对全省规模以上工业增长的贡献率为 68.9%。区域格局调整加快，区域亮点不断涌现（见图 4），传统工业大市增速明显放缓，豫东传统农区增速

加快，洛阳、平顶山已经进入个位数增长，1～9月，开封、周口通过推进集群引进，工业增速分别为17.3%、16.7%，高于全省平均水平5.7个、5.0个百分点；焦作、许昌加快产业结构调整，工业增速分别达到14.2%、14.2%。

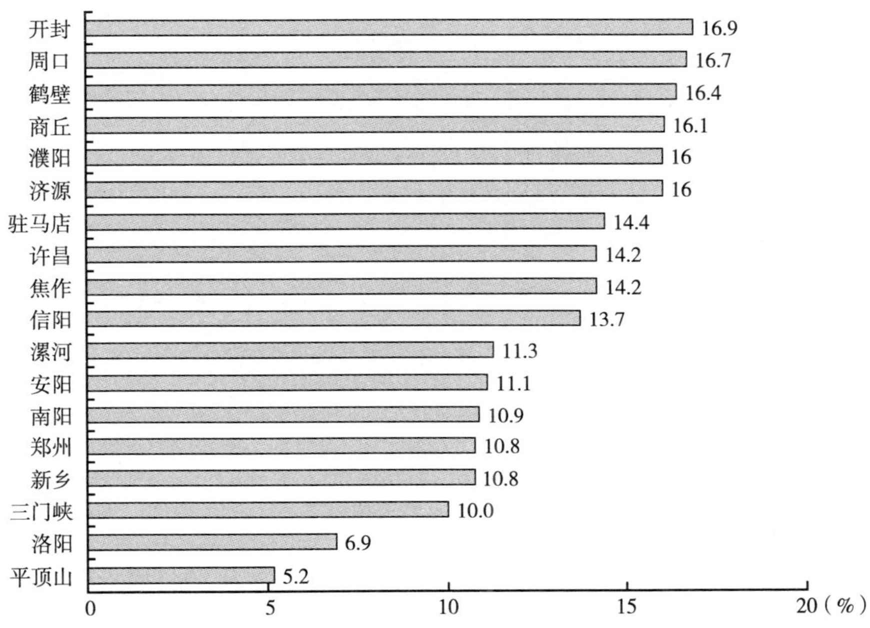


**图4　2013年1～7月河南省各省辖市规模以上工业增加值累计同比增速**

## （二）主要特点

2013年以来，河南工业发展总体呈现出“稳中有进”的主要特点，具体可以表述为“四稳四进”。

**1.“稳”的态势正在形成**

（1）增长速度趋于稳定。虽然总体上工业增速再下台阶，呈现低位运行，但2013年以来，国家统筹推进“稳增长、调结构、促改革”，陆续出台一系列“微刺激”政策措施，9月全省工业稳增长、调结构、百日攻坚行动方案发布，采取了一系列切实有效的政策措施，效应正在逐渐显现。总体上判断，河南工业经济“稳”的格局正在形成，国际金融危机以来大幅震荡的局面不会再出现，这样一个“稳”的态势为加快推进产业转型升级提供了可靠支撑。

（2）工业投资趋于稳定。2013 年以来，工业投资保持稳定，1~10 月，工业投资累计同比增速为 18.7%（见图 5），虽然与 2012 年全面 23.1% 的增速相比明显下降，但增速非常稳定，企业投资的内生动力增强，并且投资结构明显优化，1~10 月，六大高成长性行业投资增长 22.7%，同比提高 2.1 个百分点。1~9 月，全省产业集聚区工业投资增长 28.2%，占全省工业投资的比重为 70.7%。投资是工业发展的主动力，向创新驱动转型并不是不要投资，而是要引导投资向创新、产品开发等环节转移，从而优化未来的产业结构，所以投资趋稳对加快工业转型升级至关重要。

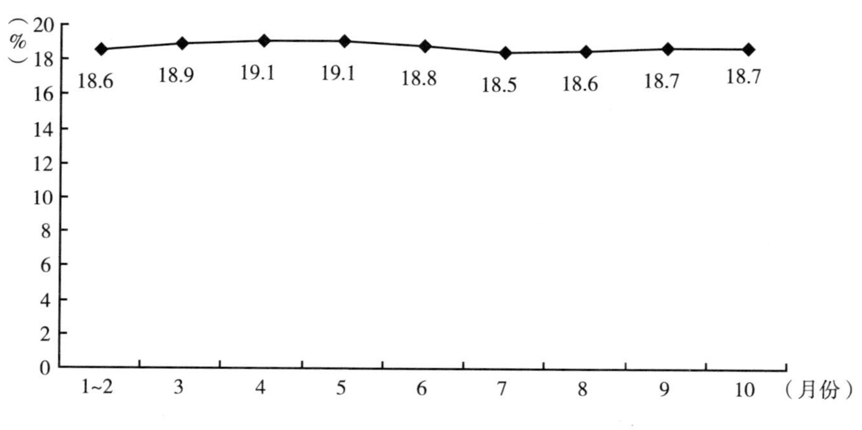


**图 5　河南省 2013 年 1~10 月工业投资累计同比增速**

（3）企业家预期趋于稳定。在与企业家的交流中，我们深刻感觉到，与前几年受到国际金融危机的冲击相比，企业家的心理预期趋于稳定，企业家对于经济增速放缓和经济深度转型的认识更加深入，大多数企业家认为高速增长时代已经过去，不能再简单地追求规模扩张，要适应经济增长的新常态，紧跟市场需求，加大创新力度，实现企业转型。在产业政策引导下，一些企业开始在研发中心建设、新产品开发、发展模式创新、新兴市场开拓等领域加大投资力度，以获取新的发展空间。

（4）政府心态趋于稳定。与前几年相比，党的十八大以来，国家明确提出不再简单地以 GDP 论英雄，切实把经济增长的立足点转到效益与质量上来，也不再实施大规模的刺激计划，以深化改革进入第二季的“提质增效”战略思路更加清晰。在这个背景下各级政府的心态趋于稳定，在调研中我们感到，2013 年以来，各级政府在产业发展、项目引进上，不再盲目地看规模，坚决杜绝高耗能、高污染项目，更加理性，对环境保护、产业层次、研发创新等指标更加关注，政府心态稳定将会更有效地推动工业转型升级。

**2. “进”的格局初步呈现**

（1）产业与产品结构优化有新进展。2013 年以来，虽然工业增速明显放缓，但产业产品结构优化亮点纷呈，前三季度，高技术产业增加值占比为 5.8%，比上年提高 1.2 个百分点，六大高载能行业占比比上年下降 3.1 个百分点，与前两年相比，传统资源型和高耗能产业的投资比例和增速都出现大幅下降。工业企业产品层次稳步提升，一些龙头企业通过利用新产品开拓新市场，如中信重工的“GM140－60 高压辊磨机”被科技部列为 2013 年度国家重点新产品计划战略性创新产品，世界首台直径 5 米敞开式无轨运输硬岩掘进机成功试车，这样的案例正在持续增多，工业企业核心竞争力持续提升。

（2）招商引资与集群引进有新进展。抓住当前沿海地区产业向内陆转移提速的历史机遇，2013 年以来，河南大力推进集群引进，前三季度，河南实际利用境内外资金约 5219 亿元，其中实际利用外资 95.5 亿美元，增长 5.3%，实际到位省外资金 4636.6 亿元，增长 21.2%，尤其是 2 月省政府办公厅转发了省工业和信息化厅拟定的《河南省以手机为重点的电子信息产业集群引进 2013 年行动计划》，惠普、甲骨文、中兴、创维等企业纷纷落户河南，郑州航空港、洛阳、信阳等电子信息产业集群发展态势初步呈现，带动了河南电子信息产业的跨越式发展。

（3）研发投入与新产品开发有新进展。经济转型背景下，企业家纷纷认识到只有注重研发投入和新产品开发，才能获得新的发展空间，2013 年以来，省科技厅推进实施了 39 项高新技术产业化项目，带动企业研发投入 3.74 亿元，一大批企业研发平台加快构建，新增加国家级企业技术中心 10 家，使得全省国家级企业技术中心总数达到 66 家，居中西部地区之首。巩义市中国汽车轻量化研究与检测中心、商丘市国家超硬材料及制品高新技术产业化基地等一批创新平台建设加快推进，一批工业企业在自主创新中重塑竞争优势。2013 年 12 月 23 日，继中关村技术转移集聚区之后，国家批复的第二个区域性技术转移中心落户郑州，将形成以“国家技术转移郑州中心”为枢纽的跨区域、跨领域、跨机构的技术交流与转化的新格局。

（4）企业商业模式创新有新进展。伴随着互联网的发展，河南工业企业纷纷搭上电子商务快车，电商营销模式快速渗透。2013年前三季度，河南黎明重工科技股份有限公司通过电商渠道的营业收入占到总销售收入的70%以上，2013年1~8月，郑州逸阳服饰有限公司线上销售额已突破亿元大关，2013年“双11”当天逸阳旗舰店销售额突破2500万，比上年同比增长90%，在淘宝女装类目排名第28位，逸阳再次刷新了中国女裤电商销量的纪录。菜鸟网络、东京、阿里巴巴、当当网、苏宁易购等电商巨头纷纷入驻，以电商模式促进新经济与传统产业的深度融合，正在成为河南工业企业转型升级的新支点。

## 二　2014年河南工业经济发展趋势展望

未来一段时期，随着全面深化改革战略部署的实施，河南工业经济发展环境持续优化，但同时也应看到，河南产业结构矛盾仍较突出，预计2014年全省工业经济增速趋稳回升态势将得以延续，总体保持稳中有进的发展格局。

### （一）河南工业稳中求进面临的形势分析

从当前工业发展面临的形势看，河南经济处于增长速度换挡期、结构调整阵痛期、前期刺激政策消化期叠加的阶段，河南工业持续稳中求进面对前所未有的机遇与挑战。

**1.“稳”的外部环境持续优化**

总体上看，2013年及未来一段时期，促进经济平稳发展的各种积极因素正在积累，河南工业“稳”的发展环境持续优化。

（1）深化改革全面推进。党的十八届三中全会通过了《中共中央关于全面深化改革若干重大问题的决定》（以下简称《决定》），《决定》共分16项60条，合理布局了全面深化改革的战略重点、优先顺序、主攻方向、工作机制、推进方式和时间表、路线图，形成了改革理论和政策的一系列新的重大突破，以经济体制改革为重点的全面深化改革将为经济发展注入新活力。未来一段时期，围绕基本经济制度、现代市场体系、宏观调控体系、财税体制、科技体制、开放型经济体制、考核评价体系等各领域的改革创新全面推进，市场在资源配置中的决定性作用持续强化，市场信心进一步增强，企业家预期更加稳定，发展潜力持续释放，将为未来一段时期中国经济平稳发展提供新动力。

（2）中国经济稳中向好。2013 年以来，面对更加复杂的国内外形势，中国政府保持定力，稳定与创新宏观经济政策，中国经济呈现出“总体平稳、稳中有升、稳中向好”的特征，根据国家统计局公布的数据，前三季度，国内生产总值 386762 亿元，按可比价格计算同比增长 7.7%，其中第一季度增长 7.7%，第二季度增长 7.5%，第三季度增长 7.8%。国家统计局对全国 6.5 万家工业企业进行的问卷调查结果显示，2013 年第三季度中国工业产能利用率有所回升，达到 79.6%，比上季度回升 1 个百分点，同比回升 1.2 个百分点，中国制造业采购经理指数（PMI）也支持这一结果（见图 6），2013 年以来中国制造业采购经理指数（PMI）一直处在扩张区间，下半年以来持续温和上升，10 月为 51.4%，预示经济增长走稳态势初步显现。中国人民银行发布的《2013 年第 4 季度企业家问卷调查报告》显示，第四季度企业家信心指数为 65.9%，较上年同期上升 5.5 个百分点，企业盈利指数为 57.6%，较上年同期上升 4.5 个百分点。

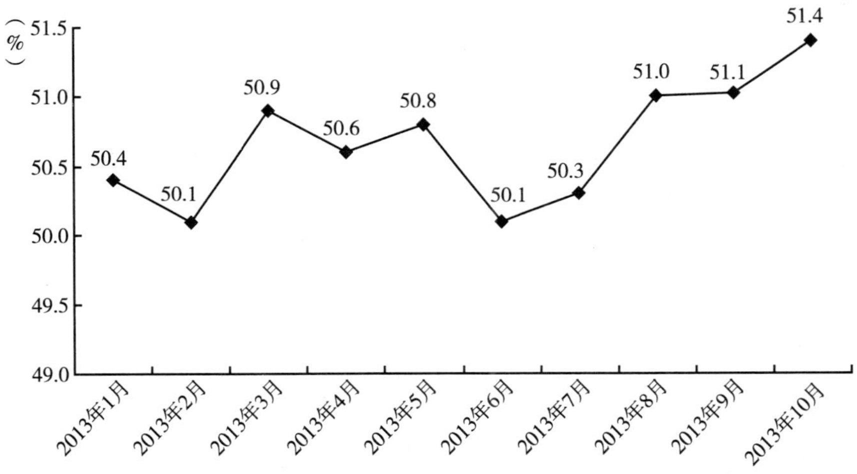


**图 6　2013 年 1～10 月中国制造业采购经理指数（PMI）**

数据来源：中国物流与采购联合会。

（3）消费需求持续升级。预计未来一段时期，以电子信息产品为代表的消费需求升级将为工业发展带来新的成长空间，截至2013年第三季度，全国移动电话用户超过12亿户，移动互联网用户达到8.2亿户，带动电商渠道成为消费热点，工信部的数据显示，2013年前三季度我国电子商务市场交易规模高达7.5万亿元，同比增长35%，2013年天猫“双11”支付宝成交金额高达350.19亿元。随着移动智能终端的更新换代，新经济与传统产业的结合点持续增多，家电、装备、汽车等智能化、数字化水平持续提升，将为工业平稳发展和转型升级提供强力支撑。

（4）三大战略深入实施。从省内情况看，2013年3月，郑州航空港经济综合实验区规划获得国家批复，与国家粮食战略工程核心区、中原经济区一并上升为国家战略，三大国家战略已经进入全面实施阶段，将为工业发展提供重要的载体与平台。依托三大国家战略，河南对高层产业与高端要素的吸引力和承载力稳步提升，集群引进步伐明显加快，2013年前三季度，郑州航空港经济综合实验区已累计签约航空物流、高端制造、现代服务等领域项目40个，总投资超过1110亿元，航空物流产业集群、航空制造产业集群、电子信息产业集群、生物医药产业集群、精密机械产业集群、现代服务业产业集群、富士康产业集群等8个产业集群雏形初现。

**2. “进”的制约因素依然存在**

河南工业前期粗放型生产和经营的发展模式已经不可持续，工业结构调整处在深化阶段，稳中求进面临诸多瓶颈制约。

（1）全球经济复苏乏力。从目前情况看，国际金融危机影响呈现长期化趋势，全球经济复苏基础比较脆弱，发达经济体复苏乏力，新兴经济体增速持续放缓，2013年以来，世界银行、国际货币基金组织连续下调经济增长预期。2013年6月，世界银行将2013年全球经济增长预期下调至2.2%（1月的预期为2.4%）；下调2014年全球经济增长预期至3%（此前预期为3.1%），并对欧元区、日本、中国等主要经济体经济增速均作下调，认为全球经济复苏并不稳健且不平衡。世界货币基金组织（IMF）也多次下调全球经济增长预期，并指出主要因为欧元区衰退持续更长时间，新兴市场经济增长放缓或将持续很久，下行风险仍然占主导地位。

（2）集群引进竞争加剧。承接产业转移是河南推进工业转型升级的一个重要举措，今后河南以产业转移促进产业升级将面临巨大竞争，尤其是当前产业转移呈现新特点、新趋势，研发创新、高技术产业、生产性服务业梯度转移加速，近年来，以成都、重庆、西安为核心的“西三角”板块在承接产业转移上持续发力，一大批高端项目落地，有力支撑了区域工业转型升级。由于这些高附加值环节与资源密集型、劳动密集型产业环节对软硬环境要求不同，河南在政策体系、软硬环境、产业配套、创业氛围等领域综合优势也不突出，对高端项目的吸引力与承载力综合优势也不突出，未来与其他地区的竞争将会更加激烈。

（3）内在矛盾集中凸显。由于河南工业多处在产业链前端和价值链低端，受经济下行冲击较大，近年来，河南传统优势产业支撑能力急剧下降，新产品、新产业尚未形成支柱，产能过剩与订单下滑矛盾突出，企业盈利空间受到多重挤压。尤其是当前能源、原材料行业以及新能源领域产能严重过剩，企业普遍亏损，但是为了保住市场份额，企业宁可亏损，也要继续生产，加之西北省份利用其能源资源优势，大规模扩张原材料企业，进一步加剧了河南电解铝、甲醇、钢铁、水泥、平板玻璃等行业的产能过剩，化解过剩产能的任务艰巨。

（4）要素制约明显强化。随着工业化、城镇化进程的加快，企业发展受土地、劳动力、资源、环境的约束越来越明显，以用地问题最为突出，边建设边审批现象较为普遍，用地缺口较大，一些小微企业和新进企业因缺少土地抵押，融资难度加大，经营困难，劳动力不足、环境事件频发也在影响经济运行。我们在调研中深刻感受到企业家在土地、用工、融资等方面受到的明显制约，影响了企业加快转型升级的积极性。

### （二）2014年河南工业经济运行预测与展望

总体上判断，预计2013年第四季度及2014年全省工业经济增速趋稳回升态势将得以延续，2013年将实现规模以上工业增加值同比增长12%左右，未来一段时期，河南工业总体仍将保持稳中有进的发展格局，预计2014年规模以上工业增加值同比增长将微弱回升至12.5%左右，但结构调整与转型升级步伐会明显加快。

分行业看，第四季度及未来一段时期，传统产业如有色、化工、纺织服装、钢铁、煤炭等将继续承压，部分行业产能过剩与成本上涨交织，规模与效益不会出现根本性转变，但企业分化将更加明显，一些有实力的企业将从新产品开发中受益扩大市场份额；电子信息、医药等行业将继续保持较高增速，主要受益于市场需求的旺盛；食品、轻工业等将保持平稳增长；汽车及零部件、装备制造业总体将保持平稳向好的态势，但企业分化将更加激烈；新材料、光伏产业等新兴产业可能迎来新的发展机遇，受益于国家支持政策措施的逐步落地，能够抓住机遇开发出新产品、新模式的企业将获得较快增长。

## 三　河南工业持续稳中有进的思路与对策

未来一段时期，河南继续保持稳中有进的发展格局，必须以全面深化改革为重点，坚持稳中求进，稳中有为，继续筑牢“稳”的基础支撑，切实理清“进”的重点方向，完善提升“为”的综合举措，着力打造河南工业升级版，进入“提质增效”第二季。

### （一）继续筑牢“稳”的基础支撑

突出实地调研，针对实际情况，继续筑牢“稳”的基础支撑。

**1. 做好定向帮扶稳企业**

针对目前困难较大的传统优势产业和暂时困难但具有发展潜力的企业，开展专题帮扶，促进其稳产复产、解困突围。继续开展困难企业认定工作，从“五险一金”、用工培训等方面减轻企业负担，重点针对钢铁、煤炭、电解铝等行业制定专项帮扶办法，进行分类指导，支持企业通过扩大市场、调整产品结构、降低成本等扭亏增效。

**2. 拓展融资渠道稳投资**

强化银企对接工作，支持企业加大转型升级项目投资力度。组织开展银行、担保机构、企业三方对接，召开全省金融机构与中小微型民营企业贷款项

目对接大会。引导银行积极探索产业链金融模式，通过龙头企业为配套企业提供信贷支持。实施“小巨人”信贷培育计划，帮助符合条件的中小微型企业发行中小企业集合债券及采取“区域集优”模式发行集合票据。搭建企业融资信息平台，开辟银企对接绿色通道。积极培育小微型企业信用体系，完善小微型企业增资增信手段。借鉴和吸收沿海地区金融产品创新经验，确保小微型企业贷款增速、增量“两个不低于”和银行业金融机构的小微型企业贷款比例、贷款覆盖率等指标的全面完成。

**3. 坚持扩大内需稳消费**

顺应信息化发展趋势，用好国家促进信息消费的政策，加强网络通信建设，鼓励多元投资，优化消费环境，创新信息产品，推动电子商务、智慧城市、大数据、物联网、信息增值、服务外包等信息服务业快速发展。抓住信息消费、物联网、云计算、北斗导航等新兴业态加快发展的有利时机，发挥政府、企业两个积极性，谋划争取一批项目在河南投资建设，支持企业进行信息化提升，提高经营管理水平。深入实施“宽带中原”工程，启动一批城市光纤化成片改造、农村宽带接入网、广播电视网以及医疗、卫生、教育、社保等重点项目。

**4. 优化企业服务稳环境**

立足政府转型，深化企业服务，优化企业发展的硬软环境，为集群引进和企业转型升级提供一个稳定的外部环境，引导各地建立企业一站式服务中心，推广首席代办员模式。依托产业集聚区加快建设一批产业公共服务体系，搭建物流、信息、融资、创业、培训、共性技术服务、检测检验等专业化公共服务平台。加大企业孵化器和专业园区建设，为小微型企业和成长型企业营造良好的发展环境。推进建立一批行业协会和产业联盟，搭建产业发展与交流平台，深入开展产业链产销对接活动、“豫货网上行”活动、河南“名优产品扩消费”行动等。

### （二）切实厘清“进”的重点方向

突出转变立足点，厘清“进”的重点方向，提高工业发展的质量和效益。

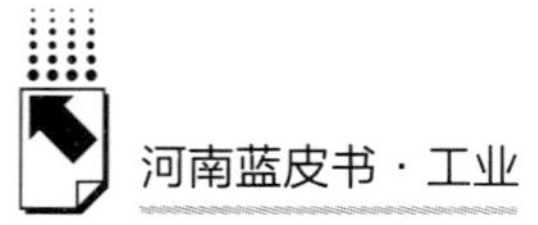


**1. 加快以智能终端为重点的电子信息产业发展，带动产业结构优化**

抓住当前电子信息产业蓬勃发展和梯度转移的历史机遇，突出抓好以智能手机产业为重点的电子信息产业集群引进工作。坚持硬软并重，抓住移动互联网蓬勃发展的机遇，依托河南信息技术与人才优势，吸引电子信息行业的研发设计、应用开发、内容服务等高附加值环节移入，支持硬件制造与移动互联网应用开发硬软件结合，继续保持电子信息产业高速发展势头，力争把河南发展成为全球重要的智能终端（手机）生产基地、我国新兴的智能终端（手机）研发设计中心和移动互联网应用开发中心，内陆地区最大的智能终端（手机）交易物流中心。以电子信息产业带动战略性新兴产业发展壮大、传统产业改造提升，带动产业结构优化升级。

**2. 加快推进郑州航空港综合经济实验区建设，推动产业集群式引进**

充分发挥郑州航空港综合经济实验区的综合优势与外溢效应，按照“建设大枢纽、培育大产业、塑造大都市”的总体发展路径，突出“一网两链三港一体”综合交通枢纽体系，积极参与全球电子产品供应链的整合进程，依托“三区两廊”总体空间布局，大力发展航空偏好型高端制造业和现代服务业，力争通过促进智能手机品牌商、代工商、配套商、运营商、物流商“五商”并进，全力打造全球最大智能手机产业基地。在此基础上完善承接产业转移长效机制，发布河南承接产业转移目录，提高精细化招商水平，引导各区域根据产业特点制定集群引进路线图，重点谋划制订汽车及零部件、食品、家电、家具、纺织服装及制鞋、新型建材、金属制品等主要行业的集群引进方案，多引进新型、高端企业和高精尖项目。

**3. 加快产业集聚区主导产业培育，打造一批产业集群**

当前，河南产业集聚区还存在着主导产业不突出、产业链对接不紧密的问题，迫切需要在突出主导产业培育的基础上提升发展水平，提高产业发展的核心竞争力。继续按照“四集一转”要求，统筹全省产业集聚区主导产业布局，突出主导产业培育、龙头企业带动、产业链式发展，加快培育形成一批主营业务收入超千亿元、超百亿元的产业集群。积极培育创建新型工业化示范基地，提高单位面积产出效益，推进产业集聚区由规模扩张向效益提升转变，拓展产业集聚区发展空间，大力实施“聚链、延链、强链、补链”工程，引导大中小企业构建现代产业分工合作网络，加快培育一批链条无缝对接的现代产业集群。

**4. 加快改造提升传统支柱产业，形成一批新增长点**

传统优势产业是河南的支柱产业，在全省经济社会发展中起着重要支撑作用，并且面临着技术进步和消费升级，向研发、服务两端高附加值环节有着广阔的提升空间，尤其是目前传统企业盈利能力下滑，处在转型升级的关键时刻，传统产业的企业家现在对研发投入、新产品开发越来越重视，有些企业已经通过开发新产品扩大了规模，这个时候政府要通过一些政策与引导资金支持一下，帮助企业顺利转型。要在技术改造、信息技术应用、研发创新等环节做重点支持，持续推进省市县三级千项重点技改项目，加快在传统产业领域形成一批新的增长点。

### （三）完善提升“为”的综合举措

突出战略谋划，完善提升“为”的综合举措，促进工业转型升级。

**1. 制订河南工业转型升级的指导意见与支持政策**

以深化改革为契机，围绕产业转型升级，集中财政、发改、工信、科技、人力资源与社会保障等部门，针对目前制约产业升级的瓶颈环节，在体制机制、政策措施上寻求突破，形成一个支持河南工业转型升级的指导意见与政策组合，重点支持引导企业加大研发投入，切实解决经济形势下行压力下企业家新增投资意愿和能力都偏低的问题。近几年浙江、深圳等地均出台了推进工业转型升级的综合举措，河南可以参考形成符合区域特色的政策措施框架，为工业转型升级提供强有力的支撑。

**2. 着力打造一批千亿级产业板块，强化区域分工联动发展**

河南工业发展中产业分割、区域分割、部门分割等问题相对比较严重，如同行业的企业与科研机构几乎没有联系，各区域之间在产业引进上相互竞争，分散在各部门中的政策资金不能有效整合。我们建议围绕特色产业，构建一批上千亿级的大型产业板块，统一规划、统一建设，以此强化产业融合、区域融合、产城融合，引导各区域按照产业链分工构建现代产业合作网络，优化资源配置，同时，推动部门之间针对产业板块发展强化合作，形成政策合力。

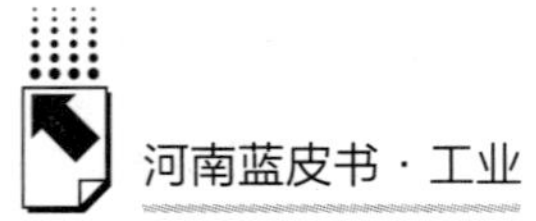


**3. 评选一批企业转型升级典型样本，加以推广**

企业是工业转型升级的主体，在经济下行压力加大、市场变化加剧的背景下，很多企业深陷在传统发展路径里难以实现提升，迫切需要借鉴成功企业的转型经验。河南已经有一些工业企业通过研发创新、产品升级、模式创新等手段进入了转型升级快车道，有必要评选一批企业转型升级典型案例，发现典型，总结经验，在全省进行推广，形成示范带动效应，引导其他企业参考借鉴优秀企业成功经验，顺利实现转型，鼓励企业在转型升级上走出各具特色的新路。

**4. 搭建一批高端平台，推进产业整合**

当前及未来一段时期，经济下行压力持续加大，企业兼并与产业整合加剧，河南要重点在有色、钢铁、化工、新能源等领域创建一批混合所有制企业，在全省产业整合中发挥积极作用，争取在省外和国际上整合相关资源。创建一批产业基金，把国家战略落到实处，如山东借助两个国家级规划，成立了两个国家级产业投资基金：黄河三角洲产业投资基金和蓝色经济区产业投资基金，支撑省内产业整合与产业升级。河南应加快谋划中原经济区产业投资基金、航空产业投资基金等，以支持区域特色产业发展。当然，国内各个国家级区域发展规划批复后，地方政府均抓住机遇在战略层面上加快谋划，如争取国家级产业基地和重点项目向本地布局，河南要加强深度研究与战略谋划，不要在这方面错失机遇。

## 参考文献

金碚：《稳中求进的中国工业》，《中国工业经济》2013 年第 8 期。

林毅夫：《新结构经济学》，北京大学出版社，2012。

中国社会科学院工业经济研究所：《中国工业发展报告（2013）》，经济管理出版社，2013。

龚绍东、赵西三：《从传统工业到新型工业：河南工业的转型方向与升级路径》，经济管理出版社，2013。

B.2

# 2013年河南区域工业竞争力评价报告

河南省社会科学院工业经济研究所课题组*

**摘　要：**

综合评价区域工业竞争力，既能全面了解各区域工业竞争力的相对水平，又能针对性地采取对策提高各区域发展速度和质量，这是河南缩小区域差距、提升整体工业竞争力、持续推进工业经济"稳中有进"的必然要求。通过确立工业竞争力评价的指导思想和原则，本报告构建了河南区域工业竞争力的评价指标体系。以2013年河南统计年鉴中各省辖市的各项数据为依据，报告对河南各区域工业竞争力进行了综合评价，分析了区域工业竞争力差异产生的原因，并据此提出提升区域工业竞争力的对策建议。

**关键词：**

区域经济　工业竞争力　竞争实力　发展潜力　发展环境

工业竞争力在很大程度上代表着一个区域经济增长的速度和质量，决定着该区域新型工业化步伐的快慢。当前，河南整体上处于工业化中期阶段，工业仍然是河南经济增长的主要引擎，2012年河南工业占GDP的比重达到50.7%，对经济增长的贡献率达到59.8%①，工业竞争力高低成为河南竞争力强弱的集中体现。国际金融危机以来，河南工业增速连下台阶，传统优势产业支撑力急剧下滑，区域工业经济表现明显分化，板块格局深度调整。在这个背

---

* 课题组负责人：龚绍东；课题组成员：林风霞、王中亚、杨志波、赵西三、宋歌、唐海峰、刘晓萍、袁博。

① 本评价报告所涉及的数据均来源于《河南统计年鉴（2013）》。

景下，河南省社科院组建课题组，尝试对河南区域工业竞争力进行综合评价，找出影响各区域工业竞争力差异的主要因素，并提出对策建议，对优化河南工业布局、提升河南工业竞争力具有重要的现实意义。本报告是河南省社科院首次对河南区域工业竞争力进行评价与分析，在指标体系、权重设置、数据选择等方面肯定存在着不足之处，作为系列报告，课题组会在今后的研究工作中持续改进，以期更准确地反映河南区域工业发展的实际情况及其变化趋势。

## 一 区域工业竞争力评价指标体系的构建

区域工业竞争力是一个相比较的概念，可以按照指导思想和一定的原则选择一系列指标进行量化比较分析，具体可按照制定评价指导思想和原则→设立评价指标体系→确定指标权重→数据处理和综合评价计算→评价结果分析的步骤进行。

### （一）区域工业竞争力的概念与内涵

工业竞争力指一个区域的工业产业相对于其他区域工业产业在满足市场需求、生产效率、持续获利等方面所体现的综合竞争能力，其实质是工业的比较生产力。在区域层面上，工业竞争力表现为某一竞争主体在争夺生产要素、资源或市场的过程中显示出来的相对综合能力。随着经济全球化的发展，商品和各种生产要素在世界范围内实现了自由流动，这既为发展中国家和地区的产业发展提供了机遇，又带来了资源、要素和市场的激烈竞争。竞争的日益加剧迫使人们越来越关注如何提高本地区的产业或企业竞争力，以期在这场全球竞争中获胜。

区域工业竞争力是一个相对动态的概念，它是不断变化调整的，一方面从竞争空间上看，表现为某一时点区域工业在市场占有能力、运行绩效等方面的竞争能力，主要受区域现有的工业发展差距的影响；另一方面区域工业竞争力又不是固定不变的，其变化趋势受发展环境和发展潜力所影响，也就是说，从竞争时序上看，区域工业竞争力又表现为受发展环境和发展潜力所影响的区域工业能够长期保持竞争优势的一种能力。

## （二）区域工业竞争力评价指标体系的构建原则

影响区域工业整体竞争力的因素是广泛的，各因素之间又是相互影响的，因此，区域工业竞争力反映的是一种系统集成性合力，必须根据一定的原则科学地选择影响研究对象成长壮大的主要因素，剖析各因素之间的相关性和因果关系，并尽可能利用公开的统计数据，客观准确地反映区域工业综合竞争力，具体来说，构建工业竞争力评价指标体系需要遵循以下原则。

**1. 目的性原则**

目的性原则是开展工业竞争力评价行为和评价指标体系设计的出发点，工业竞争力的评价是为一定的经济、社会目的服务的，衡量指标体系是否合理的一个重要标准就是看评价结果能否满足评价监测的目的，能否为现实服务提供决策依据。工业发展是一个历史范畴，随着人们对发展内涵认识的加深，工业竞争力评价指标体系和评价方法也应逐步完善。我们必须按照科学发展观的要求，从完善评价指标体系和改进评价方法着手，建立符合科学发展观要求的综合评价体系，从而引导人们采取正确的行为。

**2. 科学性原则**

区域工业竞争力评价的科学性原则体现在对工业竞争力内涵的认识要正确、全面，评价指标体系的设计要系统、全面、协调、合理，评价过程和方法要确保严密性和逻辑性，以及评价分析要保证准确性等。

**3. 可操作性原则**

工业竞争力评价指标体系的可操作性原则主要是指所选指标的内涵应易于理解，指标不宜过于烦琐，指标个数必须适量，指标的数据必须易于收集，计算方法必须简便明了。指标太少，计算的工作量不高，但是往往难以反映评价对象的综合特征；指标太多，虽然能够较全面反映评价对象的特征，但是加大了评价的工作量。

**4. 静态和动态相结合原则**

区域工业竞争力具有明显的动态性，只从竞争结果这一静态视角考察现有实力是不全面的，得到的评价结果也没有多大的实用价值。要从影响区域工业经济发展因素的作用机制，找到影响各区域未来发展潜力大小的影响因素，从动态视角研究如何提高区域工业竞争力。因此，在评价区域工业竞争力时，既要有反映当前竞争力的静态指标，也要有能反映竞争力变化态势的动态指标。

## （三）区域工业竞争力评价指标体系的构成

结合现有的文献，从区域工业竞争力的影响因素要素出发，按照区域工业竞争力评价指标体系的构建原则，设计其指标体系（见表1）。

**表1　区域工业竞争力评价指标体系**

| 一级指标 | 一级指标权重 | 二级指标 | 二级指标权重 |
|---|---|---|---|
| 竞争实力 | 0.66 | 工业增加值 | 0.24 |
| | | 利税总额 | 0.09 |
| | | 利润总额 | 0.06 |
| | | 资产总计 | 0.12 |
| | | 主营业务收入 | 0.06 |
| | | 全员劳动生产率 | 0.03 |
| | | 单位工业增加值能耗 | 0.06 |
| 发展潜力 | 0.26 | 新产品产值 | 0.09 |
| | | 有效发明专利数 | 0.09 |
| | | 企业 R&D 支出占工业增加值比重 | 0.03 |
| | | R&D 人员数 | 0.03 |
| | | 工业增加值增速 | 0.02 |
| 发展环境 | 0.08 | 外贸依存度 | 0.02 |
| | | 实际利用外资 | 0.02 |
| | | 教育科技支出占公共财政预算支出比重 | 0.02 |
| | | 互联网普及率 | 0.02 |

注：竞争实力和发展潜力中的二级指标，除单位工业增加值能耗外，均为规模以上工业企业数据。

### 1. 竞争实力指标

竞争实力指标反映一个区域工业现有的参与竞争的综合经济实力，是一簇时间剖面的显性指标集合，可以从工业产品的市场影响力（如区域工业产品市场占有率）、区域工业整体发展状况（如工业总产值、利税总额、主营业务收入、工业增加值、工业从业人数、固定资产总额等），以及规模以上企业运

行效率和效益（如全员劳动生产率、单位工业增加值能耗、总资产贡献率、产品销售率、成本费用利润率等）等几组指标来衡量。其中，全员劳动生产率是企业生产技术、管理水平和职工素质的综合体现，劳动生产率越高，在激烈的市场竞争中越具有竞争优势；单位工业增加值能耗反映能源的利用效率，是可持续发展能力的集中体现，与工业竞争力呈逆向关系。

**2. 发展潜力指标**

发展潜力指标表示一个区域未来工业增长与发展的潜力，是一簇反映工业竞争力变化趋势的动态指标集合。可以用工业增长速度（如工业增加值增长速度）、工业创新发展能力（如规模以上企业的 R&D 经费占工业增加值比重、新产品产值、专利申请数、有效发明专利数、R&D 人员数）等指标来衡量。工业增加值增长速度集中反映了区域工业成长壮大的潜力，如果工业竞争力越来越强，区域工业就会出现好的增长势头；工业创新发展能力体现了自主创新和技术进步对工业发展的驱动，是提升工业竞争力的战略重点，其中，R&D 经费占工业增加值比重反映工业企业对自主创新的重视程度和投入强度，新产品产值反映工业技术创新的产业化能力和区域产业结构优化调整速度，有效发明专利数能够直接反映一个地区的技术创新能力和发展潜力，R&D 人员数反映区域人力资源的相对质量。

**3. 发展环境指标**

能够对区域工业发展有重要影响的外部因素集合，包括影响工业发展的软硬环境，如开放水平（如外贸依存度、实际利用外资和省外资金）、政府支持科技创新状况（如财政科技支出比重）、全社会教育和人力资源状况（如初中毕业生升学率、高校在校学生人数、职业技术学校人数）、信息化水平（如每万人互联网用户）以及交通密度、资源（土地、电力、矿产）拥有情况等。

根据上述因素对于工业竞争力影响的作用机理不同以及重要性的大小，充分考虑河南工业发展所处阶段及实际状况，我们对各指标赋予不同的权重：对工业竞争实力赋予权重为 66%，发展潜力赋予权重为 26%，发展环境赋予权重为 8%；根据二级指标的重要程度，分别赋予不同的权重。区域工业竞争力的计算公式为：

$$\text{工业竞争力综合分值} = \text{竞争实力分值} + \text{发展潜力分值} + \text{发展环境分值}$$

## 二　河南区域工业竞争力评价分析

### （一）数据来源及无量纲化处理

利用《河南统计年鉴（2013）》数据，对原始数据进行无量纲化处理。所选16个二级指标中，单位工业增加值能耗为逆向指标，其余指标均为正向指标。

对于正向指标而言，无量纲化处理的计算方法采用以下公式。

$$Z(x_i) = \frac{x_i - x_i(\min)}{x_i(\max) - x_i(\min)} \times 40 + 60$$

对于逆向指标而言，无量纲化处理的计算方法采用以下公式。

$$Z(y_i) = \frac{y_i(\max) - y_i}{y_i(\max) - y_i(\min)} \times 40 + 60$$

其中，$x_i$、$y_i$ 为某评价对象某一指标的原始数据，$x_i(\max)$、$y_i(\max)$ 为该指标的最大值，$x_i(\min)$、$y_i(\min)$ 为该指标的最小值，$Z(x_i)$、$Z(y_i)$ 为无量纲化处理后的标准值。

### （二）评价结果

经过专家认真筛选，确定评价指标及其权重，利用上述公式对统计数据进行处理后，分别乘以其权重，得到了河南省18个省辖市的工业竞争力总排序结果。表2列出了工业竞争力综合评价的排序结果、综合评价得分，以及竞争实力、发展潜力和发展环境三个一级指标的评价得分及排名情况。

### （三）评价结果分析

从表2可以看出，河南区域工业发展的不均衡，除了原有工业基础的差距外，更重要的是区域工业在发展环境和发展潜力方面存在较大差异，总体上看，根据河南区域工业竞争力综合评价结果，可以把十八个市分为四个梯队，突出表现为以下几个特点。

**表 2　河南区域工业竞争力评价结果及排名**

| 城　市 | 综合评价 | | 竞争实力 | | 发展潜力 | | 发展环境 | |
|---|---|---|---|---|---|---|---|---|
| | 分值 | 排名 | 分值 | 位次 | 分值 | 位次 | 分值 | 位次 |
| 郑　州 | 97.54 | 1 | 64.70 | 1 | 25.64 | 1 | 7.20 | 1 |
| 洛　阳 | 79.32 | 2 | 51.93 | 2 | 21.36 | 2 | 6.03 | 2 |
| 许　昌 | 76.41 | 3 | 49.92 | 3 | 20.88 | 3 | 5.61 | 6 |
| 南　阳 | 72.54 | 4 | 47.29 | 5 | 20.05 | 5 | 5.19 | 16 |
| 焦　作 | 72.40 | 5 | 47.80 | 4 | 19.06 | 6 | 5.54 | 11 |
| 新　乡 | 72.26 | 6 | 45.81 | 7 | 20.87 | 4 | 5.58 | 7 |
| 三门峡 | 68.92 | 7 | 46.60 | 6 | 16.87 | 15 | 5.45 | 12 |
| 平顶山 | 68.91 | 8 | 45.12 | 10 | 18.46 | 7 | 5.33 | 13 |
| 安　阳 | 68.81 | 9 | 45.28 | 9 | 17.97 | 9 | 5.56 | 8 |
| 周　口 | 68.28 | 10 | 45.53 | 8 | 17.13 | 13 | 5.61 | 5 |
| 濮　阳 | 67.52 | 11 | 44.55 | 11 | 17.42 | 11 | 5.55 | 10 |
| 漯　河 | 66.48 | 12 | 44.54 | 12 | 16.75 | 16 | 5.19 | 17 |
| 商　丘 | 65.93 | 13 | 43.44 | 13 | 16.93 | 14 | 5.56 | 9 |
| 开　封 | 65.67 | 14 | 42.92 | 14 | 17.68 | 10 | 5.06 | 18 |
| 驻马店 | 65.27 | 15 | 42.81 | 15 | 17.19 | 12 | 5.27 | 14 |
| 济　源 | 64.83 | 16 | 41.08 | 18 | 18.06 | 8 | 5.70 | 4 |
| 信　阳 | 63.80 | 17 | 41.65 | 16 | 16.44 | 17 | 5.72 | 3 |
| 鹤　壁 | 62.58 | 18 | 41.38 | 17 | 16.00 | 18 | 5.20 | 15 |

注：评价得分采取四舍五入法精确到小数点后两位。

**1. 郑州龙头地位凸显**

从河南区域工业竞争力综合评价结果可以看出，郑州市作为河南的省会城市，工业竞争力综合评价得分为 97.54 分，在全省 18 个省辖市中排在首位，得分遥遥领先，超过第二名洛阳将近 20 分。从竞争实力、发展潜力和发展环境各子项排名来看，分别为 64.70 分、25.64 分和 7.20 分，也当之无愧地处于领头雁位置。就具体指标而言，郑州市规模以上工业企业的工业增加值、利税总额、利润总额、资产总计、主营业务收入、新产品产值、有效发明专利数、研发人员数，以及外贸依存度、实际利用外资数、互联网普及率共计 11 个指标都处于全省第一名的位置（详细数据资料参见本文附表，第 30 页）。在单位工业增加值能耗、企业研发支出占工业增加值比重和工业增加值增速三个指标上在全省也具有比较明显的优势。2012 年，郑州市单位工业增加值能耗为0.974吨标准煤/万元，低于1.236吨标准煤/万元的全省平均水平。2012年，郑州市规模以上工业增加值增速达到17.2%，高于全省平均水平（14.6%）2.6个百分点。郑州的不足在于全员劳动生产率和教育科技支出占公共财政预算支出的比重两个方面，2012年郑州市全员劳动生产率为215242元，与处于全省第一位的济源市的339766元相比，存在较大的提升空间。从统计数据来看，2012年，郑州市教育科技支出占公共预算支出的比重为19.88%，与最大值27.76%相比，相差了大约8个百分点。

**2. 传统工业大市实力较强**

处于第2~6位的城市依次是洛阳、许昌、南阳、焦作和新乡，综合评价得分介于70~80分之间，分别为79.32分、76.41分、72.54分、72.40分和72.26分，这5个城市可以看成是支撑河南工业经济发展的第二梯队。这些城市拥有较好的工业发展基础，工业规模比较大，在转型升级方面也迈出坚实步伐。比如，近年来，洛阳强力推进老工业基地转型升级，一方面着力提升装备制造、有色金属、石油化工等传统优势产业；另一方面着力培育新材料、新能源、新能源汽车、生物医药等战略性新兴产业，使老工业基地焕发出新的生机和活力。就具体指标而言，洛阳市在外贸依存度和互联网普及率方面与郑州还有较大差距。洛阳市在做大总量的前提下，要适度加快外向型经济发展。综合排名居于第三位的许昌市，全员劳动率为279332元、单位工业增加值能耗为0.771吨标准煤/万元、工业增加值增速为17.4%，在这些单向指标上，都居于郑州之前。但是，许昌市在互联网普及率、实际利用外资数等方面还存在较大的进步空间。综合排名位居第四位的南阳市，作为国家新能源高技术产业基地、河南省生物产业高技术产业基地，已经初步形成了装备制造、油碱化工、纺织服装、食品医药等一批特色优势主导产业和光电、新能源、新材料三大新兴产业共同组成的新型工业体系，区域工业竞争力得到持续提升。与居于首位的郑州相比，南阳的比较劣势集中体现在工业规模和对外开放两方面。例如，2012年，南阳实际利用外资41702万美元，与郑州的342898万美元相比，差距很大。焦作市工业竞争力综合排名位居全省第5位的位置，2012年该市规模以上工业增加值为880.91亿元，处于全省第4的位置，与工业竞争力综合排名基本吻合；焦作在外贸依存度、实际利用外资数、教育科技支出占财政支

出比重、互联网普及率等为代表的外部发展环境方面得分为 5.54 分，处于全省第 11 位，这些正是焦作的比较劣势。特别需要提出的是，新乡市规模以上工业企业研发支出占工业增加值比重这一指标处于全省首位。

**3. 第三梯队表现各有亮点**

河南区域工业竞争力排名中，三门峡、平顶山、安阳、周口、濮阳和漯河等 6 市位居第 7 ~ 12 位。安阳市在全员劳动生产率、企业研发支出占工业增加值比重、教育科技支出占比 3 个指标方面在全省处于较靠前的位置。2012 年，安阳市规模以上工业企业全员劳动生产率指标值为 285153 元，处于全省第 3 位，仅次于济源市和三门峡市。黄淮 4 市之一周口市属于传统农区，近年来工业经济迅猛发展成为值得关注的一个亮点。从统计数据来看，2012 年，周口市单位工业增加值能耗仅为 0.519 吨标准煤/万元，处于全省最优的位置。从工业增加值的增速来看，达到了 19.7%，这一增速也处于全省第一的位置。在看到周口工业经济发展能耗低、速度快这些亮点的同时，也要充分认识到其经济总量偏小、开放度偏低的现实。而后者正是其在未来提升区域工业竞争力的关键所在。

**4. 第四梯队单项指标突出**

商丘、开封、驻马店、济源、信阳和鹤壁等 6 市位列河南区域工业竞争力排名的第 13 ~ 18 位。工业经济盘子小是这些城市的共性。从单向指标来看，2012 年，济源市单位工业增加值能耗为 2.292 吨标准煤/万元，单位工业增加值耗能在全省处于第一的位置，比全省平均水平（1.236 吨标准煤/万元）高 85%。这一数据反映了济源市工业经济的资源依赖性、高耗能性特征。济源市的优势在于其规模以上工业企业的全员劳动生产率指标值全省最高，达到了 339766 元。此外，济源市的外贸依存度在全省仅次于郑州市，位居全省第二，这说明济源市工业经济开放水平很高。2012 年，商丘市规模以上工业增加值增速为 17.1%，仅次于周口市和驻马店市；教育科技支出占公共财政预算支出比重为 26.48%，处于全省第 3 位，仅次于信阳市的 27.76%、周口市的 27.16%。

进一步将表 2 中的河南区域工业竞争力综合评价得分排名与《河南统计年鉴（2013）》提供的各地市全部工业增加值的数据结合在一起分析，可以发现，区域工业竞争力排名与工业增加值排名基本吻合。当前，河南处于工业化的中期阶段，规模指标、总量指标在区域工业竞争力综合评价中仍居于十分重要的位置。郑州市、洛阳市、许昌市、南阳市、焦作市、平顶山市和新乡市全部工业企业增加值分别为 2802.47 亿元、1583.20 亿元、1076.57 亿元、1082.50 亿元、984.82 亿元、845.53 亿元和 812.40 亿元，这些城市工业整体规模位居全省前 7 位，与其区域工业竞争力排名基本一致。

## 三 提升区域工业竞争力的政策建议

提升区域工业竞争力，各区域不但应集中精力做大做强特色优势产业、做好集群承接工作，同时还要积极提升区域创新能力、提升区域开放合作水平和提升区域工业可持续发展能力，以开放创新合作实现区域工业长期可持续发展。

### （一）做大做强区域特色优势产业

集聚区域资源优势，着力做大做强具有特色优势的支柱型产业，形成具有较强竞争力的产业集群、产业基地，通过因地制宜、重点突破提升区域工业发展水平和整体竞争力。

**1. 着力培育优势产业的“蜂王型”企业，大幅度提高其对区域产业的领导力、带动力和辐射力**

积极培育或引进优势产业企业，形成一批拥有较强核心技术或核心能力的“蜂王型”企业。提升现有骨干企业的核心竞争力，鼓励其开展自主创新、创建品牌和提升管理水平；强化现有大型企业集团或引进龙头企业的辐射带动力，支持其与中小企业开展产业链和创新链分工合作；支持本地优势企业开展跨区域、跨行业的逆向收购、合资参股、战略投资，整合区域产业链。

**2. 完善、延伸、整合、提升优势产业链条，构筑优势产业发展的链优势、网优势**

积极推进本地传统优势产业向上下游环节延伸，拉长产业链条，促进资源增值；通过引进或培育大力发展本地产业链的缺失环节和瓶颈环节，如产业链关键核心环节、高附加值环节；以企业转型升级促进本地优势产业整体升级；注意防范产业承接风险，着力提升本地配套能力和水平，鼓励本地企业与引进

企业开展产业链合作，以配套能力的提升留住外来企业。

**3. 加大优势产业发展的政策引导和扶持力度**

着力加大对优势产业的专业园区基础设施、服务平台建设和科技创新的支持力度，大力支持专业物流、专业市场建设，加大优势产业领域内对企业家和产业工人的培养、培育力度。

## （二）做好产业集群承接工作

近年来，在全球经济不容乐观的背景下，全方位、多层次积极承接高端装备制造、传统优势、电子信息、新材料等领域的国内外产业集群转移，已经成为河南特别是河南工业薄弱地区推进产业结构调整、增强工业竞争力、提升区域经济发展质量的重要手段。周口、商丘等欠发达的传统农区利用区位优势、人力资源优势、市场和资源优势等承接产业集群转移，利用外资和省外资金的能力显著提升，借用外力上演了一场工业蝶变——工业增速位于全省前列、产业结构优化调整加速，工业发展的后发优势明显。

**1. 通过产业集群承接增强区域工业竞争力**

（1）坚持以产业聚集区为载体平台，着力引进能够发挥资源优势的项目、促进产业链条延伸提升的项目以及带动力强的大项目，通过集群承接、特色承接实现加快培育主导产业、做大做强产业链条、优化产业空间布局、集聚集约发展。

（2）坚持高端承接，着力引进高成长型产业、战略性新兴产业、产业链关键环节、价值链高端环节和高端产品制造项目，以引进的增量推进产业结构优化升级。

（3）坚持绿色承接，提高产业集群承接门槛，重点引进科技含量高、环境污染小的绿色环保项目。

**2. 做好集群承接工作**

（1）实施筑巢引凤策略，把产业集聚区作为承接产业转移的主要阵地着力打造，从做大做强集聚区主导产业入手，进一步完善集聚机制、服务机制与考评机制，加大基础设施和公共服务平台建设力度，积极探索园区多元化开发机制，为企业提供一流的基础设施、公共平台和全方位服务，提升集群承接吸引力。

（2）加大招商引资力度，提升招商引资人员水平，围绕产业理论知识与主导产业实践现状，通过举办招商培训班、产业发展专题报告会等活动，提高招商人员对主导产业发展总体格局的认知度，提升招商人员的积极性、业务水平和工作效率。

## （三）提高区域创新发展能力

提高创新发展能力是增强区域工业竞争力的核心环节，如果某地区的工业发展没有独立自主的研发能力，缺乏核心技术和核心环节的支撑，无论我们具有多大规模的生产制造能力，也不能说我们的工业竞争力强。积极推进以企业为主体的区域创新体系建设。

**1. 要尽快推进区域创新平台和服务体系建设**

重点加强各高新技术产业园区、产业集聚区专业技术创新平台建设，进一步加大政府对基础研究、产业关键核心技术和共性技术研究的支持，进一步完善科技中介服务体系、高技术创新企业信用担保体系和风险投资体系，以完善的科技服务体系推进科技成果转化和产业化。

**2. 加强重点领域自主创新，不断提升区域优势产业竞争力**

集聚区域内外创新资源，重点建设优势产业、先导产业创新联盟，加速培育具有自主知识产权的核心技术、高新产品，保障企业后续发展的技术能力和持续发展的技术供给，为区域优势产业创新驱动、内生增长形成强有力的支撑。在重点产业领域引导和鼓励企业建立国家级、省级和市级技术中心，引导企业融入全球创新体系，建立激励自主创新的政府采购制度和政府采购政策，为企业创新产品创造市场需求。

**3. 尽快突破节约资源和环保方面的技术“瓶颈”**

以政府为主导开发资源综合利用技术，节能减排技术，支持高效节能技术、产品、设备的推广和应用。

## （四）提升区域开放合作水平

开放合作能够打造工业经济发展的新空间，实现区域协调互动发展，这也是利用外力增强工业竞争力的主要途径。要适应区域经济合作加快发展的趋势，提升区内外开放合作水平，形成内陆型开发高地。

**1. 推进区域内部的合作和开放**

推进区域内部的合作和开放，就是要促进人才、资源、信息、资本等要素资源的跨区域自由流动，推动区域经济一体化。在中原经济区内部完善分工合作机制，构建多领域、多层次的合作网络，探索更多、更有效的合作方式，推动在基础设施、资源市场等方面实现资源共享，在产业发展方面实现优势互补、错位发展和协调发展，减少内耗，提升河南工业整体竞争力。在某一区域内部，要摒弃“大而全、小而全”的传统企业发展模式，推动企业向“专、精、特、新”经营模式转型，加强彼此间的分工合作，延伸产业链条，推动产业融合，通过产业组织再造实现抱团发展。

**2. 建立开放合作机制**

尽快与发达国家、发展中国家，我国沿海、内陆其他地区建立开放合作机制，加强与国际新兴产业在技术研发、生产管理、营销、融资等方面的战略合作，完善政府间在产业转移承接方面的合作与利益分享机制，有序承接国内外产业转移，同时，推进资源性产业向内陆其他地区转移。通过腾笼换鸟、产业承接和自我优势培育实现区域技术体系再造、产业体系再造。要以国际眼光谋划好区域现代工业体系建设，处理好自主发展和融入全球生产体系的关系、自主创新和技术引进的关系、产业承接和产业升级的关系等。

**3. 充分发挥郑州航空港经济综合实验区重大战略的开放带动效应**

各区域要善于借用郑州航空港经济综合实验区打造内陆开放高地的政策优势，开展跨区域产业合作。

**4. 突出企业国际化对于增强工业竞争力的支撑作用**

支持有条件的企业走出去，更好地融入全球生产分工合作体系，并尽可能地在国际分工的高端位置点有一席之地。

### （五）提升区域工业可持续发展能力

科学发展观要求区域工业不仅具有现实生产力，还要有可持续发展能力。

**1. 提升工业基于资源环境的可持续发展能力**

按照绿色经济、低碳经济发展的要求，推动区域工业走新型工业化道路，充分利用政策倒逼机制加大对重污染行业的节能减排和优化升级技术改造力度，综合利用土地开发置换、税收减免、资金融通支持等措施推进落后产能的转产转业，提高所有新增投资的环保准入门槛，为工业优势产业发展腾出宝贵的环境容量和土地、资金等资源，实现工业发展和环境保护、资源高效利用的多赢。

**2. 提升工业基于核心竞争力的可持续发展能力**

影响工业发展的首要要素已经从依靠土地、资金转化为依靠科技、人才、管理等高级要素，这是集约式发展的必然要求，因此在区域产业发展到一定阶段，必须处理好产业承接、技术引进和独立自主发展的关系，建立以企业为主体的技术创新体系，使科技创新重点与区域主导产业、先导产业技术需求重点相一致，实现科技创新与工业发展的共同跨越；推进本地企业利用核心竞争力对区域产业链进行整合，防止区域产业链主导权旁落，区域发展受制于人；深度推进两化融合，以智慧城市建设为契机，推进重点行业、重点企业的智能化改造。

## 参考文献

河南省统计局、国家统计局河南调查总队：《河南统计年鉴（2013）》，中国统计出版社，2013。

魏后凯、吴利学：《中国地区工业竞争力评价》，《中国工业经济》2002 年第 11 期。

张艳、张冶江：《区域工业竞争力评价指标体系的构建及其应用——以湖南为例》，《湖南行政学院学报》2009 年第 4 期。

顾海兵、余翔：《我国区域工业竞争力的测定与评价——我国十大沿海城市工业的广义竞争力实证比较研究》，《学术研究》2007 年第 3 期。

刘璟：《珠三角区域工业竞争力比较分析及政策建议》，《工业工程》2009 年第 5 期。

吴玉鸣：《中国区域工业竞争力的因子分析及非均衡差异研究》，《华东师范大学学报》（哲学社会科学版）2003 年第 5 期。

李梦觉：《基于 ICOP 法的工业竞争力评价研究》，《统计与决策》2009 年第 1 期。

王侃：《区域工业竞争力研究——以福建为例》，《福建教育学院学报》2008 年第 10 期。

冯浩：《中国区域工业竞争力研究：理论探索与实证分析》，吉林大学博士学位论文，2007。

吴二娇：《珠三角区域工业竞争力评价研究》，《沈阳工业大学学报》（社会科学版）2009 年第 3 期。

**附表　河南区域工业竞争力评价原始数据**

| 城　市 | 工业增加值（亿元） | 利税总额（亿元） | 利润总额（亿元） | 资产总计（亿元） | 主营业务收入（亿元） | 全员劳动生产率（元） | 单位工业增加值能耗（吨标准煤/万元） | 新产品产值（万元） | 企业 R&D 内部支出（万元） | 企业 R&D 外部支出（万元） |
|---|---|---|---|---|---|---|---|---|---|---|
| 郑　州 | 2186. 00 | 1415. 14 | 913. 71 | 7036. 68 | 9603. 42 | 215242 | 0. 974 | 5870927 | 560813 | 33005 |
| 开　封 | 385. 00 | 233. 46 | 174. 15 | 1200. 54 | 1657. 98 | 120803 | 1. 081 | 466040 | 101588 | 2866 |
| 洛　阳 | 1328. 20 | 413. 94 | 221. 14 | 3750. 39 | 5384. 81 | 280803 | 1. 264 | 2713157 | 290263 | 7747 |
| 平顶山 | 682. 53 | 229. 44 | 129. 40 | 2059. 88 | 2207. 48 | 222178 | 1. 466 | 1573206 | 182013 | 8100 |
| 安　阳 | 716. 30 | 273. 00 | 156. 77 | 1752. 92 | 2762. 73 | 285153 | 1. 823 | 1619336 | 119713 | 7047 |
| 鹤　壁 | 331. 47 | 103. 43 | 65. 93 | 719. 85 | 1337. 75 | 198012 | 1. 500 | 177534 | 11524 | 928 |
| 新　乡 | 731. 06 | 239. 08 | 175. 89 | 2140. 51 | 2979. 44 | 199254 | 1. 370 | 2904920 | 222690 | 7344 |
| 焦　作 | 880. 91 | 409. 69 | 275. 61 | 2086. 17 | 3699. 55 | 230124 | 1. 259 | 1907945 | 150815 | 5233 |
| 濮　阳 | 542. 81 | 289. 78 | 182. 15 | 1230. 58 | 2167. 51 | 223563 | 1. 134 | 537576 | 72386 | 1740 |
| 许　昌 | 925. 15 | 589. 83 | 357. 50 | 2405. 74 | 3666. 49 | 279332 | 0. 771 | 3693457 | 248778 | 27910 |
| 漯　河 | 450. 18 | 289. 36 | 228. 67 | 1005. 03 | 1901. 23 | 213256 | 0. 669 | 351621 | 48175 | 512 |
| 三门峡 | 653. 00 | 316. 52 | 258. 54 | 2092. 68 | 3153. 79 | 306140 | 1. 274 | 342734 | 56157 | 1117 |
| 南　阳 | 827. 50 | 356. 31 | 208. 05 | 2133. 82 | 2893. 05 | 199493 | 0. 921 | 2761428 | 181776 | 6565 |
| 商　丘 | 480. 47 | 176. 17 | 116. 81 | 1273. 93 | 2075. 26 | 188939 | 1. 220 | 128097 | 65819 | 2397 |
| 信　阳 | 345. 86 | 138. 83 | 86. 86 | 719. 49 | 1477. 23 | 152361 | 1. 320 | 123690 | 32075 | 29 |
| 周　口 | 529. 44 | 335. 24 | 262. 74 | 1411. 24 | 2352. 66 | 163761 | 0. 519 | 514432 | 38265 | 3331 |
| 驻马店 | 402. 09 | 185. 23 | 125. 87 | 1145. 07 | 1686. 77 | 155787 | 1. 140 | 801123 | 38123 | 2208 |
| 济　源 | 277. 93 | 113. 10 | 76. 61 | 1010. 29 | 1269. 21 | 339766 | 2. 292 | 1394167 | 68677 | 1646 |

续表

| 城市 | R&D人员数（人） | 工业增加值增速（%） | 进出口总额（万美元） | 有效发明专利数（项） | 实际利用外资数（万美元） | 公共财政预算支出（万元） | 其中:教育支出（万元） | 科技支出（万元） | 互联网户（万户） | 总户数（万户） |
|---|---|---|---|---|---|---|---|---|---|---|
| 郑州 | 27963 | 17.2 | 3585835 | 1445 | 342898 | 7006980 | 1240176 | 152706 | 917 | 207 |
| 开封 | 4608 | 17.8 | 40248 | 31 | 36320 | 1716852 | 335392 | 18596 | 226 | 156 |
| 洛阳 | 16132 | 12.9 | 157664 | 939 | 199251 | 3451128 | 791906 | 69057 | 402 | 209 |
| 平顶山 | 8781 | 8.1 | 40702 | 243 | 37358 | 2096506 | 456050 | 24834 | 256 | 154 |
| 安阳 | 8610 | 9.5 | 125580 | 178 | 31573 | 2048109 | 461081 | 35991 | 308 | 167 |
| 鹤壁 | 1092 | 13.0 | 18724 | 29 | 44009 | 834956 | 166482 | 7028 | 94 | 48 |
| 新乡 | 11617 | 16.2 | 105179 | 532 | 63600 | 2415023 | 529562 | 29536 | 367 | 171 |
| 焦作 | 11337 | 14.2 | 222298 | 358 | 59528 | 1659704 | 331297 | 32829 | 227 | 99 |
| 濮阳 | 5206 | 17.2 | 61862 | 148 | 32001 | 1506609 | 353586 | 18385 | 192 | 110 |
| 许昌 | 11602 | 17.4 | 207651 | 337 | 43977 | 1783912 | 419105 | 21039 | 236 | 144 |
| 漯河 | 3298 | 16.0 | 41232 | 43 | 62066 | 1117042 | 225757 | 5956 | 128 | 77 |
| 三门峡 | 4502 | 15.0 | 23062 | 132 | 74672 | 1371262 | 292545 | 22354 | 130 | 71 |
| 南阳 | 11502 | 16.3 | 131407 | 393 | 41702 | 3865551 | 814085 | 51855 | 388 | 364 |
| 商丘 | 4141 | 17.1 | 21536 | 65 | 24596 | 2863128 | 739537 | 18658 | 333 | 262 |
| 信阳 | 1532 | 16.5 | 69312 | 19 | 34961 | 2771114 | 750983 | 18281 | 258 | 273 |
| 周口 | 3934 | 19.7 | 56052 | 91 | 36341 | 3235596 | 852638 | 26306 | 320 | 337 |
| 驻马店 | 2423 | 18.6 | 27210 | 61 | 27020 | 2689825 | 612713 | 27966 | 271 | 239 |
| 济源 | 2506 | 15.2 | 239474 | 89 | 19904 | 476807 | 96060 | 4389 | 45 | 20 |

资料来源：《河南统计年鉴（2013）》。

# 转型升级

Transformation and Upgrading

## 2013年度河南新型工业化评价报告

河南财经政法大学课题组*

**摘 要：**

根据科学性、系统性、可行性、可比性和动态性原则，参考工信部新型工业化评价的有关指标，结合河南省的具体情况，本研究提出了河南省新型工业化的区域评价指标和产业评价指标，对2013年度河南省新型工业化进行了横向评价，预测了河南省基本实现工业化和全面实现工业化的时间表，并根据评价结果提出了对策建议。

**关键词：**

新型工业化　评价体系　转型升级

近年来，河南省紧紧抓住国家促进中部地区崛起和中原经济区发展的战略

* 课题组负责人：郭爱民，河南财经政法大学副校长，教授，博士；课题组成员：申海波，河南财经政法大学副教授；许卫华，河南财经政法大学讲师，博士。

机遇，重视和发挥工业主导功能，加快推进工业化进程，工业发展取得重大成就。与此同时，工业发展长期积累的深层次矛盾和问题也在日益凸显，主要表现在：经济增长方式粗放，产业层次不高；产业集中度较低，规模效益低下；科技投入不足，自主创新能力不强；产业结构矛盾突出，能源消耗居高不下等。为了科学反映河南省新型工业化的发展进程、水平和质量，及时发现新型工业化进程中的薄弱环节和存在问题，找准主导产业和战略性成长行业，我们研究提出了河南省新型工业化的区域评价指标和产业评价指标，根据这些指标对 2013 年河南省新型工业化进行了评价，预测了河南省基本实现工业化和全面实现工业化的时间表，希望发挥评价的导向和激励作用，促进河南新型工业化顺利发展。

## 一　河南省新型工业化的区域评价

### （一）河南省新型工业化区域评价指标体系构建

我们根据科学性、系统性、可行性、可比性和动态性指标选取的原则，参考工信部新型工业化评价的有关指标，结合河南省的具体情况，选取了 6 个一级指标、18 个二级指标（见表 1）。

**表 1　河南省新型工业化评价指标体系**

| 一级指标 | | 二级指标 | |
|---|---|---|---|
| 序号 | 指标名称 | 编号 | 指标名称 |
| 1 | 工业化程度 | X1 | 人均 GDP(万元) |
| | | X2 | 城镇化率(%) |
| | | X3 | 第三产业增加值占 GDP 的比重(%) |
| | | X4 | 城镇居民人均可支配收入(元) |
| 2 | 工业转型升级 | X5 | 六大高成长产业增加值占工业增加值比重(%) |
| | | X6 | 高新技术产业增加值占工业增加值比重(%) |
| | | X7 | 产业聚集区工业增加值占工业增加值比重(%) |
| 3 | 工业企业效益 | X8 | 工业企业人均利润总额(元) |
| | | X9 | 工业企业总资产利润率(%) |

续表

| 一级指标 | | 二级指标 | |
|---|---|---|---|
| 序号 | 指标名称 | 编号 | 指标名称 |
| 4 | 科技创新与“两化融合” | X10 | 规模以上工业企业 R&D 投入强度(%) |
| | | X11 | 每百万人口发明专利授权数(件) |
| | | X12 | 万人互联网用户数(人) |
| 5 | 资源利用与环境保护 | X13 | 工业企业万元增加值综合能耗(吨标准煤) |
| | | X14 | 工业企业万元增加值用水量(立方米) |
| | | X15 | 工业固体废物综合利用率(%) |
| | | X16 | 人均耕地面积(亩) |
| 6 | 人力资源开发 | X17 | 规模以上工业企业平均从业人数(万人) |
| | | X18 | 工业企业在岗职工工资增长率(%) |

### （二）河南省新型工业化的评价方法选择

目前应用较广的评价方法根据指标权重确定方法大致可分为两大类：一类是主观赋权法，如层次分析法、德尔菲法、综合评价法等；另一类是客观赋权法，如主成分分析法、因子分析法、人工神经网络法等。综合考虑多种因素，在新型工业化的区域评价时我们选择了人工神经网络方法。

人工神经网络（Artificial Neural Network，简称 ANN）是由大量简单元件广泛相互连接而成的非线性、非局域性、非定常性和非凸性的复杂网络系统。目前较有代表性的神经网络模型有感知器、线性神经网络、多层前馈型神经网络、RBF 网络等，其中使用最广的是 BP 网络。BP 网络是多层前馈型神经网络的一种，它是一个有导师的误差反向传播的神经元网络学习算法。其神经元传递函数是 S 型函数，输出量为 0 ~ 1 之间的连续量，可以实现从输入到输出的任意非线性映射。

因为 BP 神经网络要求输入的指标数值在（0，1）区间内，因此需要对指标原始数据进行预处理，在本项目中，我们采用了功效系数法对指标的原始数据进行预处理。在评价过程中，隐含层传递函数采用 tansig，训练方法采用 Levengerg-Marquardt 算法，因此训练函数选用 trainlm，采取该函数，在训练过程中不需要计算 Hessian 阵，因此使得计算量大大减小，收敛速度较快；在该项目中选取了 trainlm 函数，相应的各参数设置为：net. trainParam. goal（训练精度）为 le - 5，net. trainParam. show（现实训练迭代过程）为 5，net. trainParam. epochs（最大训练次数）为 500，其他参数为缺省值。

## （三）河南省新型工业化区域评价结果

通过国家统计局的官方网站以及历年《中国统计年鉴》《中国科技统计年鉴》《中国环境统计年鉴》《中国电子工业年鉴》以及《中国高新技术统计年鉴》等多个统计年鉴，结合各个地区的统计公报，我们共收集了 85 组样本数据。因为训练网络需要足够的样本，因此，选取其中的 84 组（2007 ~ 2010 年的样本数据）为训练网络用样本，剩余的 1 组（2011 年的样本数据）作为检验用样本，并且训练好的网络也可以用来模拟待评价的对象。通过在 Matlab7. 0 中编入相应程序后，仅仅经过 30 步迭代，BP 神经网络收敛，此时网络已经训练成功。

### 1. 河南省与全国、江苏、湖南的新型工业化评价结果

针对河南省、江苏省、湖南省和全国的新型工业化发展水平对比的需要，由于各省份和全国的新型工业化发展水平的评价指标存在差异性，因此，为便于比较，本项目在收集指标数据资料时，选取了各个省份和全国都具备的评价指标的数据，共有 10 个评价指标。同样也收集了 2007 ~ 2011 年的相应指标的数据，总共有 20 个样本数据，选取其中的 19 组（2007 ~ 2010 年的样本数据）为训练网络用样本，剩余的 1 组（2011 年的样本数据）作为检验用样本，这里只给出验证结果（见表 2）。

**表 2　全国、河南、江苏、湖南的新型工业化综合水平网络验证结果**

| 地　区 | 期望输出 | 实际输出 | 期望排序 | 仿真排序 | 相对误差(%) |
|---|---|---|---|---|---|
| 河南省 | 0. 3262 | 0. 3265 | 3 | 3 | 0. 0920 |
| 江苏省 | 0. 6909 | 0. 7001 | 1 | 1 | 1. 3316 |
| 湖南省 | 0. 1435 | 0. 1436 | 4 | 4 | 0. 0697 |
| 全　国 | 0. 5452 | 0. 5450 | 2 | 2 | 0. 0367 |

从表 2 中可以看出，江苏在新型工业化发展水平方面远远领先于全国平均水平，河南与全国和江苏相比还存在一定的差距，因此河南在新型工业化发展

水平上还有待提高，尤其是江苏的发展经验值得我们借鉴学习。为帮助我们更清楚地认识河南省的工业化发展状况，便于找出河南在工业化发展进程中的差距和不足，特针对各个一级指标对河南与全国、江苏和湖南进行了详细对比（见表 3 ~ 表 7）。

**表 3　工业化程度网络验证结果**

| 地　区 | 期望输出 | 实际输出 | 期望排序 | 仿真排序 | 相对误差（%） |
|---|---|---|---|---|---|
| 河南省 | 0. 1586 | 0. 1580 | 4 | 4 | 0. 3783 |
| 江苏省 | 0. 9918 | 0. 9915 | 1 | 1 | 0. 0302 |
| 湖南省 | 0. 1738 | 0. 1739 | 3 | 3 | 0. 0575 |
| 全　国 | 0. 5026 | 0. 5022 | 2 | 2 | 0. 0796 |

**表 4　工业企业效益网络验证结果**

| 地　区 | 期望输出 | 实际输出 | 期望排序 | 仿真排序 | 相对误差（%） |
|---|---|---|---|---|---|
| 河南省 | 0. 1116 | 0. 1119 | 3 | 3 | 0. 0428 |
| 江苏省 | 0. 1223 | 0. 1227 | 1 | 1 | 0. 3271 |
| 湖南省 | 0. 1117 | 0. 1120 | 2 | 2 | 0. 2686 |
| 全　国 | 0. 1115 | 0. 1116 | 4 | 4 | 0. 0897 |

**表 5　科技创新与“两化融合”网络验证结果**

| 地　区 | 期望输出 | 实际输出 | 期望排序 | 仿真排序 | 相对误差（%） |
|---|---|---|---|---|---|
| 河南省 | 0. 0661 | 0. 0660 | 4 | 4 | 0. 1513 |
| 江苏省 | 0. 7065 | 0. 7068 | 2 | 2 | 0. 0425 |
| 湖南省 | 0. 1327 | 0. 1325 | 3 | 3 | 0. 1507 |
| 全　国 | 0. 8777 | 0. 8777 | 1 | 1 | 0. 0000 |

**表 6　资源利用与环境保护网络验证结果**

| 地　区 | 期望输出 | 实际输出 | 期望排序 | 仿真排序 | 相对误差（%） |
|---|---|---|---|---|---|
| 河南省 | 0. 3836 | 0. 3836 | 3 | 3 | 0. 0000 |
| 江苏省 | 0. 8560 | 0. 8566 | 1 | 1 | 0. 0701 |
| 湖南省 | 0. 1288 | 0. 1292 | 4 | 4 | 0. 3106 |
| 全　国 | 0. 4441 | 0. 4440 | 2 | 2 | 0. 0225 |

**表7　人力资源开发网络验证结果**

| 地　区 | 期望输出 | 实际输出 | 期望排序 | 仿真排序 | 相对误差(%) |
|---|---|---|---|---|---|
| 河南省 | 0.5309 | 0.5310 | 3 | 3 | 0.0188 |
| 江苏省 | 0.7062 | 0.7065 | 2 | 2 | 0.0425 |
| 湖南省 | 0.1877 | 0.1877 | 4 | 4 | 0.0000 |
| 全　国 | 0.8901 | 0.8901 | 1 | 1 | 0.0000 |

表3～表7列出了河南省与全国、江苏和湖南在五个一级指标方面的对比情况，目的也是希望从中可以找出河南省在新型工业化发展进程中的劣势和优势，弥补不足，迎头赶上。

## 二　河南省新型工业化的产业评价

### （一）河南省新型工业化产业评价指标选择

参考有关学者对主导产业选择的一般基准，结合河南经济发展的实际状况，我们选取了6个一级指标、12个二级指标作为河南新型工业化产业评价的指标（见表8）。

**表8　河南省新型工业化产业评价指标体系**

| 一级指标 | | 二级指标 | |
|---|---|---|---|
| 序号 | 指标名称 | 编号 | 指标名称 |
| 1 | 产业规模能力 | X1 | 产业规模(%) |
| 2 | 市场需求能力 | X2 | 需求收入弹性系数 |
| 3 | 全要素生产率 | X3 | 劳动生产率(万元/人) |
| | | X4 | 劳动生产率增长率(%) |
| | | X5 | 研发经费投入的强度(%) |
| | | X6 | 人均科技项目数量(个) |
| | | X7 | 投资增长率(%) |
| 4 | 关联效应 | X8 | 产业影响力系数 |
| | | X9 | 产业感应度系数 |
| 5 | 吸纳就业能力 | X10 | 就业规模(%) |
| | | X11 | 就业弹性系数 |
| 6 | 绿色发展能力 | X12 | 工业企业万元增加值综合能耗(吨标准煤) |

各指标计算公式如下。

**1. 产值规模能力**

产业规模：反映的是某一产业占该区域工业总产值的比重，是衡量产业规模的绝对指标。其计算公式为：$X_1 = \frac{TV_i}{TV}$（$i = 1, 2, 3, \cdots, n$），其中，$TV_i$ 与 $TV$ 分别为区域内第 $i$ 产业总产值和该区域工业总产值。

**2. 市场需求能力**

需求收入弹性系数：某产业的产品需求收入弹性系数公式可以表示为：$X_2 = \frac{\frac{\Delta Q_i}{Q_i}}{\frac{\Delta N}{N}}$，其中，$\frac{\Delta Q_i}{Q_i}$为区域产业 $i$ 的需求增长率，$\frac{\Delta N}{N}$为区域生产总值增长率。需求弹性系数越小，说明社会对该产品的需求量越小，产业的发展前景越差。反之，则说明产品有广阔的市场前景。

**3. 全要素生产率**

（1）劳动生产率：它反映了一个产业生产水平的高低，较高的劳动生产率意味着较多的要素流入到该行业，显然这有利于该行业的快速增长。

$X_3$（静态）= 某产业当年产值（增加值）/ 该产业年平均就业人数

$X_4$（动态）=（计划期劳动生产率 － 基期劳动生产率）/ 基期劳动生产率

（2）科技创新能力：科技创新能力是现代主导产业最重要的特征。只有具备较高的科技创新能力，才能使主导产业具有较强的竞争力，也才能起到带动相关产业的发展，发挥结构高级化的导向作用。该指标可以通过研发经费投入的强度（$X_5$）和人均科技项目数量（$X_6$）来测量。

（3）投资增长率：投资增长率（$X_7$）也是衡量全要素劳动率的一个重要方面。其计算公式为：

$X_7$（动态）=（本期投资额 － 基期投资额）/ 基期投资额

**4. 关联效应**

产业关联度可以用影响力系数（$X_8$）和感应度系数（$X_9$）来衡量。影响力系数指标是用来衡量一个产业部门对其他产业部门发展的影响程度，系数越大，则该部门的发展对其他部门的发展就具有较大的带动作用。而感应度系数是指本产业部门受其他产业部门的影响程度。其计算公式分别为：$X_8 = \frac{\sum_{i=1}^{n} b_{ij}}{\frac{1}{n}\sum_{i=1}^{n}\sum_{j=1}^{n} b_{ij}}$；$X_9 = \frac{\sum_{j=1}^{n} b_{ij}}{\frac{1}{n}\sum_{i=1}^{n}\sum_{j=1}^{n} b_{ij}}$。

其中，$X_8$ 表示第 $j$ 产业的影响力系数，$X_9$ 表示第 $i$ 产业的感应度系数，$n$ 为产业数目，$b_{ij}$ 为列昂惕夫逆矩阵中 $(I-A)^{-1}$ 的元素（$i$，$j$ = 1，2，3，…，$n$）。

**5. 吸纳就业能力**

可以用就业规模（$X_{10}$）和就业弹性系数（$X_{11}$）分别来衡量目前和未来某一产业吸纳就业人员的规模大小。其计算公式分别为：

$$X_{10} = \frac{E_i}{E}(i = 1,2,3,\cdots,n)\text{；}X_{11} = \frac{\frac{\Delta E_i}{E_i}}{\frac{\Delta GDP}{GDP}}(i = 1,2,3,\cdots,n)$$

其中，$E_i$ 与 $E$ 分别为该区域内第 $i$ 产业就业人数和区域就业人数。$\frac{\Delta E_i}{E_i}$为区域产业 $i$ 的从业人数增长率，$\frac{\Delta GDP}{GDP}$为区域 GDP 增长率。也即是 GDP 增长 1 个百分点带动就业增长的百分点。一般来说，系数越大，吸收劳动力的能力就越强，反之则越弱。当就业弹性水平较低时，即使经济保持高增长，也不一定会对就业有较强的拉动。从就业弹性系数可知经济增长带动就业的比率关系。

**6. 绿色发展能力**

资源的稀缺性决定了未来工业产业必定要走资源利用率高、低能耗、绿色环保、循环利用的可持续发展道路。

鉴于指标数据收集的可获得性，我们选择工业企业万元增加值综合能耗（$X_{12}$）这个指标。其计算公式为：

$$X_{12} = \text{能源消耗总量(吨标准煤)/工业增加值(万元)}$$

## （二）河南省新型工业化产业评价的产业选择与数据来源

为保证本课题分析的准确性和可靠性，我们对河南 14 大工业产业进行了全面分析（见表 9）。

**表 9　河南 14 大产业及其所包含的具体行业**

| 序号 | 产业名称 | 各产业包括的具体行业 |
|---|---|---|
| 1 | 煤炭产业 | 煤炭开采和洗选业 |
| 2 | 电力产业 | 电力、热力的生产和供应业 |
| 3 | 化工产业 | 石油和天然气开采业<br>化学原料及化学制品制造业<br>橡胶和塑料制品业<br>石油加工、炼焦及核燃料加工业<br>燃气生产和供应业 |
| 4 | 有色产业 | 有色金属矿采选业<br>有色金属冶炼及压延加工业 |
| 5 | 食品产业 | 农副食品加工业<br>食品制造业<br>酒、饮料和精制茶制造业<br>烟草制品业 |
| 6 | 装备制造产业 | 金属制品业<br>通用设备制造业<br>专用设备制造业<br>交通运输设备制造业<br>电气机械及器材制造业<br>仪器仪表制造业及文化办公用机械制造业 |
| 7 | 纺织服装产业 | 纺织业<br>纺织服装、服饰业<br>化学纤维制造业 |
| 8 | 钢铁产业 | 黑色金属矿采选业<br>黑色金属冶炼及压延加工业 |
| 9 | 生物医药产业 | 医药制造业 |
| 10 | 电子信息产业 | 计算机、通信及其他电子设备制造业 |
| 11 | 建材产业 | 非金属矿采选业<br>非金属矿物制品业 |

续表

| 序号 | 产业名称 | 各产业包括的具体行业 |
| --- | --- | --- |
| 12 | 汽车及零部件 | 汽车制造业 |
| 13 | 轻工产业 | 皮革、毛皮、羽毛及其制品和制鞋业<br>木材加工和木、竹、藤、棕、草制品业<br>家具制造业<br>造纸和纸制品业<br>印刷和记录媒介复制业<br>文教、工美、体育和娱乐用品制造业<br>工艺品及其他制造业 |
| 14 | 节能环保产业 | 废弃资源和废旧材料回收加工业 |

本课题所需数据来自历年《河南统计年鉴》《中国劳动统计年鉴》和《中国统计年鉴》。基于这些资料，可以分别计算各产业在各指标上的相应数据。

### （三）河南省新型工业化产业评价方法的选择

从目前产业类型划分的定量选择来看，其基本思路都是通过指标权重的设定，对各指标进行加权平均并进行排序来进行划分。确定指标权重的常用方法主要有主观赋权法和客观赋权法两大类。具体操作方法有德尔菲法、层次分析法、因子分析法、相关系数法等，由于客观赋权法需要大量的统计数据，本课题所研究的河南 14 大产业在样本量上很难满足客观赋权法的要求；另外，层次分析法主观性较强，多人评价时结论很难收敛，且专家评判的再次处理相当烦琐，其实际操作比较困难。

基于上述分析，我们选择通过设置权重，采用加权平均的方法。权重的设置部分采用专家意见法，即在咨询相关专家的基础上，结合有关文献对各选择基准以及指标重要性的描述，综合判断出河南工业主导产业选择指标的权重。另外，根据各指标的计算公式，从相关资料中收集到所需数据后，即可计算出各行业的实际值，由于得到的各个实际数值在量纲上不一致，因此需对这些数据首先进行标准化处理，目前数据预处理的方法有很多，在本课题中，我们采用了归一法对原始数据进行预处理。

## （四）河南省新型工业化产业评价结果

河南省新型工业化产业评价指标统计结果见表 10。

**表 10　河南省新型工业化产业评价指标统计结果**

| 指标标准 | 产　业 |
| --- | --- |
| 产值规模大于 8% | 装备制造、食品、化工、建材、有色 |
| 需求收入弹性系数大于 2 | 电子信息、生物医药、节能环保、汽车及零部件、轻工和装备制造 |
| 全要素生产率居前 5 位 | 电子信息、节能环保、汽车及零部件、电力和煤炭 |
| 关联度大于 2 | 煤炭、化工、钢铁、有色、建材、电力 |
| 就业弹性系数大于 1 | 化工、纺织服装、轻工、装备制造、电子信息和节能环保 |
| 就业规模在 10% 左右 | 装备制造、食品、建材、煤炭、化工、轻工和纺织服装 |
| 绿色发展能力居前 5 位 | 电子信息、节能环保、装备制造、汽车及零部件和食品 |

### 1. 产业规模能力的量化评价结果

在产值规模方面，位次较为靠前的产业有：非金属矿物制品业，农副食品加工业，有色金属冶炼及压延加工业，煤炭开采和洗选业，电力、热力的生产和供应业，黑色金属冶炼及压延加工业，化学原料及化学制品制造业，通用设备制造业，专用设备制造业，纺织业，交通运输设备制造业，食品制造业，电气机械及器材制造业，石油加工、炼焦及核燃料加工业，有色金属矿采选业等。主要涉及建材、食品、有色、煤炭、电力、钢铁、化工、装备制造、纺织服装、汽车及零部件产业。

### 2. 产业市场需求能力的量化评价结果

我们将需求收入弹性系数作为河南产业需求能力量化的评价指标，从相关资料中收集到所需数据后即可计算出各产业需求收入弹性系数的实际值，按照归一法数据预处理方法将各实际值进行标准化，根据计算结果，仅从需求收入弹性系数值来看，大于 2 的行业有：通信设备、计算机及其他电子设备制造业，文教、工美、体育和娱乐用品制造业，医药制造业，废弃资源和废旧材料回收加工业，纺织业，纺织服装、服饰业，橡胶和塑料制品业，家具制造业，化学原料及化学制品制造业，皮革、毛皮、羽毛及其制品和制鞋业，交通运输设备制造业，酒、饮料和精制茶制造业，仪器仪表及文化、办公用机械制造

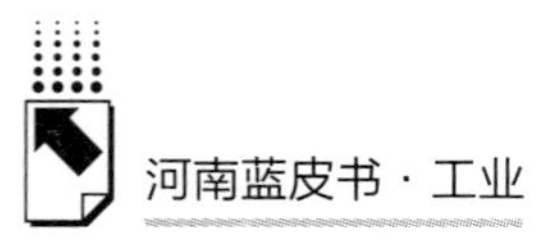


业，非金属矿物制品业和通用设备制造业。主要涉及电子信息产业、生物医药产业、节能环保产业、汽车及零部件产业、轻工产业和制造装备产业等。

**3. 关于全要素生产率的量化评价结果**

有较高的劳动生产率、科技创新能力和投资增长率是先导产业所必须具备的特征，通过查阅相关资料，结合有关文献对各选择基准以及指标重要性的描述，其权重分别为0.4、0.3和0.3。

从劳动生产率来看，废弃资源和废旧材料回收加工业，烟草制品业，电力、热力的生产和供应业，石油及天然气开采业，计算机、通信及其他电子设备制造业，有色金属冶炼及压延加工业，非金属矿采选业，煤炭开采和洗选业，通用设备制造业和纺织业居前10位。

从科技创新能力来看，仪器仪表及文化、办公用机械制造业，专用设备制造业，化学纤维制造业，电气机械及器材制造业，交通运输设备制造业，橡胶和塑料制品业，石油及天然气开采业，燃气生产和供应业，医药制造业和煤炭开采及洗选业居前10位。

从投资增长率指标来看，计算机、通信及其他电子设备制造业，纺织服装、服饰业，化学纤维制造业，仪器仪表及文化、办公用机械制造业，电气机械及器材制造业，交通运输设备制造业，烟草制品业，皮革、毛皮、羽毛及其制品业和制鞋业，饮料制造业和医药制造业投资增长速度较快。

在综合指标测算结果中，计算机、通信及其他电子设备制造业，烟草制品业，废弃资源和废旧材料回收加工业，化学纤维制造业，仪器仪表及文化、办公用机械制造业，交通运输设备制造业，电气机械及器材制造业，电力、热力的生产和供应业，石油及天然气开采业，煤炭开采和洗选业，医药制造业，专用设备制造业，酒、饮料和精制茶制造业，通用设备制造业和有色金属冶炼及压延加工业居前15位。主要涉及电子信息产业、食品产业、节能环保产业、纺织服装产业、装备制造产业、电力产业、化工产业、煤炭产业、生物医药产业、有色产业。

**4. 关联效应的量化评价结果**

参考国内外相关研究成果，我们提出用产业影响力系数和产业敏感度系数这两个指标进行衡量，这两种影响综合起来即为某产业的关联度，或者叫关联

度系数，即关联度 = 影响力系数 + 感应度系数。

从影响力系数角度看，系数大于 1 的有非金属矿及其他矿采选业，化学工业，非金属矿物制品业，金属冶炼及压延加工业，金属制品业，通用设备制造业，交通运输设备制造业，电气机械及器材制造业，计算机、通信及其他电子设备制造业，仪器仪表及文化办公用机械制造业，工艺品及其他制造业，电力、热力的生产和供应业。主要涉及建材、化工、装备制造、电子信息、电力等产业。

从感应度系数角度看，系数大于 1 的行业有：煤炭开采和洗选业，金属矿采选业，食品制造业，烟草加工业，纺织业，化学纤维制造业，非金属矿物制品业，金属冶炼及压延加工业，电力、热力的生产和供应业。涉及煤炭、食品、纺织服装、建材、电力和化工产业。

从关联度来看，关联度大于 2 的行业主要有：煤炭开采和洗选业，金属矿采选业，纺织业，化学纤维制造业，非金属矿物制品业，金属冶炼及压延加工业和电力、热力的生产和供应业。

**5. 吸纳就业能力的量化评价结果**

根据前述就业弹性系数和就业规模的计算公式，计算后发现，就业弹性系数居前 14 位的行业有：计算机、通信及其他电子设备制造业，纺织服装、服饰业，皮革、毛皮、羽毛及其制品和制品业，文教、工美、体育和娱乐用品制造业，家具制造业，橡胶和塑料制品业，电气机械及器材制造业，金属制品业，医药制造业，废弃资源和废旧材料回收加工业，专用设备制造业，仪器仪表及文化、办公用机械制造业，造纸及纸制品业和化学原料及化学制品制造业。主要涉及电子信息产业、纺织服装产业、轻工产业、化工产业、装备制造产业、生物医药产业、节能环保产业。

**6. 绿色发展能力的量化评价结果**

鉴于时间和数据收集的局限性，我们选择综合能耗这一指标来反映国民经济各行业绿色发展能力的水平。数据结果显示，烟草制品业，文教、工美、体育和娱乐用品制造业，仪器仪表及文化、办公用机械制造业，计算机、通信及其他电子设备制造业，家具制造业，有色金属矿采选业，印刷业和记录媒介的复制业，工艺品及其他制造业，废弃资源和废旧材料回收加工业，纺织服装、服饰业，皮革、毛皮、羽毛及其制品和制鞋业，专用设备制造业，通用设备制造业，农副食品加工业和黑色金属矿采选业居综合能耗指标的前15位，绿色发展能力较强。主要涉及食品产业、轻工产业、装备制造业、电子信息产业、有色产业、节能环保产业、纺织服装产业和钢铁产业。

## 三　河南省新型工业化评价结论与建议

新型工业化评价是推进新型工业化建设中的重要组成部分，不管评价主体对于评价对象采取什么样的评价方法，评价的最终目的都是通过对评价结果的综合运用，推动以信息化带动工业化，以工业化促进信息化，形成科技含量高、经济效益好、资源消耗低、环境污染少、人力资源优势得到充分发挥的工业化。

课题组建议，政府应支持开展新型工业化的定期评价工作，建立以评价结果为依据的奖惩和激励制度，将评价结果分成若干等级，对发展速度快、效益好的区域予以奖励或提供优惠政策。要建立新型工业化评价的机制和体系。建立成熟的新型工业化评价工作机制，首先需要成熟的理论研究作为支持，由专业的科研团队来提供理论基础。其次需要强化组织领导，建立完备的工作制度并出台相应的政策予以辅助和补充。评价工作能够快速有效地运转，实时更新数据来源和信息交流是必不可少的，所以课题组建议在基础工作中能够尽早地搭建一个服务于新型评价工作的专用信息数据库，并与相关部门建立数据交流机制，以便于时时更新汇总原始数据，也方便记录新型工业化的发展历程，总结新型工业化的发展经验。

产业评价方面，通过评价准确把握河南工业结构划分，科学界定先导产业、传统支柱产业、基础产业和劳动密集型产业。未来的先导产业必须具有较大的市场需求能力，全要素生产率要强，要能够吸纳大量的就业人员，并且要走可持续发展的道路，注重节能环保、资源节约和环境友好。传统支柱产业则可以按照产值规模大于8%的标准，筛选出河南的传统支柱产业，对于这些产业给予相应的政策扶持。基础产业方面，按照课题组的标准，产业的关联度均大于2的行业建议确定为基础产业，要研究相关政

策，发挥基础产业的带动作用。建议根据就业规模在 10% 的数据来界定劳动密集型产业。

河南省必须着眼于全球范围内的经济结构调整和工业转型升级，抢抓新的发展机遇，才能顺利实现上述发展目标，加快产业集聚区、先进装备制造业基地、精品原材料基地、战略性新兴产业示范基地以及相关协作配套项目建设。整合相关政策资源和资金渠道，加大对新型工业化发展专项资金支持力度，要完善人才创新体系，构建新型工业化的产业评价体系，根据评价结果优化产业扶持政策与区域扶持政策，加快推进新型工业化进程。

B.4

# 河南工业布局优化调整研究

赵建吉*

**摘　要：**

工业布局是工业在一定区域范围内的空间分布和组合结构，其合理与否直接影响该区域工业经济的发展速度和竞争力的提升。笔者在对河南工业空间布局现状进行分析的基础上，指出了河南工业空间布局存在的问题，即点、线、网工业空间格局有待完善；工业与人口空间布局错位；产业布局分散，集聚效应难以实现。剖析了河南工业布局调整的影响因素，即发展方式向低碳经济转型；国家区域发展政策；新一轮产业转移；跨国公司与大型国企央企进入；交通基础设施建设与完善；产业发展基础与资源禀赋。构建了河南省“一港、二区、三心、四轴、五门户”的工业布局空间结构。提出了加快河南工业空间优化调整的对策建议，即加强产业引导和统筹协调；实现集群化发展；打造产业基地和特色产业集群；促进产城融合。

**关键词：**

工业布局　优化调整　河南省

工业布局是指生产要素、主要产业在一定地域空间的优化组合，是经济建设中具有长远性和全局性的战略问题。仅仅抓住新一轮产业转移和中原经济区建设的重大机遇，优化调整产业空间布局，对于河南省工业转型升级、发展战略性新兴产业、提升自主创新能力、突破发展空间限制、应对不断加剧的资源环境压力具有重要意义。

---

* 赵建吉，河南大学黄河文明与可持续发展研究中心副教授，从事产业集群与区域发展研究。

## 一 工业空间布局现状分析

2008 年国际金融危机以来，河南工业整体实力显著增强。规模以上工业增加值由 2008 年的 7305. 4 亿元提升至 2012 年的 12654. 8 亿元，增长了 1. 73 倍。5 年间年均增长速度达到 14. 7%，比同期 GDP 增长速度高出 1. 5 个百分点。规模以上工业增加值占 GDP 的比重由 2008 年的 40. 5% 提升至 2012 年的 42. 8%，提升了 2. 3 个百分点。2012 年规模以上工业企业主营业务收入达到 51558. 3 亿元，同比增长 13. 7%；实现利润总额 3889. 1 亿元，同比增长 6. 8%（见表 1）。

**表 1　2008～2012 年河南省规模以上工业增加值及 GDP**

单位：亿元

| 年　份 | 2008 | 2009 | 2010 | 2011 | 2012 |
|---|---|---|---|---|---|
| 工业增加值 | 7305. 4 | 7764. 5 | 9901. 5 | 11882. 6 | 12654. 8 |
| GDP | 18018. 5 | 19480. 5 | 23092. 4 | 26931. 0 | 29599. 3 |

2012 年，河南工业发展水平有了较大改善。高新技术产业、高成长性产业对工业增长的贡献率稳步提升，高耗能行业的增速放缓。其中，高新技术产业实现规模以上工业增加值 2720 亿元，同比增长 60. 6%；汽车、电子信息等六大高成长性产业增速为 18. 3%，对全省规模以上工业增长的贡献率达到 67. 2%；化工、有色等四大传统优势产业同比增长 14. 8%，对全省规模以上工业增长的贡献率达 30. 9%；煤炭开采和洗选业等六大高耗能行业同比增长 8. 4%，比规模以上工业增长速度低 6. 2 个百分点。

### （一）主要布局在以郑州为核心的中原城市群

2012 年，中原城市群实现工业增加值 7847. 0 亿元，分别是豫北地区、豫西豫西南、黄淮 4 市的 4. 9 倍、5. 3 倍和 4. 5 倍。中原城市群占全省工业增加值的比重达 62. 0%，分别比豫北地区、豫西豫西南、黄淮 4 市高出 49. 4 个、48. 1 个和 50. 3 个百分点（见图 1）。

其中，郑州市实现规模以上工业增加值 2186 亿元，位居全省第一位，占

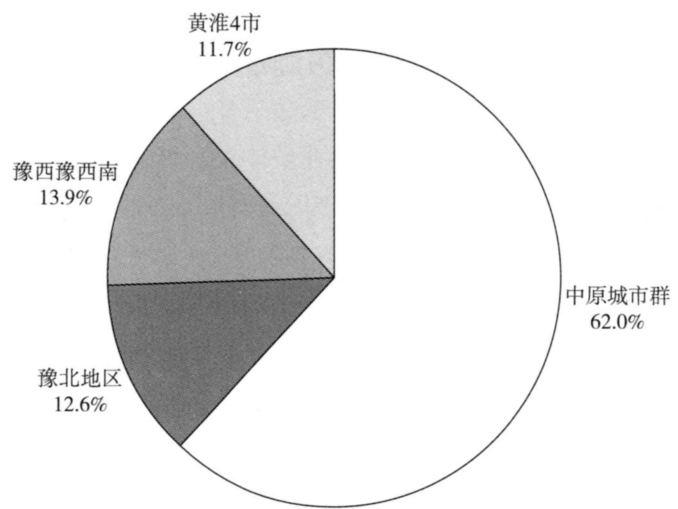


**图1　2012年各区域规模以上工业增加值占河南省比重**

全省的比重高达17.3%。比排名第二位的洛阳市高6.8个百分点，远高于其他地市。工业增加值总量是排名第二位的洛阳市的1.65倍（见表2）。

**表2　2012年河南省辖市规模以上工业增加值**

单位：亿元

| 城市 | 工业增加值 | 城市 | 工业增加值 |
|---|---|---|---|
| 郑　州 | 2186.00 | 许　昌 | 925.15 |
| 开　封 | 385.00 | 漯　河 | 450.18 |
| 洛　阳 | 1328.20 | 三门峡 | 653.00 |
| 平顶山 | 682.53 | 南　阳 | 827.50 |
| 安　阳 | 716.30 | 商　丘 | 480.47 |
| 鹤　壁 | 331.47 | 信　阳 | 345.86 |
| 新　乡 | 731.06 | 周　口 | 529.44 |
| 焦　作 | 880.91 | 驻马店 | 402.09 |
| 濮　阳 | 542.81 | 济　源 | 277.93 |

从增长速度看，2008年以来，各区域均实现了较快增长。其中黄淮4市增长速度达到19.1%，增速位居河南四大区域之首。其次为豫西豫西南、中原城市群。豫北地区增速仅为11.3%，位列末席。受近年来承接东部地区产业转移的影响，在黄淮4市中，周口、驻马店的增速均超过20%，分别达到

22.8%和20.5%。这也是黄淮4市增速位居全省四大板块之首的重要原因。郑州、开封、新乡、许昌、三门峡、南阳、商丘的增速均超过15%。

从人均规模以上工业增加值看，中原城市群中9个城市规模以上工业增加值为人均2.03万元，位居全省四大板块之首，其次为豫西豫西南（1.87万元）、豫北地区（1.67万元）、黄淮4市（0.59万元）。中原城市群比排名最末的黄淮4市人均高出1.4万元。济源虽然总量最小，但由于人口总量少，其单位人口实现的工业增加值排名第一，达到3.95万元/人，是全省平均水平的2.9倍，三门峡、焦作、郑州、许昌分列第2~5位（见表3）。

**表3　2012年河南省辖市人均规模以上工业增加值**

单位：亿元

| 城　市 | 人均规模以上工业增加值 | 城　市 | 人均规模以上工业增加值 |
|---|---|---|---|
| 郑　州 | 2186.00 | 许　昌 | 925.15 |
| 开　封 | 385.00 | 漯　河 | 450.18 |
| 洛　阳 | 1328.20 | 三门峡 | 653.00 |
| 平顶山 | 682.53 | 南　阳 | 827.50 |
| 安　阳 | 716.30 | 商　丘 | 480.47 |
| 鹤　壁 | 331.47 | 信　阳 | 345.86 |
| 新　乡 | 731.06 | 周　口 | 529.44 |
| 焦　作 | 880.91 | 驻马店 | 402.09 |
| 濮　阳 | 542.81 | 济　源 | 277.93 |

从单位面积实现的工业增加值看，中原城市群实现了0.15亿元/平方千米的工业增加值，位居全省四大板块之首，其次为豫北地区（0.12亿元/平方千米）、豫西豫西南（0.05亿元/平方千米）、黄淮4市（0.03亿元/平方千米）。中原城市群单位面积实现的工业增加值分别是豫北地区、豫西豫西南、黄淮4市的1.25倍、3倍和5倍，比黄淮4市每平方千米的产出多出0.12亿元。郑州一枝独秀，达到0.29亿元/平方千米的产出，是河南省平均水平的3.9倍，焦作、许昌、漯河、鹤壁分列第2~5位（见图2）。

## （二）形成了西重东轻、南重北轻的格局

河南省工业发展以重工业为主，轻工业为辅，重工业与轻工业产值的比例

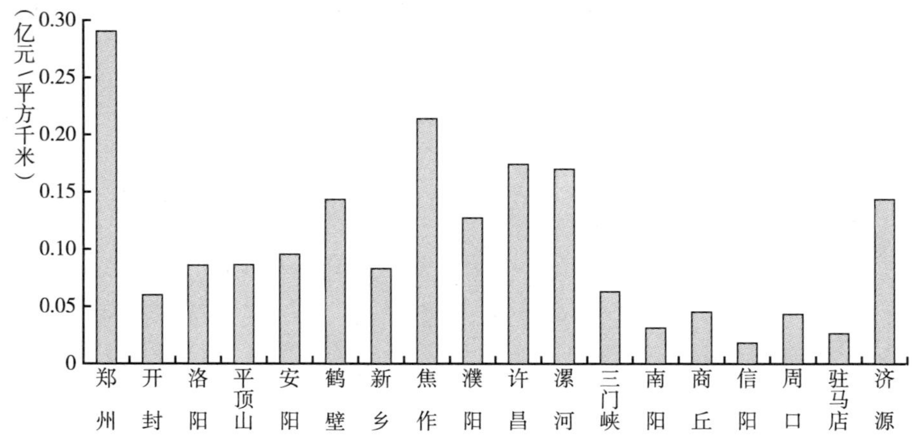


**图2　2012年河南省辖市单位面积规模以上工业增加值**

大致为7∶3。最近5年，河南规模以上工业增加值年平均增长率达到14.7%，呈现平稳较快增长趋势。重工业比重开始逐渐缓慢下降，从2008年的69.35%下降到2012年的68.40%，而轻工业比重开始逐渐上升，从2008年的30.65%上升为2012年的31.60%（见表4）。

**表4　2008～2012年河南省轻、重工业产值及比重**

单位：亿元，%

| 年份 | 工业增加值 | 轻工业 | 重工业 | 轻工业占比 | 重工业占比 |
|---|---|---|---|---|---|
| 2008 | 7305 | 2239 | 5066 | 30.65 | 69.35 |
| 2009 | 7764 | 2464 | 5301 | 31.73 | 68.27 |
| 2010 | 9902 | 3071 | 6831 | 31.01 | 68.99 |
| 2011 | 11883 | 3636 | 8247 | 30.60 | 69.40 |
| 2012 | 12655 | 3998 | 8657 | 31.60 | 68.40 |

2012年，河南全省规模以上工业增加值为12655亿元，其中的重工业产值为8657亿元，轻工业产值为3998亿元。中原城市群重工业与轻工业的比例为72∶28，其重工业的比例较全省高出了3.6个百分点。2012年中原城市群重工业增加值为5653亿元，占全省的54.9%，轻工业增加值为2194亿元，占全省的65.3%。河南省工业尤其是其重工业相对集中在中原城市群中的9个城市，但集聚程度并不高，表明河南省工业发展整体呈现出一定的分散化特征（见表5）。

表 5　2012 年河南省辖市轻、重工业增加值空间分布

单位：亿元

| 城　市 | 轻工业 | 重工业 | 城　市 | 轻工业 | 重工业 |
|---|---|---|---|---|---|
| 郑　州 | 425.63 | 1760.37 | 许　昌 | 316.82 | 608.33 |
| 开　封 | 171.23 | 213.77 | 漯　河 | 336.39 | 113.80 |
| 洛　阳 | 211.29 | 1116.91 | 三门峡 | 38.88 | 614.12 |
| 平顶山 | 97.72 | 584.82 | 南　阳 | 324.91 | 502.58 |
| 安　阳 | 180.33 | 535.98 | 商　丘 | 203.35 | 277.12 |
| 鹤　壁 | 104.03 | 227.44 | 信　阳 | 156.29 | 189.57 |
| 新　乡 | 285.10 | 445.96 | 周　口 | 366.53 | 162.90 |
| 焦　作 | 321.77 | 559.14 | 驻马店 | 214.77 | 187.32 |
| 濮　阳 | 217.37 | 325.44 | 济　源 | 27.66 | 250.27 |

从河南省 18 个省辖市轻重工业比例结构的地区分布来看，河南省明显呈现出“东轻西重、南轻北重、中高边低、点轴布局”的空间分布格局。其中三门峡、济源、平顶山、洛阳、郑州等城市重工业比重超过 80%，分别达到 94.0%、90.0%、85.7%、84.1%和 80.5%。河南省重工业偏于西部、西北部，主要原因是这一区域位于沿太行山南麓和伏牛山东麓的中国第二、三阶梯过渡地带，拥有相对丰富的矿产资源，交通运输条件优越，并有较长时期的工业发展历史。

河南省轻工业比重相对较大的地市分布于豫东、豫南的广大传统农区。漯河、周口、驻马店的轻工业比重分别为 74.7%、69.2%和 53.4%，是河南省仅有的三个轻工业产值超过重工业的地区。轻工业比重相对较高的还有信阳（45.2%）、开封（44.5%）、商丘（42.3%）和南阳（39.3%）。另外，豫北的濮阳、新乡两地市轻工业比重也较高，分别为 40.0%、39.0%。造成河南省轻工业较多分布于豫东、豫南的主要原因是本区域为中原地区的传统农区，矿产资源相对较少，并深受黄河定期泛滥的影响，重化工业发展的基础较为薄弱，使得以粮食、农林产品的深加工为主的轻工业相对突出。

## （三）依托资源禀赋形成了资源工业布局

### 1. 能源工业

河南省煤炭资源保有储量 260 亿吨，约占全国的 2.4%，居第 10 位。伴随着河南工业化进程的加快，煤炭已经由原来的基本平衡转为从省外调入，且调入量呈逐年加大的态势。根据河南省“十二五”能源发展规划，将重点开发郑州、平顶山矿区，稳步开发焦作、鹤壁、义马、永城矿区（见表6）。深入推进煤炭资源整合和企业兼并重组，合理配置后备资源，优先配置给骨干煤炭企业，培育形成若干个在全国具有较强竞争力、1～2个拥有亿吨级产能的大型煤炭企业集团。

**表6　2013年河南原煤产量的主要地区分布**

单位：万吨

| 城　市 | 原煤产量 | 城　市 | 原煤产量 |
|---|---|---|---|
| 郑　州 | 4567.73 | 焦　作 | 411.29 |
| 洛　阳 | 851.30 | 许　昌 | 1877.69 |
| 平顶山 | 4659.87 | 三门峡 | 1730.62 |
| 安　阳 | 207.17 | 商　丘 | 2028.00 |
| 鹤　壁 | 581.47 | 驻马店 | 57.31 |
| 新　乡 | 954.44 | 济　源 | 130.78 |

## 2. 有色金属产业

巩义市产业集聚区凭借着铝加工产业集群的发展优势，成功跻身国家新型工业化产业示范基地行列。巩义市产业集聚区是我国最大的普通铝板带箔加工基地，形成了以铝单板、铝带、铝箔材料、高强度铝合金板、铝塑复合材料、幕墙装饰材料为主的产品结构。鹤壁市镁粉生产能力已达到15万吨，占全国镁粉生产能力的50%以上。全市镁合金产品年生产能力已达到7万吨；镁深加工产品年生产能力已达到5万吨以上。济源铅锌产业在设备、工艺、技术等方面都处于国内领先地位，为亚洲最大的铅冶炼生产基地。洛阳地区钼产业正在把资源优势转化为产业优势和经济优势。长葛市也初步形成了再生有色金属回收利用产业集群（见表7）。

**表7　2012年河南10种有色金属产量的主要地区分布**

单位：万吨

| 城　市 | 10种有色金属 | 城　市 | 10种有色金属 |
|---|---|---|---|
| 郑　州 | 69.75 | 焦　作 | 55.76 |
| 开　封 | 11.21 | 三门峡 | 37.47 |
| 洛　阳 | 137.50 | 南　阳 | 19.61 |
| 安　阳 | 52.68 | 商　丘 | 55.86 |
| 鹤　壁 | 2.11 | 济　源 | 126.15 |
| 新　乡 | 0.60 | | |

### 3. 化学工业

化学工业是河南省的六大优势行业之一，化工产品中甲醇、尿素、纯碱、烧碱、聚氯乙烯等产量居全国前列，在大型煤制甲醇及醋酸、节能型尿素、联碱、高压法三聚氰胺、尼龙化工等产品技术处于国内领先水平，拥有河南煤化、中平能化、洛阳石化等一批大型企业集团。河南省目前的化学工业基地主要有濮鹤、永城、义马等三大现代煤化工基地，洛阳、濮阳、商丘三大石油化工基地，平漯、焦济、濮阳和南阳四大盐化工基地（见表8）。油化工与煤化工、盐化工融合发展方面，濮阳深入推进与中石化集团、中石油集团、河南煤化集团等大型企业集团的战略合作，以原料多元化、上游规模化、终端精细化为目标，打造“三化”融合链接产业基地。

**表8　2012年主要城市化学纤维产量占全省的百分比**

单位：%

| 城　市 | 化学纤维产量 | 城　市 | 化学纤维产量 |
|---|---|---|---|
| 郑　州 | 0.39 | 许　昌 | 10.94 |
| 洛　阳 | 33.09 | 南　阳 | 0.29 |
| 平顶山 | 20.90 | 商　丘 | 1.42 |
| 新　乡 | 28.36 | 信　阳 | 0.68 |
| 焦　作 | 2.16 | 驻马店 | 0.34 |
| 濮　阳 | 1.42 | | |

### 4. 钢铁产业

钢铁产业属于高耗能、高耗水、高污染产业，同时也是我国产能过剩和限制发展的产业之一。河南省目前已经形成“一区五点”的钢铁产业布局及专业化生产基地。“一区”为具有区位发展优势的安阳地区，有安阳钢铁集团、沙钢永兴、凤宝钢铁等重点企业，是河南省精品钢生产基地、专业化棒材生产基地、专业化钢管生产基地。“五点”包括平顶山的舞钢、济源的济钢、南阳的龙成、信阳的信钢、郑州（洛阳）的永通等五个钢铁企业（见表9）。

**表 9　2012 年河南钢铁产量的主要地区分布**

单位：万吨

| 城　市 | 钢材产量 | 城　市 | 钢材产量 |
|---|---|---|---|
| 郑　州 | 481.09 | 许　昌 | 61.83 |
| 开　封 | 7.25 | 漯　河 | 12.34 |
| 洛　阳 | 359.99 | 三门峡 | 33.44 |
| 平顶山 | 219.24 | 南　阳 | 170.42 |
| 安　阳 | 1227.70 | 商　丘 | 212.55 |
| 新　乡 | 28.43 | 信　阳 | 254.42 |
| 焦　作 | 35.56 | 驻马店 | 49.88 |
| 濮　阳 | 4.18 | 济　源 | 323.07 |

### 5. 建材产业

建材工业是为国民经济建设提供基础原材料的重要行业之一，主要包括建筑材料、无机非金属材料和非金属矿物材料三大部分，涉及水泥、墙材、混凝土及水泥制品、化学建材、平板玻璃及其深加工、建筑卫生陶瓷、石材加工等行业。陶瓷方面，通过承接产业转移，形成了安阳、鹤壁、南阳、信阳、洛阳、平顶山等建筑陶瓷产业集群；玻璃方面，在洛阳、济源、焦作等地，着力打造产业链配套完善的玻璃精深加工产业基地；耐火材料方面，在新密市、巩义市形成了国内具有重要影响力的耐火材料工业园；水泥方面，郑州天瑞、同力等龙头骨干企业和中联等央企，通过收购、参股、兼并、重组等方式，推动产业链整合，提高产业集中度和资源配置效率，增强综合竞争力。

### 6. 食品工业

河南是我国重要的小麦、棉花、花生、玉米、大豆产区，经济林果和农副土特产品较为丰富，大批农业产业化基地为食品工业的发展提供了原料保障。漯河和郑州已经基本形成以面制品、肉制品、速冻食品、乳制品、休闲食品、饮料等为主导产品的食品工业基地；漯河市依托漯河经济技术产业集聚区和双汇、中粮、康师傅等龙头企业，全力打造千亿元的食品精深加工产业集群。周口、商丘正在打造粮食、油料、肉类、酒等精深加工基地；南阳、信阳、三门峡等正在建设绿色生态特色食品产业基地（见表 10）。

表 10 2012 年河南畜肉制品产量的主要地区分布

单位：吨

| 城 市 | 畜肉制品 | 城 市 | 畜肉制品 |
|---|---|---|---|
| 郑 州 | 79361.5 | 濮 阳 | 23533.0 |
| 开 封 | 25605.0 | 漯 河 | 820903.0 |
| 洛 阳 | 57434.0 | 三门峡 | 957.4 |
| 平顶山 | 53332.0 | 南 阳 | 5827.0 |
| 安 阳 | 21894.0 | 商 丘 | 23969.6 |
| 鹤 壁 | 27275.0 | 信 阳 | 7499.0 |
| 新 乡 | 1086.0 | 周 口 | 77069.7 |
| 焦 作 | 12002.0 | 济 源 | 26799.2 |

### 7. 纺织服装产业

纺织服装产业是国民经济传统支柱产业和重要的民生产业，在吸纳社会就业、增加财政收入、繁荣市场、出口创汇、促进城镇化发展等方面发挥了重要作用。河南省目前的纱和化纤产量分别位居全国第 3 和第 5 位，其中针织纱线产量占全国的 1/3，是我国最大的针织纱线生产基地。以郑州纺织产业园和梦舒雅等核心企业为依托，郑州正在打造千亿元级的服装产业集群；商丘市抢抓沿海劳动密集型产业向内地转移的机遇，把纺织服装产业作为战略重点，强力推进招商引资，积极引领集群发展。夏邑县被授予“河南省服装产业基地”称号。安阳、周口、邓州等服装产业集群发展速度也相对较快。借助承接产业转移的机遇，周口大力吸引行业核心企业和沿海产业链整体转移，“中部鞋都”已经初步成形（见图 3）。

### 8. 轻工产业

河南省的造纸、皮革、塑料等行业在国内具有一定的地位，PVC、电池等原材料产业发展迅速，玉雕、钧瓷、三彩、汴绣、丝毯等工艺美术资源丰富，家电、家具专业市场发展迅速。目前河南省轻工产业规模位居全国第六位，发制品、毛皮制品、箱板纸产量居全国第一位，农用薄膜、纸浆、搪瓷制品位居全国第 2 位，家具、冰箱、冷柜、日用陶瓷位居全国第 6 位。拥有新飞电器、许昌瑞贝卡、漯河银鸽、新乡新亚、焦作隆丰等一批行业龙头企业，形成了许昌发制品、偃师钢木家具、虞城钢卷尺等一批特色产业集群。家电方面，新乡

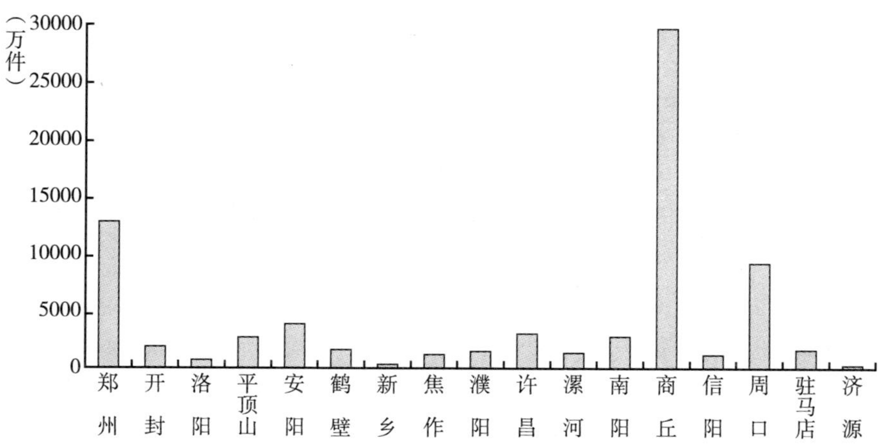


**图3　2012年河南服装产量的主要地区分布**

市依托新飞电器、科隆集团等核心企业，正在打造白色家电产业集群；民权紧抓承接产业转移的机遇，通过完善配套能力，不断吸引行业领先企业入驻，正在打造民权冷谷。家具方面，濮阳清丰通过建设家具设计中心、博览中心、物流配送中心等公共服务项目，实现规模化、品牌化、集群化发展。此外，河南还拥有中国家具CBD郑州产业园、开封木业家具、洛阳钢制家具等产业集群。

**9. 装备制造业**

河南省装备制造业占全省工业的比重超过10%，位居全国第7位，在输变电装备、农业机械、矿山装备、基础件等领域具有较好的产业基础，拥有世界上最大的自磨机和球磨机、支护高度最大的矿用液压支架、第一套特高压开关和直流输电控制保护系统等一批重大标志性产品和技术装备。目前，河南省装备制造业主要布局在郑州、新乡、南阳、安阳、平顶山、焦作、开封、济源、濮阳等地区，拥有洛阳高新技术产业集聚区节能环保装备、郑州经济技术产业集聚区装备制造、长垣县产业集聚区起重装备等国家级新型工业化示范基地和装备制造特色园区。

**10. 汽车及零部件产业**

河南省公路客车、高档皮卡和专用半挂车的国内市场占有率均居同行业首位，转向器总成、减振器总成、传动轴总成等10多种零部件产品产量位居全国前列。以郑州宇通、郑州日产等整车企业和新航集团、中轴集团、中原内配

等零部件企业为代表的企业群体不断发展壮大。目前已经形成了以郑汴汽车整车装备基地为核心，以洛阳、焦作、新乡、南阳、安阳、许昌、鹤壁等零部件加工集群为主体的产业发展格局。为贯彻落实河南省政府《2011 年汽车产业行动计划》，促进全省汽车工业健康快速发展，以便于进行更合理的规划布局和重点扶持，河南省工信厅等部门按照产业结构优化、产品升级明显、竞争优势明显、自主创新能力强，发展潜力大、项目支撑能力强、经营管理状况良好，具有良好的市场信誉和筹融资能力的标准，在河南省汽车企业中遴选了“河南省重点培育汽车工业企业 30 强”。在资金、政策等方面对这 30 家企业进行重点支持，使其成长为河南汽车工业发展的重要支撑（见图 4）。

安阳市
鹤壁市
濮阳市
新乡市
济源市
焦作市
三门峡市
洛阳市
郑州市
开封市
商丘市
许昌市
平顶山市
漯河市
周口市
南阳市
驻马店市
信阳市
重点汽车企业

**图 4　河南重点培育汽车企业 30 强空间分布**

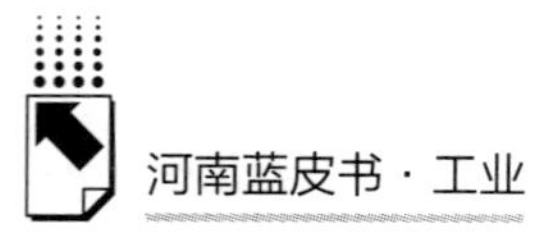


## 二 河南工业空间布局存在的问题

### （一）点、线、网工业空间格局有待完善

河南省工业空间布局的主要问题在于，“点”的辐射和引领带动能力不强；“线”的集中度和竞争力有待提升；“网”还处于形成发展阶段。

郑州作为河南省乃至中原经济区的核心增长极，其引领和带动能力一直为学术界所诟病。近年来，郑州市抓住承接新一轮产业转移的历史性机遇，电子信息产业、汽车产业得到了快速发展，为郑州经济增长提供了强大动力，也在一定程度上优化和调整了郑州的产业结构。中原经济区、郑州航空港经济综合实验区先后上升为国家战略，为郑州开放发展、外向型经济的发展提供了良好的外部环境。但是，与中部六省其他省会城市相比，郑州 GDP 总量、人均 GDP、地均 GDP、固定资产投资、城市首位度、社会消费品零售总额、公共财政预算收入等指标在中部六省省会城市中仍然处于第二或第三位，增长速度相对偏低①。呈现出“小马拉大车”的局面，对全省乃至中原经济区工业经济发展的辐射带动能力亟待提升。

河南省工业主要布局在沿京广和陇海两大发展轴线，但是从这两大发展轴线看，其工业集中度和竞争力都有待提升。企业数量较多、规模较小、技术创新能力较低、抗风险能力较弱、附加值较低成为轴线企业发展的重要问题。此外，虽然宁西、焦枝、京九铁路是穿过中原经济区的三大铁路通道，但除个别节点城市外，沿线产业发展相对落后，没有形成明显的产业带。

发达国家和地区工业经济发展的实践表明，网状的工业布局，有利于形成企业间的高效联系和互动，加强协作和配套；便于企业与高校、科研院所进行产学研合作，更有利于区域产业竞争力的增强。在我国浦东新区，已经基本形成了由康桥工业园区、南汇工业园区、老港工业园区、张江高科技园区等园区

① 吴晓龙：《中部六省省会城市经济发展比较分析》，河南统计网·专题研究，2013 年 3 月 20 日；http：//www.ha.stats.gov.cn/hntj/ztlm/jjlps/zhuantiyanjiu/webinfo/2013/03/1363334566782153.htm。

组成的网状工业布局体系，有效支撑了浦东产业增长和竞争力提升。而在河南省，网状工业布局的形成尚需时日。

### （二）工业与人口空间布局错位

河南省工业布局与自然资源的空间分布较为一致，但是与河南省人口空间布局形成了较为明显的错位。河南省豫西豫西南地区，由于地形、耕地数量等条件的限制，人口分布较少；但是由于矿产资源相对丰富，在河南省资源依赖性工业发展的历程中，依托便利的交通和矿产资源基础，工业经济发展得到了长足的发展。在豫东地区、豫东南地区，地势较为平坦，耕地数量多，粮食产量大，所承载的人口数量也相对较多；但是这些地区地下矿产资源相对匮乏，农区开放意识较弱，导致工业化进程缓慢。总体上，河南工业与人口的空间布局错位明显，对河南省工业布局优化调整提出了挑战。

### （三）产业布局分散，集聚效应难以实现

河南省产业布局较为分散，产业集群化水平低，集聚效应难以实现。不同城市间产业同构现象比较明显，导致区域产业同质化竞争加剧，甚至引发招商引资恶性竞争；企业间分工还停留在一个较低水平上，大部分企业仍处于孤立的、自发的状态，相互之间缺乏有机联系；产业链普遍较短，产业联系不强，区域专业化水平低，集聚效应难以实现。

## 三　河南工业布局调整的影响因素

### （一）低碳经济转型

2008 年，联合国提出用绿色经济和绿色新政应对金融危机和气候变化的双重挑战，把低碳经济看成是拯救当前金融危机、实现全球经济转型的重要途径。为了应对全球气候变暖，在新一轮的国际政治经济格局中获取主动，全球主要国家纷纷提出节能减排、发展低碳经济的目标。

对于河南省而言，近年来粗放型经济增长方式带来的生态和环境问题日益

突出；经济持续快速增长与人口、资源、环境的矛盾较为突出。如何实现向低碳经济转型，将经济社会发展建立在特定的资源环境承载力基础上，成为影响河南工业布局调整的重要因素。

## （二）国家区域发展政策

国家区域发展战略是工业布局调整优化的直接影响因素。改革开放以来，经过30余年的探索，我国已经构建了多层次、多功能的区域发展战略体系，逐步形成了东部加快发展、西部大开发、东北振兴和中部崛起的“板块式”区域发展格局。新一届中央政府在延续“板块式”区域发展政策体系的基础上，正在全面深化和细化有关区域发展战略和规划，目前呈现出以“经济带”作为发展重点的态势。近期，国家发改委等有关部门启动了《推动长江经济带转型升级指导意见》的调研和编制，将从综合交通、产业转型、新型城镇化、对外开放、生态廊道和协调机制六个方面对长江经济带的转型升级进行规划和政策指导；西北5省区正在抓紧开展新丝绸之路经济带的谋划和调研；西南地区，我国和缅甸、印度、孟加拉国等国家正在谋划中缅印孟经济走廊；在东北，正在实施《中国图们江区域合作开发规划纲要》，加快东北地区同朝鲜、俄罗斯、蒙古等国家的开放合作；在东南沿海，泛珠三角、中国东盟自由贸易区正在推进中。在此背景下，中原经济区如何融入我国区域发展格局，对其产业空间布局具有重要影响。

## （三）新一轮产业转移

2008年国际金融危机后，伴随着国际市场需求萎缩，我国东南沿海企业开始向中部地区进行大规模的产业转移，由此形成了由国际和国内产业转移并存，国内转移主导的新一轮产业转移。本次转移的转出地主要是部分发达国家和上一轮产业转移的承接地中国东部沿海地区，而转入地主要是我国的中西部地区。《国务院关于中西部地区承接产业转移的指导意见》（国发〔2010〕28号）的颁布以及国家发改委近年来对于皖江城市带、湖南湘南、广西桂东、重庆沿江、湖北荆州、四川广安、晋陕豫黄河金三角、甘肃兰白、宁夏银川等承接产业转移示范区的建立，均表明开放带动、招商引资、产业转移已成为我国中西部地区发展的重大战略和政策热点。新一轮产业转移带来的“增量”，对于河南省工业布局优化调整，具有重要影响。

### （四）跨国公司与大型国企央企进入

跨国公司和大型国企央企的进驻等重大项目的影响是工业布局调整优化的关键因素。金融危机以来，跨国公司在华投资的地域结构发生了较大变化，在中部崛起、中原经济区、郑州航空港经济综合实验区等国家战略推动下，河南逐步步入对外开放前沿，承东启西连南接北的区位、巨大的市场、完善的基础设施、充足的能源保障、高素质的人力资源等承接产业转移的优势逐渐显现，让很多大型跨国公司和大型央企把目光从东南沿海地区逐渐转向以河南为代表的中部地区。近年来，河南省日益成为跨国公司和央企的投资热土。这些企业落户河南，带来了其原有配套、支撑企业，在河南发展了新的配套企业，为河南实现集聚发展、打造产业集群提供了重要机遇。

### （五）交通基础设施建设与完善

现代化交通体系是建设中原经济区的重要保障，也是工业布局调整优化的重要支撑。近年来伴随着郑州航空港经济综合实验区的建设，河南已经基本形成了完善的高速公路网、铁路网络和航空枢纽基本框架，为产业要素的空间流动和产业空间布局调整奠定了基础。在中原经济区规划的“米”字形交通架构中，郑州至济南、太原、合肥、重庆的高速铁路，将会对河南省、沿线城市的产业空间布局产生重要影响。

### （六）产业发展基础与资源禀赋

产业发展基础和资源禀赋是工业布局调整优化的基础性影响因素。作为全国第五工业大省，河南省工业发展具有坚实的基础，煤炭、建材、电解铝、机械等产业在全国具有重要地位，原煤、铝、速冻食品等主要工业品产量位居全国前列。近年来，工业发展转型升级步伐明显加快，形成了郑州年产百万辆汽车基地、洛阳动力谷、中原电气谷等在国内具有重要影响的产业基地。这些河南工业发展的基础，将对河南工业布局调整产生重要影响。

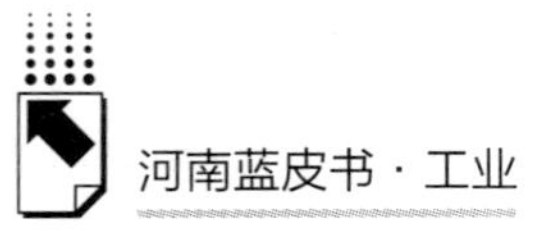


## 四　河南工业空间布局调整方向

按照《国务院关于支持河南省加快建设中原经济区的指导意见》《中原经济区规划（2012～2020年）》《郑州航空港经济综合实验区发展规划（2013～2025年）》的战略要求，河南工业将形成“一港、二区、三心、四轴带、五门户”的布局结构，为河南省工业转型升级、战略性新兴产业的发展提供支撑。

### （一）一港

一港指郑州航空港经济综合实验区，是河南省对外开放的重要门户、中原经济区最具发展活力和增长潜力的区域。主要布局发展航空运输、航空物流、航空设备制造、电子信息、生物医药、精密机械、新材料、金融结算等与航空关联的附加值高、科技含量高、外向度高的先进制造业、高新技术产业和现代服务业。

### （二）二区

二区指郑汴都市区和洛阳都市区，它们是中原经济区工业经济发展的核心区，是郑州航空港经济综合实验区的核心支撑区域。

郑汴都市区是全国重要的现代物流中心，区域性金融中心和现代服务业中心，先进制造业和高新技术产业基地。重点发展先进装备制造业、电子信息产业、物流商贸业等战略支撑产业；新能源、新材料、新能源汽车、物联网等战略新兴产业；工业设计、技术开发、营销管理、技术服务等都市型工业；金融服务、信息咨询、科技中介等楼宇经济。

洛阳都市区是中原经济区工业经济发展的核心区之一，河南省社会经济发展的重要增长极。大力发展装备制造业、高新技术产业、商务金融业、文化旅游业，不断增强国家历史文化名城和全国重要的制造业基地影响力（见图5）。

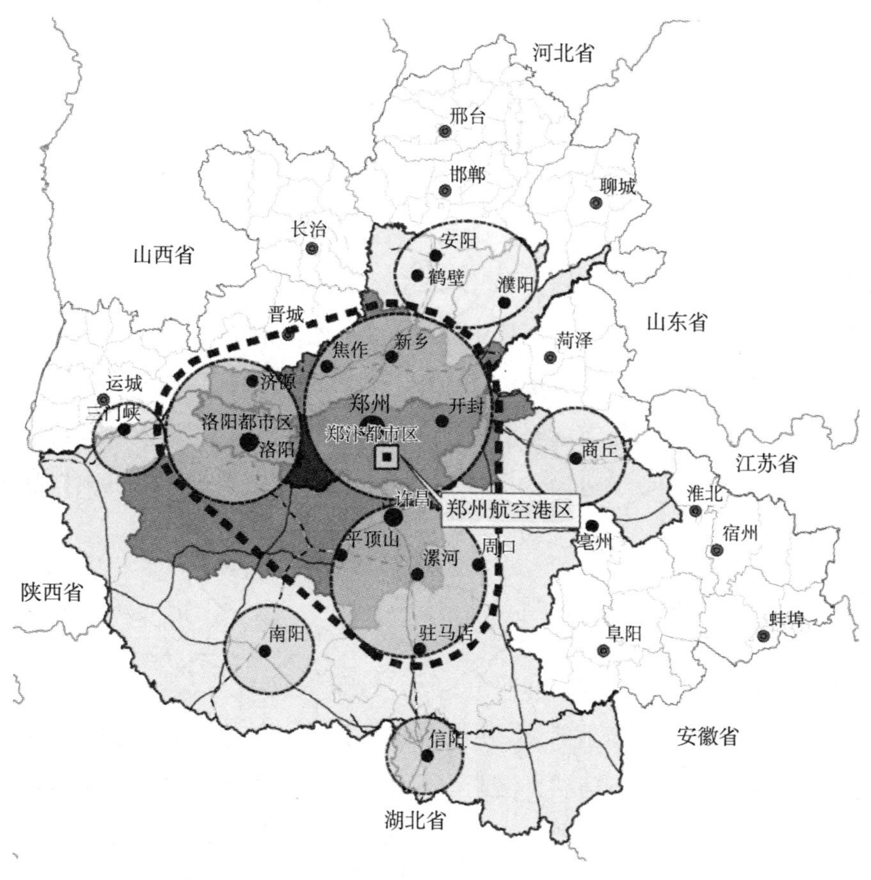


**图5 河南省宏观工业布局（一港、二区、三心）示意图**

## （三）三心

郑—汴—新—焦工业核心是河南工业发展核心区，为河南工业发展和转型升级提供智力支撑。该核心依托产业基础和优势骨干企业，做大做强汽车及零部件、高端装备制造、现代煤化工等支柱产业；培育发展生物及新医药、电池及新能源汽车、电子信息等战略性新兴产业；用高新技术和先进适用技术改造提升食品、造纸、建材、能源等传统产业，打造河南重要的高新技术产业、先进制造业基地。

洛阳—济源工业副中心是河南工业经济发展的重要增长极，河南先进制造业和生产性服务业高地。以洛阳动力谷为依托，重点发展以动力机械、大型成套装备、新能源装备和精品新材料为主的先进制造业；积极发展以软件及服务外包业为主的现代服务业，打造河南先进制造业、高技术化产业的重要基地。

许昌—平顶山—漯河工业副中心是河南工业发展的培育增长极，是河南中南部许昌、平顶山、漯河、周口和驻马店城市发展集群的重要战略支撑，全国重要的输变电装备制造基地。依托中原电气谷，建设国内一流、国际先进的电力装备研发中心、制造中心、系统集成中心，打造具备国际竞争优势的电力装备出口基地；紧抓郑州航空港经济综合实验区建设机遇，积极发展现代物流及相关产业，打造集产业、运输、仓储、配送、信息服务等为一体的出口加工贸易区。

### （四）四轴带

四轴带由两个一级产业带和两个二级产业带构成。

陇海产业带（一级产业带）。主要由陇海铁路、连霍高速公路、310 国道组成复合交通枢纽，以三门峡、洛阳、郑州、开封、新乡、商丘等重要城市作为节点的发展轴线，是东部地区产业转移和西部地区资源输出的战略通道，也是国家级经济带的重要组成部分，还是支撑河南工业经济发展的脊梁之一，彰显河南工业发展的实力与潜力。不断扩大东西双向互动，壮大汽车、装备制造等先进制造业，铝工业、煤化工、石油化工、有色等能源原材料产业，现代物流、金融服务、科技服务等生产性服务业（见图 6）。

京广产业带（一级产业带）。主要由京广铁路、京珠高速、107 国道组成复合交通线，以安阳、鹤壁、新乡、郑州、许昌、漯河、驻马店和信阳等城市为节点所组成的发展轴线。京广产业带是我国南北向经济联系的重要通道，也是国家级经济带的重要组成部分，还是支撑河南工业经济发展的脊梁。不断提高京广通道综合运输能力，依托沿线的人力资源优势和产业基础，重点发展汽车、电力装备、起重机械、家用电器等先进制造业，生物医药、电子信息、新材料等高新技术产业，食品、纺织、建材和煤电铝等支柱产业（见图 7）。

濮阳—开封—许昌—南阳产业带（二级产业带）。主要由大广高速、日南

**图6　陇海产业带示意图**

高速以及郑州至济南、郑州至重庆的高铁为交通联系，以濮阳、长垣、开封、许昌、平顶山、南阳等城市为节点构成的贯穿河南省东北西南向的产业带。该产业带是河南工业联系山东半岛和西南地区的重要通道，也是河南工业发展的重要支撑。依托沿线资源禀赋和现有产业基础，重点发展装备制造、汽车零部件、特种钢材等先进制造业，新能源、新材料、生物医药等高新技术产业，能源化工、食品、建材等支柱产业（见图8）。

焦作—郑州—许昌—周口产业带（二级产业带）。主要由郑州至太原、郑州至合肥的高铁为交通联系，以焦作、济源、许昌、周口等城市为节点构成的贯穿河南省西北东南向的产业带。该产业带是河南工业联系晋中南和长三角的重要通道，也是河南工业发展的重要支撑。依托沿线资源禀赋和现有产业基础，重点发展装备制造、汽车零部件等先进制造业，新材料、新能源等高新技术产业，能源电力、石油化工、食品、建材等支柱产业（见图9）。

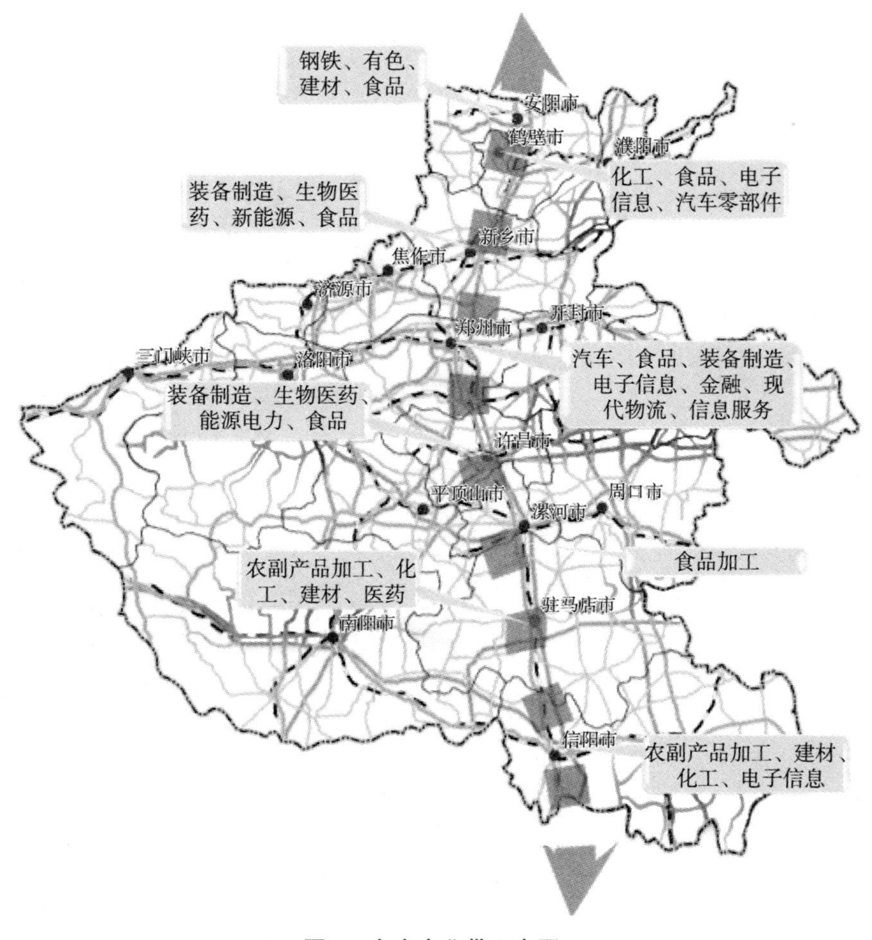


**图 7 京广产业带示意图**

## （五）五门户

商丘：豫鲁苏皖门户。商丘是河南承接长三角、京津冀等地区产业转移的桥头堡，中原经济区综合交通枢纽，与江苏徐州、安徽阜阳等地区加强能源、食品、轻工产业的联系与互动。

安（阳）—鹤（壁）—濮（阳）：豫鲁晋冀门户。安鹤濮是河南北部的重要的产业区，是钢铁与有色金属的生产基地，能源、化工及装备制造业生产基地。安阳和鹤壁与河北邯郸以钢铁工业发展为纽带，强化在新产品开发、产业链延伸等方面的合作，重点探索重化工产业发展提升之路。濮阳和山东菏

**图 8　濮阳—开封—许昌—南阳产业带示意图**

泽，以油气资源开发利用为纽带，强化石油化工、精细化工、石油机械等产业的合作，重点探索资源加工工业发展之路。

南阳：豫鄂陕门户。这一门户是河南西南部地区重要的增长极。新能源、光电高新技术特色产业基地和重大装备制造业基地，是河南“连南”、“启西”对接豫鄂陕的前沿和综合交通枢纽。其以汽车零配件产业提升发展为纽带，与湖北襄阳地区加强产业联系和互动。

信阳：豫鄂门户。这是河南南部工业重要增长极，这是河南“三化”协调改革试验区，也是对接武汉经济圈的前沿。充分利用独特的区位优势，加强与河南中心城市的联系，加强与相邻省市的经济联系和产业互动，争取获得差异化支持。

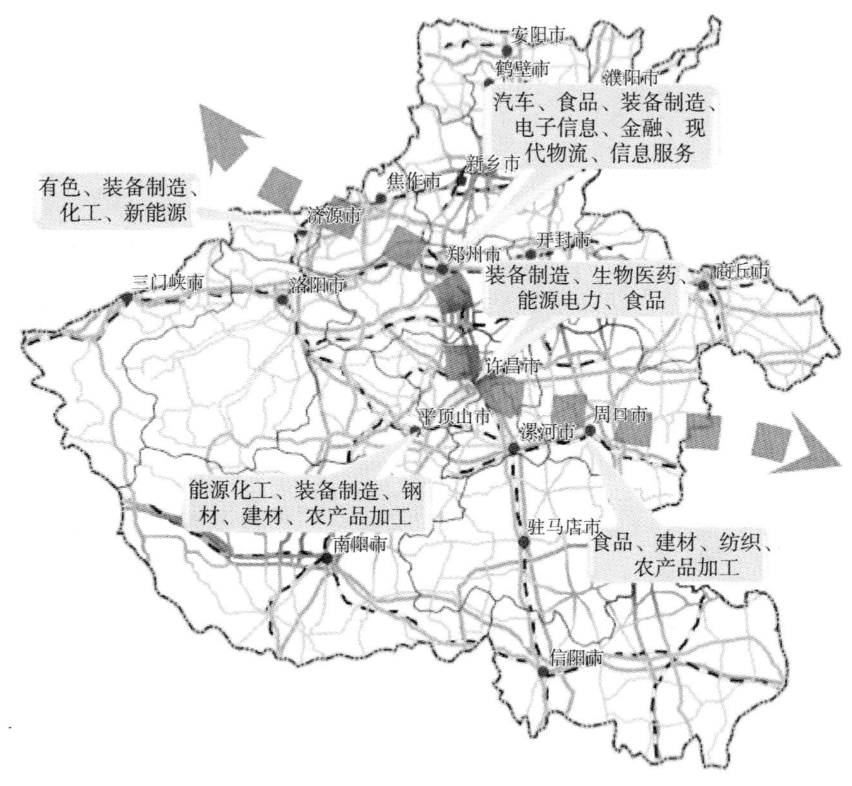


**图9　焦作—郑州—许昌—周口产业带示意图**

三门峡：豫陕晋门户。这个门户是河南产业发展的重要支撑，这个门户是能源、煤化工、铝加工、装备制造基地，是中原经济区与关中—天水经济区区域合作发展先行区；是豫晋陕黄河金三角承接产业转移示范区的核心经济区。在有色金属、农副产品加工等方面加强与山西省运城市、临汾市和陕西省渭南市的合作与互动（见图10）。

## 五　加快河南工业空间调整的对策建议

### （一）加强产业引导和统筹协调

建立统筹全省产业集聚区招商引资协作信息的共享平台，合理疏导匹配与之适应的产业布局，以期形成有序的传导转移机制，实现信息、资源共享。根

**图 10　“5”门户示意图**

据河南省现阶段产业发展的实际和国家政策法规的变化情况，及时调整区域产业审批准入标准，引导投资行为。积极探索不同城市间合作建设产业园区，在土地流转、财政税收、投资收益等方面，建立企业、项目在河南省不同城市间布局的利益协调和补偿机制。

## （二）大力推动集群化发展

对于产业基础薄弱的产业集聚区，要突出集群引进，走专业化、规模化道路。通过政策扶持和生产要素倾斜配置，选商选资，努力承接产业链或产业集群整体转移。积极探索新办法，创造新优势，吸引东部沿海地区各类投资主体来豫兴办“飞地经济”产业园区。

对于具有一定基础的产业集聚区，通过引进行业优势品牌和企业，壮大产业规模；在加强企业空间集聚的基础上，着力推动差异化发展，促进水平分工；培养有熟练技能的产业工人、加强公共服务平台建设、加强信息沟通；加强专业化市场的建设，围绕市场加强物流体系建设。

对于资源型产业集聚区，要通过引进和培育、重组和联合等方式，增强核心企业的龙头带动能力；依托核心企业，大力承接产业链下游的精深加工产业转移，与本土企业组建原材料选采—初级加工—精深加工一体化的生产体系，实现高端化、终端化、高效益。

### （三）打造产业基地和特色产业集群

依托中原电气谷、洛阳动力谷等具有较强竞争力的制造业基地，实现从区域独立发展向区域联合发展，从国内竞争优势向国际竞争优势拓展，通过产业整体招商、完善产业链条，打造10个左右优势突出、特色鲜明、具有全球影响力的千亿元级产业基地。

以六大高成长性产业、四大战略性新兴产业、四大传统优势产业为重点，根据产业集聚区资源禀赋、产业配套条件和要素成本的比较优势，围绕主导产业定位，推动同类和关联企业集群化发展。在装备制造、食品、轻工、纺织服装等承接产业转移较多的领域，通过引进产业层次高、带动力强的龙头型、基地型项目，促进同类和关联企业集聚，带动配套企业发展，打造产业集群；在有色、化工、钢铁等资源优势突出的领域，依托骨干企业，积极引进下游加工和关联配套企业，弥补“短板”、完善“链条”，推动产业向精深加工方向发展。通过累积式的投入、培育和延伸，从现有的180个产业集聚区中，打造30个左右在国内具有重要影响力的500亿元级特色产业集群。

### （四）促进产城融合

美国硅谷，英国剑桥科技园，我国中关村、上海张江等国内外经济技术开发区、高新区发展的实践表明，从产业空间、产城互动转向产业新城、科技新城，是国内外产业集聚区转型升级的重要方向。推进产业与城市融合发展，努力建设生产、生活、生态、服务四位一体的宜业宜居型城市功能区，着力促进第三产业快速增长。

根据产业新城、科技新城的发展要求，切实以产业集聚区为载体，大力促

进现代产业体系、现代城市体系、自主创新体系的要素融合、空间融合与功能融合，培育产业集聚区的新业态，强力推动智慧产业、物流、电商等信息密集和知识密集型产业的发展。

## 参考文献

曾刚：《上海市工业布局调整初探》，《地理研究》2001 年第 3 期。

冯德显：《我国区域发展空间重组与构建中原经济区》，《地域研究与开发》2010 年第 5 期。

刘文桂：《优化河南工业布局研究》，《开放导报》2011 年第 3 期。

河南省统计局：《2012 年河南省国民经济和社会发展统计公报》，河南统计网，2013 年 2 月 27 日。

河南省统计局、国家统计局河南调查总队：《河南统计年鉴（2013）》，中国统计出版社，2013。

河南省统计局、国家统计局河南调查总队：《河南统计年鉴（2008）》，中国统计出版社，2008。

河南省人民政府办公厅：《河南省工业转型升级“十二五”规划》，河南省政府网站，2013 年 11 月 15 日。

B.5

# 河南以产业转移促进工业结构升级研究

唐海峰*

**摘　要：**

2013年河南充分利用中原经济区和郑州航空港经济综合实验区建设的政策优势和国内外产业转移加速的机遇，加大承接转移和招商引资工作力度，以承接产业转移加快促进工业转型升级，取得了较好的成效，但同时河南在承接产业转移中仍存在诸多制约因素。通过进行必要的经验总结和问题分析，深入探寻以承接产业转移加快河南工业转型升级的基本思路和对策建议。

**关键词：**

承接产业转移　工业转型升级

产业转移在本质上是现有生产力在空间布局上的调整，对承接方来说，主要目的是通过产业承接，迅速在较短时间内形成新的生产能力，优化产业结构，提高产业竞争力。2013年河南充分利用区域产业转移加速的环境机遇以及中原经济区和郑州航空港经济综合实验区建设的政策优势，加大力度承接各类工业项目产业转移，以承接产业转移加快工业转型升级，取得了较好的成效，有力地推动了工业结构的高级化和合理化。

## 一　河南承接产业转移的主要特点及存在问题

河南省近年来持续加大承接产业转移工作力度，在积极有效利用外资的同

* 唐海峰，河南南阳人，河南省社会科学院助理研究员，主要从事产业经济研究。

时，狠抓内资省外项目对接，主动承接国内外产业转移效果明显。2013 年 1 ~ 10 月，河南省工业和信息化领域承接产业转移实际到位省外资金 4145.77 亿元。全省新签约项目 1479 个，合同引进省外资金 6087.69 亿元；开工在建项目 1821 个，实际到位省外资金 1968.56 亿元；竣工投产项目 621 个，实际利用省外资金 824.31 亿元；竣工投产项目预计新增年销售收入 1556.34 亿元，预计新增利税 203.37 亿元、就业 10.97 万人。①

## （一）河南承接产业转移的主要特点

在国内外产业转移加速的大背景下，河南依据自身工业特色，依托区域发展战略的支撑，突出承接产业转移重点领域，切实注重引进工业项目的质量和层次，加强技术交流合作，不断深入推进以承接产业转移加快工业转型升级的步伐。

### 1. 区域发展战略促进作用明显

河南已进入高水平承接产业转移的战略机遇期，特别是中原经济区和郑州航空港经济综合实验区战略规划的全面实施，进一步推动了河南成为承接产业转移的重要地区。区域性发展战略的实施较好地促进了河南加快完善产业配套条件，快速健全产业转移推进机制，着力推进产业转移承接平台建设，在全方位、多层次承接沿海地区和国际产业转移中发挥出更加重要的作用。在中原经济区和郑州航空港经济综合实验区两大发展战略的指导下，区域中心城市主要承接高端制造业、战略性新兴产业和现代服务业项目，县域经济层面则重点发展特色鲜明、吸纳就业能力强的产业项目，形成了有序承接、集中布局、错位发展、良性竞争的承接产业转移新格局。

### 2. 承接产业转移重点相对突出

河南在承接产业转移中，本着因地制宜、集群引进的基本思路，突出主攻龙头、加速配套，着力引进一批龙头型、基地型项目，推进全产业链集群式引进，不断提升承接产业转移的水平和层次，把承接产业转移工作推向深入。

---

① 资料来源：河南省工业和信息化厅网站，http：//www.iitha.gov.cn/cms/jsp/context.jsp?ColumnID = 13&TID = 20131119171622835439827。

2013年河南省重点加快推进电子信息、智能终端（手机）、汽车及零部件、食品、家电、家具、纺织服装及制鞋、新型建材、金属制品等制造业集群引进工作，以此作为全力推动全省工业转型升级的重点领域。预计到2013年末全省制造业签约承接产业转移项目资金5000亿元左右，实际到位资金3000亿元左右，培育8个省级承接产业转移示范区。

**3. 注重引进项目的质量和层次**

河南省以产业转移项目为切入点，科学、严格设置准入门槛，坚决防范落后产能转移，积极引导投资方向，高效开发利用优先支持资源，推动优先支持类项目的开发，促进地区工业结构优化升级。作为全国4个产业转移项目产业政策符合性认定试点省（市）之一，河南省工信厅下发了《河南省产业转移项目产业政策符合性认定试点工作方案》（以下简称《方案》），《方案》要求在承接产业转移过程中，以遏制低端和落后产能转移为工作重点，严把产业政策闸门严把认定关，在承接产业转移中将重点对19个需要抑制产能过快增长的行业进行严格把关。同时，创造产业政策和土地、财税、金融、环保、质监等政策协同配合的沟通渠道和接口，建立完善产业政策符合性认定工作的机制和程序。进一步加强对各地区承接产业转移项目的管理工作，引导本地区围绕特色和优势发展区域经济，注重引进项目的质量和层次，避免同质化竞争。

**4. 产业技术合作交流逐步得到重视**

河南突破以往招商引资洽谈会以投资贸易为主的办会模式，按照构建自主创新体系要求，逐步引入技术合作交流内容，以制造业技术升级为重点，大力引进化工、电子、家电、汽车、装备制造等代表行业先进技术水平的产业技术项目，增加产品的技术含量，提高开发高端新产品的能力，提升产品竞争力。通过技术转移项目展示对接会、煤化工技术创新高层论坛、玉米育种技术暨现代种业发展高峰论坛、中药产业发展高层论坛、中国科学院科技成果发布会、省外高校科技成果发布会等促进技术交流合作活动向常态化发展。

## （二）承接产业转移存在的问题及因素分析

从总体上来说，2013年河南以产业转移加快工业转型升级取得了较为明显的成效，承接产业转移对工业转型升级的推动作用日益明显，工业投资结

构、工业产品结构、工业区域分工结构得到了持续的优化，承接产业转移已成为推进工业转型升级的重要力量。但面对复杂多变的经济发展形势，未来河南承接产业转移仍旧面临诸多的瓶颈制约。

**1. 承接转移竞争激烈**

在政绩考核、地区攀比以及解决区域经济发展和就业问题的现实需要下，周边省份及省内各级政府为做好承接转移工作，持续加大招商引资力度，陆续出台各类优惠政策措施并不断加码，力求在承接产业转移中占据主动，比速度、比政策、比数据的现象层出不穷。安徽省、江西省、湖南省等陆续出台多个承接产业转移的专项规划和发展战略以应对日益激烈的区域承接产业转移竞争，因此在未来一段时期内，河南在承接产业转移中将面临更加激烈的竞争。同时，由于缺乏统一的协调机构和机制，省内各地在承接产业转移中也存在着突出无序竞争甚至是恶性竞争现象，以损失比较优势和绝对优势的代价，造成了严重的区域工业结构趋同化倾向，严重损害了区域经济的规模效益、分工效益和产业结构效益。

**2. 承接软环境存在欠缺**

虽然存在激烈的竞争，但是在实际招商引资中重前期引进、轻后期服务的现象仍旧比较普遍。产业承接方的政府机构通常把产业转移看成是简单的招商引资，并没有认识到承接产业转移对于促进区域经济发展的重大作用，在建立稳固的产业链和供应链方面缺乏系统的发展规划和战略思考，公共服务平台建设相对滞后，政府的服务职能发挥不够，重大承接项目的协调和推进机制不完善，使得转移项目在可持续发展上面临承接软环境的严重制约，在较大程度上制约了河南以承接产业转移促进工业结构调整和转型升级目标的实现。

**3. 环境承载危机严重**

河南正面临着资源与环境约束不断强化的基本现实，由于河南省庞大的人口基数，大多数资源的人均占有量低于全国平均水平，能源、原材料工业占到全部工业的60%左右，造成单位GDP能耗、单位工业增加值能耗、污染物排放高于全国平均水平。有关研究表明，在现有人口和当前消费水平下，河南省生态需求已超出了自然生态系统承的载力。未来一段时期，区域承载力下降将逐步成为制约河南承接产业转移的主导因素。

**4. 传统比较优势趋于弱化**

河南处于工业化中期阶段，自然资源对经济增长的贡献作用在弱化，而高级生产要素的作用在不断增强，伴随着经济社会的快速发展，河南在资源、环保、土地、劳动力等方面的传统比较优势正在不断弱化，各项经营成本逐步与东部地区追平，政策优势也不明显，而在高级生产要素上河南尚没有形成新的竞争优势，正处于由传统比较优势向新竞争优势的转型期，面临竞争优势断档的巨大风险，这种阶段性特征将对承接产业转移产生巨大影响。

## 二　以承接产业转移促进河南工业升级的基本思路

在依靠承接发达地区产业转移来推进产业升级的过程中，容易出现产业升级对发达地区技术、资金、管理等要素的严重依赖。这种依附性的产业发展模式随着产业的升级应当被自主性的产业升级模式所取代，即把承接产业转移、发挥比较优势、推进新型工业化和信息化结合在一起，使技术、管理等要素“内生化”。通过吸纳发达地区的资金、技术、设备和管理理念，逐步形成适合自身产业发展的新思路和新机制，摆脱对外来因素的依赖。面临新形势和产业转移新特征，结合工业转型升级的发展要求，河南在深入实施自主创新工程、提高自主创新能力、推动工业走上创新驱动道路的同时，在承接产业转移中应重点坚持引进龙头企业与吸引配套中小企业并重、承接技术密集型与劳动密集型产业并重以及承接高端制造业与生产性服务业并重。

### （一）引进龙头企业与吸引配套中小企业并重

当前产业转移出现组团式、产业链整体转移趋势，不再遵循传统的产业转移理念，而是主动地带动和引导相关投资，发展配套产业并建立产业群，将整条产业链搬迁、转移到承接地。按照“提升中间，拓展两端”的总体思路，在承接产业转移过程中要坚持引进龙头企业与吸引配套中小企业并重的策略，推动河南优势产业加快走上“点式扩张—链式发展—网络扩展”的发展路径，促使本地优势产业的核心竞争力由过去主要依靠单个企业支撑全面转向面向未来的依托产业链支撑转变。做强核心环节，补充链条缺环，促进配套产业链本

地化，积极发展现代产业分工合作网络，强化大型龙头企业的辐射带动力，提高中小企业配套能力，培育一批“龙形产业”和“蜂群型”产业集群，发展一批“龙头型”和“蜂王型”领导企业。

**1. 大力引进龙头企业**

以“招大商、引大项目”为抓手，加强与世界500强企业、跨国公司、央企、大型民营企业等展开战略合作和产业对接活动，从产业组织层面提高承接水平。省内各区域要立足本地优势，大胆探索富有成效的招商新模式，着力实现与国内外500强企业集团的无缝对接和战略合作，一是要着力打造大企业、大集团的投资洼地，进一步发掘本地的比较优势，完善招大商的工作责任机制、政策引导机制、协调联动机制等，积极捕捉相关企业投资特点和项目信息，加强推介、对接、配套等服务，实现筑巢引凤。二是要鼓励国内外行业龙头企业优化重组整合本地企业，激活存量资产，发展成为龙头企业的区域性产业基地。

**2. 发展现代分工合作网络**

围绕区域主导产业链，以竞争力强的龙头企业集团为核心、中小型企业为配套，组建区域产业分工协作网络。一是培育一批产业集群的领军企业，抓好对大企业集团的引进、并购重组、自主创新、技术改造。二是大力推动中小企业改变自我全能的传统发展思路，引导中小企业向专业化、精细化发展，鼓励企业积极加入到区域产业链的分工合作中来，通过联合重组、资产整合，在价值链上把自己擅长的领域做大做强，培育一批行业“隐形冠军”。三是要着力构建大企业龙头带动、中小企业互联互助的运行机制，大型龙头企业致力于发展核心环节，并向中小企业提供资金、技术和管理方面的支持，开展专业分工、服务外包、订单生产等多种形式经济技术合作，通过大企业集团与中小企业的产业链接，带动中小企业提高配套协作水平。

### （二）承接劳动密集型与技术密集型产业并重

在中部地区，河南的比较优势相对比较突出，在明确承接产业转移的重点以承接劳动密集型制造业为主的同时，充分利用河南技术、资本密集型制造业的基础优势，加快承接资金和技术密集型制造业，坚持承接劳动密集型和技术密集型产业并重，加快促进传统工业升级转型。战略性新兴产业已经成为新的产业战略重点，国家加大政策支持力度，河南必须加快落实国家重大科技专项，培育新的经济增长点，并以此作为推进河南工业升级的突破口。

**1. 依托人力资源优势承接劳动密集型产业**

经过长期的积累和发展，河南工业逐渐形成了以重化工业为主的工业发展格局，在技术、资本密集型制造业方面已经具有一定的基础。同时，河南是人口大省，如何充分有效地利用丰富的劳动力资源是推动产业转型的一个关键因素。从产业发展的前景来看，着力促进劳动与技术、劳动与资金的结合，河南在依托人力资源优势积极承接劳动密集型产业的同时，加快发展劳动与技术密集型结合产业、劳动密集生产型与外包服务型结合的现代生产性服务业是产业优化的合理选择。河南已经成为国内国际制造业的重要基地之一，迫切需要加快发展就业吸纳力强的会展、金融、研发和咨询等生产性服务业，以支撑全省工业化水平的进一步提高。

**2. 以战略性新兴产业为主体承接技术密集型产业**

我国从国家战略层面对战略性新兴产业发展的支持以及产业本身巨大的市场空间，使战略性新兴产业面临良好的发展机遇，这也给河南战略性新兴产业成长创造了广阔空间。抓住我国战略性新兴产业发展的政策机遇，加大区域性政策支持力度，加快承接和发展战略性新兴产业，把新能源、新材料、物联网、节能环保等战略性新兴产业培育成为区域新的支柱产业。同时，大力实施创新发展工程，提高河南工业的科技创新能力、产业化速度和产品推广速度，依托传统优势产业积极推进核心关键技术的研发和应用，加速传统优势产业向高端化转型的过程。

### （三）承接高端制造业与生产性服务业并重

从目前国际国内产业转移的态势来看，产业转移逐步向服务业延伸的特征日益明显，服务业成为国际直接投资和区域产业转移的一个重要领域，同时，产业链的分解与融合也极大地拓展了服务业的空间。河南制造业的规模优势为服务增值能力的提升提供了广阔的空间，应以推进产业服务化为导向，加快发展生产性服务业。坚持承接高端制造业与生产性服务业并重，可以有效地提高

河南工业的精深加工度，同时可以推动先进制造业与生产性服务业融合互动发展，促进加快由“生产型制造”向“服务型制造”转型，加快提升河南工业服务增值能力。

**1. 积极承接高端装备制造业**

河南装备制造业的产业基础相对雄厚，依托装备制造业优势发展高端装备制造业的巨大潜力，重点承接先进高效电力设备、大型化工设备、大型冶金及矿山设备、现代化农业装备等高端装备制造，以及新能源发电设备、智能电网设备、高档数控机床、节能环保设备等新兴产业装备制造。加大河南汽车制造业承接力度，在扩大规模的同时，依托宇通、日产、海马、少林等企业从传统动力汽车制造向新能源汽车制造扩展，加快混合动力客车、纯电动客车、电动汽车的研发生产。依托化工产业优势，积极承接新材料与新能源产业。

**2. 加快发展生产性服务业**

依托河南制造业和高新技术产业优势，积极承接和培育壮大生产性服务业，加快构建与新型工业化和信息化发展相适应、相协调的生产性服务业体系。按照“分离、延伸、集聚、提升”的总体思路，以装备制造业为重点，推进服务业从制造业中分离出来，以提供整体解决方案为核心提高服务增值能力，推动服务外包业务的规模化、高端化发展。按照“信息化、集成化、网络化、专业化”的总体思路，围绕重点行业大力承接现代物流业，建设专业物流园区、区域分拨中心和配送网络。支持发展面向生产过程的分析、测试、计量等分析检测服务，鼓励发展检索、分析、咨询、数据加工等知识产权服务。围绕河南省优势产业与先导产业需求，加快承接和发展工业软件业，加快工业软件产业化步伐与应用推广。

## 三　以承接产业转移促进河南工业升级的政策建议

河南产业承接应坚持“有所为”和“有所不为”，积极引进有助于推动区域经济内生性发展的产业形态，对于关联效应大、推动要素和产业升级的扩张型或配套型产业转移形式，要重点引进和扶持其壮大。立足区域比较优势和竞争优势，河南要抢抓产业梯度转移的历史机遇，全方位提高对外开放水平，通过主动承接、高水平承接、集群式承接、基地示范承接等方式，推动区域产业升级、资源利用效率提升，确保引进工业项目能够尽快带动本地工业良性发展，为河南工业升级注入强劲动力。

## （一）推进集群式产业转移

以产业链与生产网络的整体转移为核心，重点推进产业集群式转移，大力构建产业链条完备的河南工业体系，打造一批特色鲜明、环境优良、产业集聚效应明显的集群式产业转移承接地。

### 1. 引导产业链与产业网络整体转移

逐行业深入研究大型跨国公司、央企及外省大企业的战略投资方向，加强对接衔接，重点引进龙头企业和龙头项目，带动引进关联企业，发展本地协作企业，以龙头带配套、促集群。以产业链与产业网络整体转移为目标，依托区域资源、市场优势，推动河南工业与市场、物流相结合，以市场促产业、带物流、引集群推进集群式转移。积极与省外科研机构建立技术联盟，努力吸引大企业在河南设立研发中心，发挥重大技术研发应用的扩散辐射效应，带动集群式产业转移。

### 2. 重点承接沿海地区产业集群式转移

把握沿海地区产业大规模、集群式向外转移的趋势，以发展特色产业集群为目的，依托产业集聚区建设产业转移承接集中区，为河南工业大规模、集群式、整体性承接产业转移提供空间载体。完善产业转移对接渠道，建立区域产业转移对接的长效机制，重点加强与长三角、珠三角、闽东南和环渤海等重点地区的沟通合作，重点承接电子信息（手机）、新能源、新材料、汽车及零部件、装备制造、有色、化工、食品、纺织服装等产业转移，快速培育发展特色优势产业集群。总结推广厦工机械（焦作）产业园、周口鞋业产业园、中牟汽车工业园、洛宁玩具园等各类特色产业园区承接产业转移的经验，推动全省集中承接行业性产业转移。

### 3. 打造一批优势产业承接基地

充分利用省内各区域独特的资源优势、现有产业优势以及综合成本优势等，打造一批特色鲜明、环境优良、产业集聚效应明显、具有较强区域竞争力的产业转移承接地，重点抓好郑州、洛阳、焦作、新乡等经国家商务部批准的全国加工贸易梯度转移重点承接地。引导省内各区域科学选择工业项目，通过产业链招商、以商招商等有选择性地承接产业转移，加大政策扶持力度，制订和完善区域产业发展规划，加快推进产业集聚发展和园区布局优化。

## （二）加快产业链本地化

推动河南工业升级必须加快改变本地产业链配套程度低的局面，大幅度缩小龙头企业采购半径，形成主导产业本地产业链高比例配套的布局。在招商引资中要重点引进产业链瓶颈环节、缺失环节以及与本地产业链形成对接的环节，避免引入项目与本地项目在同一层次上相互竞争，支持本地中小企业与入驻的高端项目间形成分工合作关系。

**1. 提升配套协作能力**

近年来，由于落户河南的大型企业持续快速增加，区域产业链与价值链面临重大调整和重构，这为数量众多的本地中小企业带来了新的发展机遇。根据发达国家和地区的经验，建立合理、高效的分工合作网络是推动工业优化升级的重中之重，因此本地企业要加快更新发展理念，逐步建立并加强与大型企业的配套协作关系，在区域分工体系中做精、做专、做强。在政策层面也应出台相应措施，支持本地企业提升与大型企业的链接、协作和配套能力，避免本地企业陷入与入驻大型企业的恶性竞争的局面，大力构建“双赢”的产业分工格局。

**2. 促进产业链本地化**

产业链本土化可以有效节约运输成本、储存成本，使产品更具价格竞争优势。对区域经济来说，产业链本土化还可以增强产业集群的根植性，依托龙头企业带动相关产业发展。因此，河南工业推进优势产业链本土化，要发挥龙头企业的带动作用，依托龙头企业的研发、品牌优势与总装能力，通过加强与本地相关配套企业建立相应的战略、技术合作关系来延伸产业链条、补充链条缺环、强化薄弱环节。

## （三）提升产业载体发展水平

进一步加快产业集聚区建设，打造一批新型工业化产业基地，培育一批专业化的产业集聚区，加快形成一批特色产业集群，发展壮大主要产业发展带，推进河南工业加快向专业化发展、集聚发展、集群发展转型。

**1. 培育一批专业化产业集聚区**

根据区域比较优势，按照“突出特色、错位发展、分工合作、网络支撑”的思路，进一步明确各产业集聚区的主导产业定位，推动同类和关联企业、项目向相关产业园区集聚，推动产业集聚区专业化发展和集群化布局。大力引进产业层次较高、带动力较强的龙头型、基地型项目，引进、培育、壮大优势骨干企业，带动相关配套企业发展。重点围绕装备制造、铝精深加工、食品、纺织等传统优势工业，以及汽车及零部件、电子信息（手机）、生物医药、新材料、新能源等新兴产业，培育一批特色突出、分工明确、布局合理的产业集群和特色产业基地。加快首批25个省级新型工业化产业示范基地建设，推进实行优胜劣汰竞争机制。

**2. 发展壮大主要产业发展带**

利用陇海铁路欧亚大陆桥的优势，发展教育、金融、信息、房地产、物流、会展、中介、咨询等现代服务业，围绕培育新产业、提升价值链、延长产业链条、提高本地配套率等目标，形成先进装备制造业、汽车及零部件制造、食品加工、新能源等优势产业集群和产业基地，推动河南制造板块向东西延伸，形成贯穿东西，呼应长三角，辐射西部地区的城市连绵带和产业密集区。依托京广铁路及沿线的产业基础，积极发展装备制造业、钢铁、食品和劳动密集型产业，延长产业链条，建设一批产业集聚区、特色产业集群和产业基地，形成贯穿南北，呼应环渤海、珠三角以及武汉都市圈的产业密集区。

## （四）创新产业转移承接模式

随着承接产业转移的区域性竞争加剧，面临新的、更高的挑战，需要加快转变工作思路，突出创新承接转移模式，科学谋划招商引资项目，注重招商引资实效，提高产业承接水平，切实发挥承接产业转移对于优化提升河南工业结构的作用。

**1. 提升承接产业层次**

严把产业政策闸门，坚决遏制低端和落后产能转移，注重引进项目的质量和层次，以弥补战略支撑产业的短板链条为出发点，推进区域工业结构优化发展。在纺织服装、食品、装备制造、新能源汽车、有色金属、电子信息（手机）、新能源、新材料等方面加快引进大项目，着力承接战略新兴产业的空白领域和薄弱环节。加大政策措施支持力度，积极引导沿海企业通过“转移+升级”的模式进入河南，打造一批承接产业转移的知名品牌。

**2. 创新招商引资工作**

承接产业转移要抓住关键、上下联动、形成合力，着力提高统筹运作能力，不断创新招商方式，切实提高招商实效。坚持以项目对接为核心，以专业招商和经常性招商为主，逐步完善以商招商、以企引企、以外引外、市场化运作等工作机制。要深入研究区域发展现状、产业优势和发展目标，认真分析招商领域先进企业的战略扩张动向和投资趋向，找到双方战略合作的共同点和利益结合点，在此基础上科学谋划和筛选符合自身发展战略的项目资源。对现有招商活动进行整合，大力开展驻地招商、区域招商、委托招商、对口招商，不断提高招商引资的针对性和实效性。加强与沿海地区政府、开发园区、战略投资者和中央直属企业的合作，探索以委托管理、联合开发、投资合作等方式共建产业园区，实现组团式承接产业转移。

## （五）优化产业转移软环境

产业转移软环境的优劣直接影响着招商引资工作实际成效，优良的产业承接环境将极大地有利于以承接产业转移促进河南工业转型升级，因此必须加快搭建完善的产业转移平台，全面优化河南承接产业转移软环境，建立起以承接产业转移促进河南工业升级的长效机制。

**1. 搭建产业转移平台**

在省域层面成立高规格承接产业转移领导小组，设立产业转移工作办公室，负责统筹规划和综合协调工作，组织开展有关承接产业转移的对接、洽谈工作，搭建全方位、高水准的承接产业转移平台，建立和完善承接产业转移工作的长效机制。强化落实省部、省企合作框架协议工作内容，加强与中央部委、央企、经济发达区域企业及政府的沟通交流，充分发挥各行业商会、协会以及专业中介招商机构的桥梁纽带作用，加强与国内外投资贸易中介组织交流与合作，完善产业转移承接网络。

**2. 优化产业转移软环境**

对于河南来说，在推进承接产业转移工作中优化政策环境最为重要，因此进一步适时调整和优化区域产业政策，系统地整合行业、部门的各类优惠政策措施，形成促进加快承接产业转移的政策合力，尤其要通过落实征地补偿安置政策、拓宽用地来源、节约集约用地等措施努力化解产业转移园的土地瓶颈，为项目落地提供有力支撑。加快政府职能向服务型政府转变，切实提高服务效能，加快改革行政审批制度，简化审批程序，提高办事效率，全面优化产业转移制度软环境。

## 参考文献

姚新文：《河南省承接产业转移的调查与思考》，《决策探索》2011 年第 8 期。

李鹏：《“部省共推”模式助河南 3 年承接产业转移》，新华网·河南频道，2012 年 9 月 25 日。

贾志增：《河南省承接产业转移存在的问题及对策研究》，《沿海企业与科技》2010 年第 9 期。

赵西三：《国内价值链构建下中原经济区承接产业转移的特点与趋势研究》，《地域研究与开发》2012 年第 2 期。

白晓云：《对承接产业转移的思考》，《安徽日报》2009 年 6 月 30 日。

B.6

# 河南省以生产性服务业推进工业转型升级研究

杨志波*

**摘　要：**

近年来，生产性服务业已经成为河南经济发展的重要推动力，生产性服务业的发展一方面可以提高当地经济实力，另一方面又可以促进工业经济结构的转型和可持续发展。通过对河南生产性服务业在促进工业经济结构转型过程中的现状和问题，进行其分析和探讨，提出了以生产性服务业促进河南工业经济结构转型的对策建议。

**关键词：**

生产性服务业　转型升级　协同发展

近年来，河南顺应经济全球化背景下加快发展生产性服务业的趋势，生产性服务业得到了快速发展，但是目前仍存在不少问题，特别是在促进工业结构转型方面有一些问题仍未得到圆满解决。因此，深入分析河南省生产性服务业的发展现状、特点以及制约因素，对于河南省生产性服务业的发展及其对工业结构转型的作用具有重要意义。根据生产性服务业的定义和相关生产性服务业标准分类，结合生产性服务业划分的合理性、科学性和数据可得性，本文采用大多数对生产性服务业研究的分类方法，将河南省生产性服务业划分为六大行业：交通运输、仓储和邮政业，金融业，租赁和商务服务业，信息传输、计算机服务和软件业，科学研究和综合技术服务业，批发和零售业。

---

* 杨志波，河南省社会科学院助理研究员，研究领域为产业经济、企业管理。

# 一　河南省生产性服务业发展现状

## （一）总体状况

2005年以来，河南省生产性服务业发展成绩显著，取得了质的飞跃。2005年生产性服务业增加值仅为1731.12亿元，2012年已经增加到4900.86亿元，不考虑价格因素年均增长16.03%。2005年以来，虽然河南省生产性服务业的增加值呈现了持续发展快速增长的态势，但是占GDP的比重呈现出先下降后上升的态势，2008年河南生产性服务业增加值占全省GDP比重为14.55%，2012年上升到16.56%，增加了2.01个百分点，平均每年增加0.5个百分点（见图1）。

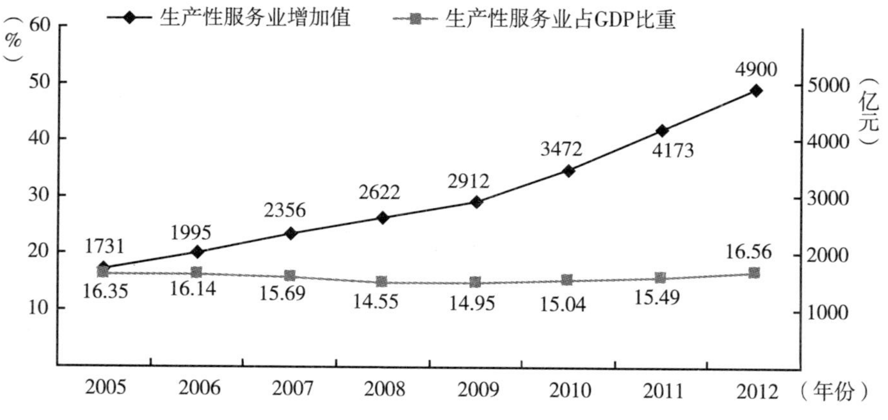


**图1　2005～2012年河南省生产性服务业增加值与占GDP比重**

### 1. 内部结构日趋优化

一般来说，在生产性服务业的六大门类里面，交通运输和批发零售两个行业被划分到传统服务业，而金融业、信息传输计算机服务和软件业、租赁和商务服务业、科学技术服务和地质勘查业这4个行业被划分到新兴服务业之中。传统服务业在经济的发展中起着非常重要的作用，但是新兴服务业在运行效率、创新性等方面比传统服务业都有着更大的比较优势。2005年河南省新兴

生产性服务业增加值与传统生产性服务业增加值的比值为 0.39∶1，2012 年年底，该比值已经迅速增长到了 0.62∶1（见图 2）。

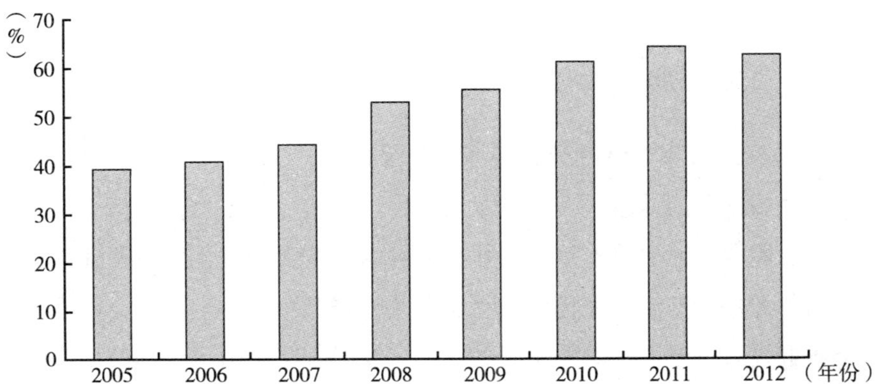


**图 2　河南省新兴生产性服务业增加值与传统生产性服务业增加值比值变化趋势**

### 2. 就业人数逐年增加，就业结构逐步优化

2005 年，河南全省从业人员为 5662 万人，到 2012 年年底，增加到 6288 万人，共增加 626 万人，平均每年增加 89 万人，年均增长 1.5%。生产性服务业从业人数占整个社会从业人数的比重逐年上升，从 2005 年 10.49% 逐步上升到了 2012 年的 14.33%。六大行业中批发和零售业人数最多，其次是交通运输和仓储业，但是从行业从业人数的增速来看，新兴生产性服务业与传统生产性服务业从业人数的比例正在逐步上升。从就业这个角度也说明了河南省生产性服务业的结构表现出逐步优化的态势（见表 1）。

**表 1　2005～2012 年河南省生产性服务业就业人数构成**

单位：万人，%

| 年份 | 交通运输 | 信息传输 | 批发和零售 | 金融 | 租赁和商务 | 科学研究 | 合计 | 占全省从业人员比例 | 其中 | |
|---|---|---|---|---|---|---|---|---|---|---|
| | | | | | | | | | 新兴服务 | 比例 |
| 2005 | 187.29 | 17.14 | 343.71 | 20.92 | 13.98 | 11.09 | 594.13 | 10.49 | 63.13 | 10.63 |
| 2006 | 188.90 | 20.70 | 362.30 | 20.70 | 15.30 | 11.40 | 619.30 | 10.83 | 68.10 | 10.99 |
| 2007 | 198.65 | 24.25 | 378.70 | 22.32 | 16.29 | 11.56 | 651.77 | 11.29 | 74.42 | 11.42 |
| 2008 | 204.46 | 25.63 | 406.10 | 21.58 | 20.08 | 13.07 | 690.92 | 11.84 | 80.36 | 11.63 |
| 2009 | 207.70 | 31.34 | 443.94 | 22.48 | 26.85 | 13.88 | 746.19 | 12.54 | 94.55 | 12.63 |
| 2010 | 213.14 | 34.25 | 481.71 | 23.47 | 29.04 | 14.92 | 796.53 | 13.18 | 101.68 | 12.77 |
| 2011 | 217.80 | 35.74 | 535.44 | 25.15 | 32.15 | 16.30 | 862.58 | 13.92 | 109.34 | 12.68 |
| 2012 | 222.77 | 35.73 | 565.80 | 24.75 | 33.06 | 18.65 | 900.76 | 14.33 | 112.20 | 12.46 |

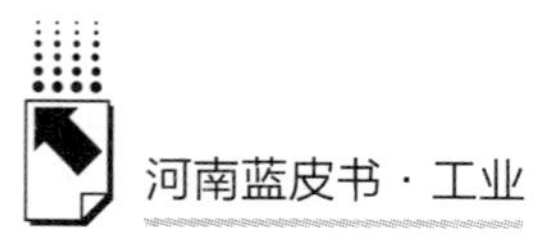


## 二　河南省生产性服务业对工业发展的促进作用

### （一）生产性服务业对工业的促进作用

**1. 降低交易成本、促进产业转移和产业集群**

生产性服务业的深层次专业化发展，可以让企业集中力量和精力打造自己的核心竞争能力，通过将不擅长的非核心业务外包给专业性服务机构来完成，充分利用各种社会资源，优化企业组织方式，降低企业的生产和交易成本。例如，企业可以通过专业化的采购服务体系，获得国际和国内市场信息，以较低的成本来获取原材料和半成品。从而降低企业的生产成本提升企业的竞争力，推动企业的重组合并和结构调整，促进产业转型升级和向高端化发展。

在制造型企业中，价值链的构成基本上是由内部组织结构来完成的，而在制造业产业集群中，不同的制造环节需要不同的生产性服务业来链接，生产性服务业为制造业产业集群价值链的分工和重组提供了基础，随着制造业产业集群的再度深化分工和调整，集群内部对生产性服务业的需求会越来越大。生产性服务业的发展有利于制造业产业集群的优化发展。

**2. 提高生产效率和创造价值效益**

生产性服务业脱胎于制造业，制造业是生产性服务业发展的基础，为生产性服务业提供巨大的市场空间，生产性服务业凭借其深度产业关联性、广泛渗透性和高度创新性可以直接作用于制造业的生产流程，提高生产技术和要素的使用效率，降低生产成本，支撑和促进制造业优化升级。例如，随着制造业分工的深化，现在越来越多的企业把物流和供应链管理外包给专业服务业，集中精力于制造和生产环节，通过从外界获得更专业更高质量的服务，企业就可以降低不同环节的物流成本，从而提高产品竞争力。在产品价值构成中，75% ~ 85% 的价值与生产性服务业相关，生产性服务业是产业链中价值创造和增值的重要来源。

**3. 吸收剩余劳动力为新型工业化提供人才保障**

以城镇化和工业化为核心的“三化”战略的推进，必然会带来大量劳动

力在不同产业部门之间的转移和生产效率的提高，大量农民脱离土地后亟待再就业，如果不能使转移出的如此大规模的剩余劳动力顺利实现就业，势必会造成社会的动荡，不利于和谐社会的创建。而生产性服务业作为一个能大量吸收劳动力的储水池，可以持续不断地创造出新的工作机会，吸收更多的剩余劳动力就业。缓解新型工业化和城镇化中最为棘手的瓶颈限制。另外，新型工业化和城镇化也需要大量高素质的劳动者、专业人才和创新人才，生产性服务业在人才培养、储备和开发方面能为“三化”提供坚强有力的人才支撑。

**4. 生产性服务业的发展可以促进产业融合**

现代产业发展的一个重要特征就是不同产业之间的融合。目前，生产性服务业与其他产业之间的关系越来越紧密，在现代产业体系中，物质生产需要有相关生产性服务业的投入，整个产业体系的发展壮大也需要生产性服务业特别是其金融资本和人力资本作为先导，通过对研发、物流、营销等各个环节的整合和协调带动，才能转化为物质财富。随着 ICT 技术的发展，全球制造业也正在从目前的生产型制造向服务型制造转变，服务于产品相互依赖和融合，共同满足市场的需要。我国目前正致力于走新型工业化道路，推动产业结构的转型和升级，最重要的途径就是在于大力发展生产性服务业，促进生产性服务业与制造业的互动和融合发展。

## （二）河南省生产性服务业与工业的互动实证研究

为了全面展示河南省生产性服务业与工业的互动机制，鉴于数据的可得性，本文选生产性服务业增加值（SC）、规模以上工业增加值（GM）和工业增加值（ZG）3 个数据指标来对两者之间的关系进行分析。详细数据见表 2。

**表 2　2000～2012 年河南省生产性服务业增加值、规模以上工业增加值和工业增加值**

单位：亿元

| 年份 | 2000 | 2001 | 2002 | 2003 | 2004 | 2005 | 2006 | 2007 | 2008 | 2009 | 2010 | 2011 | 2012 |
|---|---|---|---|---|---|---|---|---|---|---|---|---|---|
| ZG | 2000 | 2182 | 2412 | 2876 | 3644 | 4896 | 6031 | 7508 | 9328 | 9900 | 11950 | 13949 | 15017 |
| GM | 1154 | 1269 | 1430 | 1754 | 2333 | 3200 | 4151 | 5438 | 7305 | 7764 | 9902 | 11883 | 12654 |
| SC | 815 | 912 | 1009 | 1250 | 1443 | 5259 | 6112 | 7385 | 8381 | 9395 | 11122 | 13464 | 15582 |

将表 2 的数据绘制成图 3，可以发现 3 组数据的走势基本一致，由此可以判断工业增加值与生产性服务业增加值具有较强的相关性。

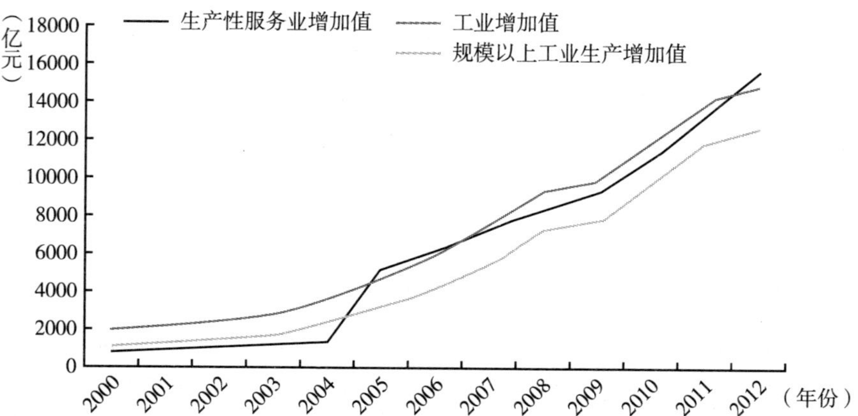


**图 3　2000～2012 年河南省生产性服务业增加值、规模以上工业增加值和工业增加值趋势**

将各组数据进行回归分析后得到其拟合曲线函数（见表 3），其中 $Y$ 用来表示工业增加值，$X$ 表示生产性服务业增加值，拟合曲线体现了生产性服务业对工业的影响。$R^2$ 体现了生产性服务业增加值对工业增加值的拟合程度，对回归方程两边求对数可以得到生产性服务业对工业的贡献弹性系数 $r$，它体现了生产性服务业增加值增加 1% 所能带来的工业增加值变化量。

**表 3　拟合结果**

| 序号 | $Y$ | $X$ | 拟合曲线函数 | $R^2$ | 贡献弹性系数($r$) |
|---|---|---|---|---|---|
| 1 | 工业增加值 | 生产性服务业增加值 | $Y=29.79X^{0.632}$ | 0.961 | 0.632 |
| 2 | 规模以上工业增加值 | | $Y=7.427X^{0.756}$ | 0.955 | 0.756 |

实证结果分析

从图 3 和表 3 可以看出：

（1）生产性服务业对河南省工业发展的促进作用是非常显著的，表 3 中的系数 $R^2$ 分别达到了 0.961 和 0.955，说明生产性服务业和工业存在相互促进、相辅相成的关系。

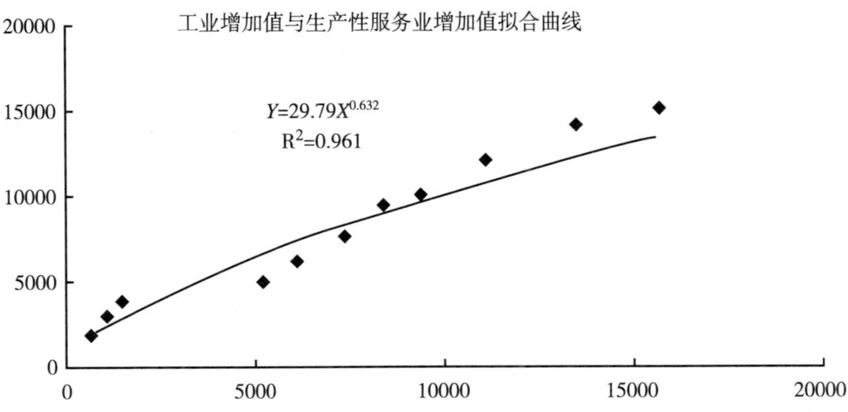


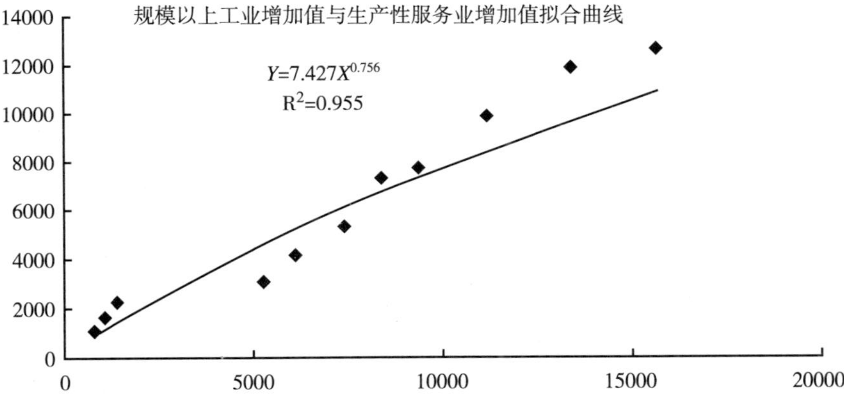


**图4　河南省工业增加值、规模以上工业增加值与生产性服务业拟合曲线与结果**

（2）通过对拟合曲线方程两边取对数，得到的贡献弹性很好地说明了河南省生产性服务业对工业发展的贡献程度，弹性系数为0.632，表明每当河南省的生产性服务业增长1个百分点，工业则增长0.632个百分点。与长三角地区的该系数0.8相比，仍存在一定的差距，河南省生产性服务业与工业的融合程度还有待于进一步深化和优化。

（3）与对规模以上工业增加值的弹性系数相比，全工业增加值的弹性系数要略小于规模以上工业增加值的弹性系数0.756。说明河南省生产性服务业对规模以上工业企业的支撑作用更强，贡献程度更大。

## 三　河南省以生产性服务业推进工业转型升级存在的亮点和面临的问题

### （一）河南省生产性服务业近几年的亮点

**1. 航空经济港区的批复，有力打造国际物流中心**

2013年3月7日，国务院正式批复航空港区发展规划。这是目前我国唯一以航空经济为主题、进入国家层面的功能区规划。航空经济是以航空枢纽为依托，以现代综合交通运输体系为支撑，以提供高时效、高质量、高附加值产品和服务并参与国际市场分工为特征，吸引航空运输业、高端制造业和现代服务业集聚发展而形成的一种新的经济形态。2012年11月17日，国务院批复的《中原经济区规划（2012～2020年）》指出郑州航空港经济综合实验区的战略定位为国际航空物流中心、以航空经济为引领的现代产业基地、内陆地区对外开放重要门户、现代航空都市、中原经济区核心增长极。目前，一批电子信息、生物医药、航空运输等企业加快向郑州航空港集聚，美国联合包裹、俄罗斯空桥、中国台湾富士康等国际知名企业已进驻发展，郑州航空经济港区的建立，有助于生产性服务业的发展，有利于产生一批新的生产性服务业业态，例如航空租赁业。该产业是支撑航空业发展的新兴生产性服务业，是航空制造业、民用航空业与金融业的重要关联产业，对于航空制造企业开拓销售市场、航空运输和通用航空企业扩充机队规模以及金融机构业务多元化发展具有重要的意义。

**2. 动力煤期货正式登陆郑州商品交易所**

近年来，作为生产性服务业的“大头”，金融业是生产性服务业几大类里面发展最快，盈利最高的产业。河南出台了一系列政策措施，吸引外资金融机构到河南发展，完善金融担保体系，推动郑州区域性金融中心建设，金融服务经济的活力不断增强。煤炭是我国的主体能源，长期以来在一次能源生产和消费中占70%左右。随着我国经济与世界经济的深度融合，国内大宗原材料价格波动日趋剧烈，企业经营风险正在加大，规模风险的需求日益迫切，期货正是企业规避风险的重要手段。2013年9月26日，动力煤期货在郑州商品交易

所隆重上市。动力煤期货上市后，煤炭企业将会告别只依靠现货市场一条腿走路的现状，转变为“期现两条腿走路”的操作模式。期货市场的建立和发展为现货企业提供了规避价格风险、汇集有效信息、创造合理利润、完善自身体系的平台。期货价格能够反映出产业链上下游的变化，在一定程度上拓宽了企业的经营思路，企业可以提供更丰富的信息，在更广阔的环境中更好地寻求自己的定位和制定发展战略。

**3. 软件信息产业将成为河南新“造富工厂”**

据河南省工信厅统计，目前，河南省共认定软件企业 553 家，有效企业 390 家，其中年收入超过亿元的 22 家，年收入在 0.5 亿 ~1 亿元的 30 家，年收入在 1000 万 ~5000 万元的 55 家。也就是说，软件行业在河南至少每年创造 85 个千万元富豪、22 个亿元富豪。而且目前行业内已有 3 家上市企业，分别是辉煌科技、新开普和新天科技。作为工业大省，河南省在工业软件方面发展比较快，产业规模约有 30 亿元，在嵌入式软件方面产业规模约 15 亿元，信息安全产业规模约 10 亿元，信息系统集成服务的产业规模约 60 亿元，信息技术咨询服务产业规模接近 20 亿元。河南省成长出一批具有代表性、有创新能力、有核心竞争力的企业和产品，如郑州威科姆科技股份有限公司的 IPV6 核心路由器、中国平煤神马集团平顶山信息通信技术开发公司的煤炭企业设备管理系统，以及在云计算、物联网等领域的汉威电子、开云电子等一批优秀企业。目前，已形成了中部软件园、河南省软件园、河南科技市场软件园、洛阳软件园等多个软件产业园。

## （二）河南省以生产性服务业推进工业转型升级面临的问题

近年来，河南省生产性服务业发展水平尽管有了很大程度的提高，但是也存在很多问题。目前，河南省正处在工业化中期偏前阶段，这一阶段工业结构以能源、原材料产业为主，处于产业链的前端和价值链的低端，先进制造业、高技术产业发展相对不足，科技研发、现代物流、专业营销、电子商务等生产性服务业发展受到制约。未来一个时期，生产性服务业能否实现大的发展，取决于河南省产业结构调整得快与慢，取决于制造业和高新技术产业发展速度的快与慢。2012 年河南省政府出台的《河南省工业转型升级“十二五”规划》

明确指出要加快提高生产性服务业发展水平，促进“生产型制造”向“服务型制造”转型，推动先进制造业与生产性服务业融合互动发展，不断提升工业服务增值能力。

目前来看，河南省以生产性服务业在推进工业转型升级方面大致存在以下几个问题。

**1. 生产性服务业的比重低，服务业内部结构处于较低层次**

根据产业发展规律，随着国民收入水平的提高，生产性服务业在国民经济中的比重就会逐渐增大，经济地位也会越来越重要。生产性服务业增加值占国民经济的比重与人均 GDP 存在显著的正相关关系。目前，河南省生产性服务业对机械制造业的中间投入少，即投入生产中的生产性服务比例比较低，说明服务业内部结构处于较低层次，不利于工业的转型升级和发展。此外，从统计数据也可以看出，尽管河南省新兴生产性服务业与传统生产性服务业的比值在不断地增大，但是，总的来看，河南省新兴生产性服务业占整个服务业的比重并不大，从 2010 ~2012 年的数据来看，新兴生产性服务业占生产性服务业的比重仅仅为 38% 。充分说明了河南省生产性服务业内部结构的低端化，生产性服务业的结构有待于进一步的优化。

**2. 生产性服务业与制造业之间协调发展机制不完善**

河南省目前生产性服务业与制造业之间的协调机制发展不完善主要表现在以下两个方面，一方面是生产性服务业对制造业的渗透力和推动力不够。目前，河南省生产性服务业同质化，不同地区同构化现象比较严重，缺乏核心竞争能力，大多数生产性服务业和制造业一样大而全、粗而不精。无法完全满足制造业企业专业化发展的要求，制约了制造业的发展。另一方面是制造业对生产性服务业的“拉动力”也不强。目前河南省制造业型企业产业链条比较短，大多数产业集群都尚未有明显的优势，区域产业配套能力不强，制约了生产性服务业溢出效应的发挥和拓展。河南省生产性服务业与制造业两者之间目前基本上还是“点对点”和“点对群”的发展模式，生产性服务业企业提供的大多是单一功能或者是生产经营的一个环节，与“群对群”的理想模式仍具有比较大的距离。

**3. 河南省制造业目前的增长模式抑制了生产性服务业核心竞争力的提升**

（1）目前，河南省工业劳动密集型企业占多数，主要从事制造生产和装配等活动，产品附加值和技术水平比较低，处于产业链的低端，其特点是对资源和能源的高强度和高密集化消耗和使用。而跨国企业则凭借生产性服务业的比较优势，一直占领着产业链的高端，赚取高额利润。

（2）国有垄断企业占河南省工业相当一部分比重，一些产业例如能源、化工等由于市场化改革进程比较缓慢，市场竞争难以发挥作用，导致河南省生产性服务业的有效供给不足，不能很好地满足工业的需求，反过来，又会阻碍河南省生产性服务业的发展。

**4. 生产性服务业与制造业产业结构不合理**

（1）河南省绝大多数的企业仍然处于“大而全、小而全”的封闭式自我服务阶段，一个企业几乎从事整条价值链上的全部活动，不通过生产性服务业实现外包，造成企业在经营活动中不能有效地培养和培育核心竞争力。

（2）目前河南省诚信体系不太完善，而服务外包牵涉整条价值链上不同利益主体之间的协作与合同关系，外包企业往往不能保证合同连续顺利地进行和完成。因此造成一些企业不愿意把自己的非核心业务外包给生产性服务企业，进而直接又影响了生产性服务业的发展。

（3）在制造业与生产性服务业的协调发展过程中，由于目前河南省生产性服务业仍处在生产性服务业的初级阶段，生产性服务业内部结构比较低端，新兴的生产性服务业创新能力不强，甚至提供的产品质量也不高，无法满足两种产业协调发展的要求，生产性服务业结构与制造业产业结构的不匹配直接影响了制造业的整体实力和竞争力。

## 四　河南省以生产性服务业推进工业转型升级的对策建议

### （一）强化规划，引导集聚

根据河南省国民经济和社会发展规划，加快编制生产性服务业发展规划和重点发展领域，明确发展目标，重点产业和布局方向。结合河南省实际，可以优先考虑重点发展信息软件、电子商务、服务外包、现代金融、现代中介、空港经济、现代物流、商务咨询等。发挥规划对生产性服务业发展的引导作用，积极推进生产性服务业集聚发展，加快培育和孵化若干具有鲜明特色的生产性服务业集聚区。最终达到“群对群”的生产性服务业和制造业协调发展模式。此外，还要加大对生产性服务业集聚区的政策支持力度，引导资金向生产性服务业集聚，同等条件下对产业集聚区内的项目优先安排建设用地，重点支持产业集聚区的平台建设，以平台和重点项目为抓手，通过产业集群规模效应和政府相关政策文件引导，积极引导周边相关服务业向集聚区聚拢，以期达到布局集中、产业集聚、用地集中。修订不利于生产性服务业发展的政策措施，建立与工业同等的财税、金融、电价、土地等政策扶持体系。

### （二）深化改革，创建环境

促进河南省生产性服务业的体制改革，完善市场竞争体系和机制。一是在一些具有垄断性质的生产性服务业领域深化改革，降低进入门槛，放宽市场准入条件，在一些行业如会计、咨询和律师等中介服务业应提高进入门槛，避免无序竞争，构建有利于竞争的市场环境。二是创新生产性服务业管理体制，努力改进目前存在的多头和交叉管理问题，大力推进生产性服务业行业协会的发展，充分发挥行业协会在行业发展中的自律、监督和标准建设等作用。三是创建有利于生产性服务业发展的法律环境，研究制定规范生产性服务业发展中存在的各种法律问题，建立公平公开透明的法律体系，为生产性服务业的发展提供优良的发展环境。

### （三）强化培训，保障人才

建立完善的服务业人才培养机制，形成多主体、多层次的人才培训体系和科学的人力资源综合开发利用体系，在一些高职和中专学校增加开设金融保险、物流实务、动漫设计、软件和信息服务、国际商务等相关职业教育课程，在国家正规本科高校设立如服务科学等专业课程，培养高层次的生产性服务业人才。此外，还要大力引进国内外优秀的生产性服务业专业人才，通过各种优

惠政策，如解决专业人才的子女入学、配偶工作等各种激励措施，努力形成河南省人才加速集聚，为河南省生产性服务业的发展提供人才和智力支持。

### （四）促进外包，完善模式

有针对性的吸引外资服务业进入，重点吸引国内外知名度比较高的生产性服务业来河南省设立分支机构或者区域总部，同时，应充分利用这些公司的溢出效应，提升河南省生产性服务业的发展水平。促进企业主辅分离，鼓励一些大型企业把一些辅业剥离，有利于企业内部的研发、设计、物流、产品服务等业务向规模化、产业化方向发展，加快产业链从生产加工环节向自主研发、品牌营销等服务环节延伸，加快生产性服务业集聚发展。为此政府要制定合理的产业组织政策，使制造企业将会计、信息、物流、销售等服务业加以剥离，外包给专业性的生产性服务业企业，以降低生产成本，提高企业的竞争能力。积极承接服务外包，加快培育一批具备国际资质的服务外包企业，形成一批外包产业基地。支持有实力的服务企业开展跨国经营，建立健全国际营销网络。

### 参考文献

刘万祥：《生产性服务业如何促进实体经济发展》，《光明日报》2012 年 3 月 26 日。

金培、吕铁、邓洲：《中国工业结构转型升级：进展、问题及趋势》，《中国工业经济》2011 年第 2 期。

严任远：《生产性服务业的发展与制造业升级的互动关系研究》，《工业技术研究》2010 年第 6 期。

李善同、吴三忙：《我国制造业空间分布的特点及变化趋势》，国务院发展研究中心网站，2011 年 1 月 24 日。

河南统计局：《河南统计年鉴》（2000 ~ 2013），中国统计出版社。

陈伟达、张宇：《生产者服务业对制造业竞争力提升的影响研究——基于我国投入产出表的实证分析》，《东南大学学报》（哲学社会科学版）2009 年第 3 期。

孔婷、孙林岩、冯泰文：《生产性服务业对制造业效率调节效应的实证研究》，《科学学研究》2010 年第 3 期。

# B.7

# 郑州工业经济转型升级态势与发展展望

陈金芬　牛志永　屈本礼　邢清选　李　定　羊治勇*

**摘　要：**

2013年，郑州市工业经济运行平稳，工业投资和用电量增速偏低。全市采取提升主导产业发展、开展工业招商、加快项目建设、培育大企业、推进工业集聚发展、推进两化融合、加快创新驱动、严格节能降耗、强化政策引导和服务企业等措施，加快工业转型升级，取得积极进展。目前仍存在资源型产业比重高、核心竞争力不够强、工业集聚发展水平不高等突出问题。下一步将采取制定路线图、推进重点项目建设、开展大招商、培育大企业、建设产业集群、提升优化产能结构、提高技术创新能力、促进两化深度融合、实现工业绿色发展等措施，进一步加快全市工业转型升级，建设全国重要的新型工业化强市。

**关键词：**

工业经济　运行态势　转型升级

2013年以来，面对错综复杂的宏观经济形势，全市紧紧围绕工业主导产业发展，以开展工业项目建设年活动为载体，以“稳增长、调结构”为主线，强化工业运行监测和调控，积极推进结构调整，加快工业转型升级，努力保持工业经济平稳发展。本文将对2013年全市工业经济运行情况、工业转型升级的态势、主要做法和问题进行分析，并对下一步发展进行展望。

* 陈金芬，郑州市工业和信息化委员会总会计师；牛志永，郑州市工业和信息化委员会政策法规处处长；屈本礼，郑州市工业和信息化委员会政策法规处副处长；邢清选，郑州市工业和信息化委员会政策法规处主任科员；李定，郑州市工业和信息化委员会政策法规处科员；羊治勇，郑州市工业和信息化委员会政策法规处科员。

## 一　2013 年郑州工业运行情况

### （一）工业经济运行情况

**1. 工业生产平稳增长**

面对复杂的发展形势，不断强化工业运行监测，针对运行中存在的突出问题，制定稳增长政策措施，做好煤电油运等要素保障，保持工业经济平稳增长。1～9 月，全市规模以上工业完成增加值 2042.82 亿元，同比增长 11.0%，高出全国增速（9.6%）1.4 个百分点，低于河南省增速（11.6%）0.6 个百分点。其中，9 月份规模以上工业增加值增速为 11.4%，高出全国增速（10.2%）1.2 个百分点，低于全省增速（12.4%）1 个百分点。前三季度，全市规模以上工业增加值居中部六省省会城市第 2 位。1～9 月，全市规模以上工业实现主营业务收入 7678.73 亿元，同比增长 14.6%。全市规模以上工业实现利润 661.11 亿元，同比增长 4.9%。

**2. 工业投资和用电量低速增长**

1～9 月，全市新开建重点工业项目 363 个，数量同比实现翻番。全市完成工业投资 987.2 亿元，同比增长 7%，工业投资总量居中部省会城市第 4 位。全社会累计用电量 382.86 亿千瓦时，同比增长 5.61%；其中工业用电量 255.90 亿千瓦时，占全社会用电量的 66.84%，同比增长 2.72%。从行业来看，前三季度，交通运输、电气、电子设备制造业（用电量 13.48 亿千瓦时，同比增长 49.49%），食品、饮料和烟草制造业（用电量 9.96 亿千瓦时，同比增长 22.6%），金属制品业（用电量 6.84 亿千瓦时，同比增长 15.72%），通用及专用设备制造业（用电量 6.90 亿千瓦时，同比增长 5.99%）等行业用电量增长较快；黑色金属冶炼及延展加工业（用电量 12.51 亿千瓦时，同比下降 14.19%），有色金属冶炼及延展加工业（用电量 98.49 亿千瓦时，同比下降 4.04%）等行业用电量下降较快。

### （二）重点行业发展情况

前三季度，全市 37 个行业大类中有 27 个行业增加值实现同比增长，增长面为73.0%。全市汽车及装备制造、电子信息工业、新材料产业、生物及医药产业、铝及铝精深加工业、现代食品制造业和家居及品牌服装制造业等七大工业主导产业增速高于全市平均水平，七大主导产业增加值同比增长12.9%，增幅高于全市平均水平1.9个百分点。

**1. 汽车及装备制造业**

1～9月，全市汽车及装备制造业，完成工业增加值343.51亿元，同比增长7.5%；全市整车产量总计33.4万辆，同比增长10.7%；阀门产量达到101.79万吨，同比增长6.8%；混凝土机械产量达到22.65万台，同比增长11.1%；棉纺织设备产量达到9.89万吨，同比增长7.5%。

**2. 电子信息工业**

1～9月，全市电子信息工业完成工业增加值192.63亿元，同比增长44.3%，对全市工业增长的贡献率达到34.0%，拉动全市工业增长3.7个百分点。移动通信手机产量达到5651.31万台，同比增长49.6%。

**3. 新材料产业**

1～9月，全市新材料产业完成工业增加值289.63亿元，同比增长12.4%。耐火材料制品产量达到2035.49万吨，同比增长11.4%；磨具产量达到52.29万吨，同比增长52.3%。

**4. 生物及医药产业**

1～9月，全市生物及医药产业完成工业增加值21.91亿元，同比增长5.7%。

**5. 铝及铝精深加工业**

1～9月，全市铝及铝精深加工业完成工业增加值88.85亿元，同比增长10.4%。氧化铝产量达到198.27万吨，同比增长7.1%；电解铝产量达到49.23万吨，同比下降5.6%；铝材产量达到278.72万吨，同比增长17.4%。

**6. 现代食品制造业**

1～9月，全市现代食品制造业完成工业增加值376.72亿元，同比增长5.1%。小麦粉产量达到184.35万吨，同比增长37.2%；速冻米面食品产量达到71.88万吨，同比增长13.7%；卷烟产量达到1326.10亿支，同比下降0.7%；方便面产量达到20.63万吨，同比下降17.1%。

**7. 家居及品牌服装制造业**

1～9月，全市家居及品牌服装制造业完成工业增加值34.11亿元，同比下降4.1%。服装产量达到1.01亿件，同比增长1.3%；家具产量156.72万件，同比下降27.2%。

**8. 煤炭开采和洗选业**

1～9月，全市煤炭开采和洗选业完成工业增加值89.73亿元，同比增长7.9%。

**9. 电力、热力生产和供应业**

1～9月，全市电力、热力生产和供应业完成工业增加值183.24亿元，同比增长10.5%。全市发电量达到385.70亿千瓦时，同比增长18.5%。

## 二　转型升级态势及主要特点

近年来，郑州市围绕构建现代工业体系，加快推进全市新型工业化进程，努力促进工业转型升级，取得了一些积极的进展。

### （一）工业结构不断优化

工业主导产业开始在全市工业经济发展中发挥支撑作用。2013年1～9月，全市工业七大主导产业完成工业增加值1347.36亿元，占全市规模以上工业增加值总量的66.0%，比2012年同期（63.9%）提高了2.1个百分点。高新技术产业快速增长。1～9月，全市实现高新技术产业产值3755亿元，同比增长30.2%，实现高新技术产业增加值1053亿元，同比增长22.0%。煤炭、化学、非金属矿物制品、黑色金属冶炼及压延、有色金属冶炼及压延、电力工业等六大高耗能行业占全市规模以上工业增长值的比重由2009年的55.7%下降到2013年1～9月的46.1%，下降了9.6个百分点。主要行业位次发生了显著变化。通过对比2013年1～9月与2009年全市主要行业规模以上工业增加值数据，可以看出，电子工业由第25位上升至第4位，汽车制造业由第7位上升至第5位，烟草制造业第10位上升至目前的第2位（部分原因是统计口径发生变化），煤炭行业由第2位下降至第7位，有色金属冶炼和压延业由第4

位下降至第8位，专用设备制造业由第3位下降至第6位，通用设备制造业由第6位下降至第9位。

## （二）技术创新能力不断增强

2012年，全市规模以上工业企业研发经费支出占主营业务收入比重的0.59%，比2010年提升0.01个百分点；全市各类企业技术中心达到493家，其中国家级14家，省级242家，市级237家。2013年1～9月，全市专利申请量为12600件，同比增长44.7%；专利授权量为8840件，同比增长36%。全市技术合同成交额达到61.2亿元，同比增长24.1%，占全省的60%。

## （三）大企业数量持续增加

2012年，全市规模以上工业企业达到2748家，比上年增加211户。三全食品、好想你枣业等37家企业入选河南省2013年度“双百”企业，宇通集团等3家企业进入中国500强。2013年1～9月，全市主营业务收入超百亿元企业达到6家，其中富士康主营业务收入达到1013.95亿元，郑煤集团达到195.07亿元，郑州供电公司达到149.71亿元，郑日公司乘用车分公司达到141.26亿元，郑州宇通客车公司达到129.70亿元，登封电厂集团达到120.24亿元。

## （四）“两化融合”水平明显提高

工业企业信息化程度明显提升，规模以上工业企业80%以上的企业使用了计算机辅助设计系统（CAD），70%以上的企业使用了管理信息系统（ERP）和产品生命周期管理（PLM），装备数控化率达到25%，50%的企业建立了企业门户网站。15家企业入选河南省信息化与工业化融合示范企业，其中郑州宇通客车股份有限公司被工信部评为2012年国家级两化深度融合示范企业。

## （五）工业降耗水平不断下降

2012年，全市规模以上工业万元增加值能耗降低率为10%，超额完成年均下降5.4%的目标任务，万元工业增加值取水量为19.75立方米，同比下降

20.6%。主要污染物排放量进一步下降，化学需氧量为10.2万吨，比2010年下降0.7万吨；二氧化硫排放量9.76万吨，比2010年减少0.74万吨；氮氧排放量1.31万吨，比2010年减少0.07万吨。2013年1~9月，全市单位工业增加值能耗降低率为4.32%。

## 三 主要做法

### （一）以转型升级为方向，提升主导产业发展水平

围绕七大工业主导产业和“6+2”产业基地建设，积极谋划，加快编制电子信息、汽车及装备制造两个战略支撑产业提升发展规划，加快主导产业发展。为加快这两大战略支撑产业做大做强，汽车和装备制造业，制定下发《关于支持郑州市汽车产业发展的意见》等政策文件，加快郑州东部“汽车新城”建设，推进中国（郑州）国际汽车后市场产业园、宇通节能与新能源客车项目等重点项目建设，加快新能源汽车的产业化步伐。电子信息产业，积极落实市政府《关于加快建设郑州电子信息产业基地的实施意见》，先后召开手机软件动漫游戏专业孵化器座谈会、信息安全企业座谈会等，举办郑州市北斗系统应用及产业化高端论坛，谋划推进电子信息新兴产业发展。

积极培育发展战略新兴产业，加强全市战略新兴产业的调研谋划。瞄准产业前沿和高端产业，先后组织人员赴南京、杭州、成都、无锡、宁波、青岛、西安、泰州、本溪等地进行考察，学习先进地区发展新型产业的成功经验。郑州市新材料产业园区建设进展顺利。加快传统优势产业改造提升。铝及铝精深加工业，积极破解全市电解铝企业发展困境，巩义市政府与中国铝业股份有限公司签订战略合作协议，联手打造千亿级铝产业基地，不断提高产品的档次与精深加工的比例，实现向终端产品生产基地的转型升级。

完善现代食品制造业行业发展政策体系，研究草拟《关于支持黄金叶品牌做大做强的发展意见》。积极服务三全食品、河南中烟、好想你枣业等重点企业和重点项目建设。组织企业参加2013第四届中国威海国际食品博览会与2013第八届烟台东亚国际食品交易博览会，企业品牌影响力进一步增强。白

象食品荣获“全球食品工业奖”，成为世界方便面行业唯一摘取该奖项的企业；好想你枣业实现全国枣类食品销量“六连冠”。家居和品牌服装制造业，加快行业品牌化发展，打造中国裤业之都。组织10家郑州品牌服装企业，参加在北京举办的第二十一届中国国际服装服饰博览会（CHIC），领秀梦舒雅展馆获年度最佳创意时尚展馆奖，并在“杰克·第九届中国服装品牌年度大奖”颁奖典礼上获得“品质大奖”荣誉。

### （二）以招大引强为动力，持续开展大招商活动

2013年年初，制订了《2013年工业投资和项目建设行动计划》和《2013年承接产业转移和工业招商引资行动计划》，以市工业经济科技和安全生产工作领导小组文件印发，并与各县（市、区）签订了目标责任书。组织有关县（市、区）赴北京、上海、广州、深圳、南京等地拜访中国龙工、上海金丝猴食品、中琳科技、基伍手机等知名企业。全力做好珠三角、环渤海大招商活动，制订工作方案，明确目标责任，深入对接企业，共拜访华为、中兴、东风日产、卡特彼勒、中国建材总院、天士力等国内外500强、行业20强企业342家。成功举办“深圳市知名企业家河南（郑州）行活动”、珠三角大招商活动第二批项目集中签约仪式、环渤海招商项目集中签约仪式等活动。前三季度，珠三角、环渤海大招商工作组共签约项目104个，签约金额1669.87亿元，其中工业项目67个，签约金额909.4亿元。

### （三）深入开展工业项目建设年活动，加快重点项目建设

以强投资为主线，深入开展工业项目建设年活动。制定下发市政府《关于进一步加快工业项目投资的意见》，开展工业项目建设年各项活动。组织开展工业项目集中开工。前三季度全市新开工工业项目363个，同比实现数量翻番。完善项目推进机制，强化项目要素保障，按照“洽谈项目抓签约，签约项目抓落地，落地项目抓开工，开工续建项目抓进度”的要求，分类推进各种项目建设。突出抓好比克新能源新材料产业园、迅捷服装产业园、多丽电子商务产业园等三力型项目的推进。顶新国际集团扩大再投资项目、辅仁药业综合产业园等项目实现开工建设，宇通集团节能与新能源客车及客车零部件项

目、东风日产郑州工厂能力扩建项目、郑州双汇食品工业园等在建项目进展顺利，河南达利食品有限公司食品项目、索凌电气有限公司年产5万套智能化电气设备建设项目等竣工。

## （四）培育大企业大集团，推进工业集聚发展

### 1. 加大对大企业的培育力度

以双百企业为重点，加快培育大企业大集团，下发《关于公布郑州市2013年度百强企业和百高企业的名单的通知》，明确市级双百企业名单，着力构建以龙头企业为支撑，大中小企业协作配套的企业组织体系。强化企业服务，建立了市级领导分包“双百”企业工作机制，积极帮助企业解决问题，前三季度共协调解决企业各类问题411个，问题解决率达95.8%。

### 2. 进一步优化工业布局

围绕七大工业主导产业定位，在项目布局、产业招商等方面，引导各县（市、区）特色错位发展。市政府出台《关于加快三环内工业企业外迁的指导意见》，稳步推进三环内工业企业外迁，着力优化主城区工业布局。

### 3. 加快工业集聚发展

加快产业集群和产业基地规划建设。加紧全市智能终端（手机）、超硬材料、新型耐材、铝等重点产业集群发展规划，积极谋划培育新能源汽车、“3D”打印、物联网、云计算等新兴业态。加快新型工业化产业示范基地建设，郑州经济技术开发区、巩义市产业集聚区成功创建国家级新型工业化产业示范基地，以全市10个新型工业化产业示范基地为带动，推进全市产业集聚集约集群发展。

## （五）积极推进“两化融合”，提升工业信息化水平

深入实施《郑州市国家级信息化和工业化融合试验区建设实施方案》和《关于加快信息化和工业化深度融合的意见》，加强政府引导，发挥企业主体作用，促进产学研用结合，大力推进信息技术在工业各领域的应用、渗透和融合，通过两化融合改造提升传统产业、培育发展新兴产业，探索信息化和工业化融合的有效路径。在企业、行业、园区三个层面，建立一批示范点（区）和试验点

（区），开展“两化融合”的应用示范，初步形成“点线面”相结合的推进格局，提升区域经济的发展质量和综合竞争力。以全市工业企业300强、双百企业、高科技企业50强为重点，选择示范效应明显的行业龙头和能够带动上下游产业链进行信息化改造的核心企业，打造一批国家级、省级“两化融合”示范、试点企业。郑州市国家级信息化和工业化融合试验区如期完成预定的各项试点任务，于2013年5月顺利通过工信部组织的考核验收。下一步将组织研究两化深度融合的实施路径，适时申报国家级两化深度融合试验区。工业电子商务行业服务平台取得新进展，2013年新建成的建材行业服务平台“百姓商城”、泵阀行业服务平台“泵阀工厂店”等两个新平台，已投入正式运营。

## （六）加快创新驱动和节能降耗，提升工业发展质量效益

### 1. 不断提升企业创新研发能力

推进国家、省级技术创新示范企业、市级企业技术中心创建工作。积极组织企业申报国家级技术创新示范企业、各项研发专利成果、第十五届中国专利奖项目、国家级工业设计中心等示范试点。中孚实业“大型铝电解连续稳定运行工艺及装备开发”项目获国家技术发明奖二等奖；郑煤集团、宇通客车、好想你枣业3家企业成为省级技术创新示范企业。

### 2. 推广先进质量管理方法，促进工业质量品牌建设

开展质量标杆活动，对郑州宇通客车股份有限公司和郑州三全食品股份有限公司的省级质量标杆企业进行授牌。组织全市企业推广先进质量管理方法，提升质量管理水平。宇通客车、新大方重工等6家企业进入国家级“2013年工业企业品牌培育试点企业”。新增河南中烟工业有限责任公司“黄金叶”等3个中国驰名商标。组织对2013年申报质量管理小组活动成果进行评审，完成申报中质协、省质协的评优评先推荐。组织企业申报实施政府采购和重点项目建设优先使用省内产品目录，宇通客车等75家企业的878个工业产品纳入实施政府采购和重点项目建设使用省内产品目录。

### 3. 着力降低工业能耗

制订《郑州市2013年重点用能企业能效对标达标活动实施方案》，积极在化工、钢铁、有色、建材、轻工、纺织等行业重点用能企业开展能效对标达

标活动，强化重点用能企业节能监察，严格淘汰落后产能。宇通客车等 15 家企业的 15 个节能产品得到省级认定。组织开展工业清洁生产示范企业认定工作，鼓励企业清洁生产，全市 3 家企业新通过了省清洁生产示范企业认定。开展重点企业节能监测和监察力度，严格执行落后产能、落后设备淘汰制度。

### （七）强化政策引导，服务企业发展

**1. 强化工业政策引导**

在深入执行现有工业产业政策的同时，制定《关于进一步加快工业项目投资的意见》《关于支持郑州市汽车产业发展的若干意见》《关于加快三环内工业企业外迁的指导意见》等工业产业政策。同时，加大对工业和信息化政策的宣传力度，编制《郑州市委市政府支持工业发展和信息化建设政策汇编》，印刷 1000 余册免费赠给企业参阅。

**2. 提升企业服务水平**

制订下发《郑州市 2013 年企业服务工作实施方案》，完善企业服务长效机制，着力帮助企业解决用工、资金、市场等方面的问题。四大班子有关领导对重点企业实行分包制度，并建立旬报、联席会议等制度，切实帮助企业解决生产经营问题。

**3. 积极组织参加银企对接活动**

组织 40 多户重点民营企业开展民营企业与民营银行专项银企洽谈会。筛选一批竞争力强、有市场、有效益的骨干工业企业和省、市工业稳增长、调结构、百日攻坚行动重点监测的工业项目，作为重点支持对象参与全省组织的银企对接活动。

**4. 加强对企业家的培训**

在浙江大学举办了一期“郑州市行业龙头企业高级管理研修班”，从企业管理、市场开拓、商业模式运作等方面，对 50 多名企业高管进行培训，提高企业管理水平。

## 四　主要问题及原因分析

虽然，郑州市近年来在工业转型发展方面取得了一定的进展，但是从总体

上看，工业发展方式仍然较为粗放，核心竞争力仍然偏弱，难以适应新型工业化在全市经济发展中进一步发挥主导和支撑作用的现实需要。

## （一）资源型产业和高耗能产业比重偏高

从主要行业规模以上工业增加值及比重情况看，1～9月，全市工业排名前10位的行业是：建材耐材（完成增加值469.13亿元，占全部工业的23.4%），烟草制品业（完成增加值272.27亿元，占全部工业的11.9%），电力、热力生产和供应业（完成增加值183.24亿元，占全部工业的9.1%），计算机、通信和其他电子设备制造业（完成增加值155.26亿元，占全部工业的7.1%），汽车制造业（完成增加值114.22亿元，占全部工业的4.8%）、专用设备制造业（完成增加值110亿元，占全部工业的5.6%），煤炭开采和洗选业（完成增加值89.73亿元，占全部工业的6.1%），有色金属冶炼和压延业（完成增加值88.85亿元，占全部工业的4.5%），通用设备制造业（完成增加值82.01亿元，占全部工业的6.1%），化学原料和化学制品制造业（完成增加值62.68亿元，占全部工业的2.5%）。在前10个行业中，资源型产业占6个。煤炭、化学、非金属矿物制品、黑色金属冶炼及压延、有色金属冶炼及压延、电力工业等6个高耗能产业增加值仍占全市规模以上工业增加值比重的46.1%。工业行业多处于价值链中低端，产业链条短，后续产品的精深加工和前端研发设计等环节较为缺乏。初级加工产品和中间产品比重大，高附加值、高加工度产品较少，附加值不高。产业结构层次偏低导致全市产品市场竞争力偏弱，抗风险能力不强，易出现工业经济增长的大起大落。

## （二）核心竞争力不够强

大企业数量偏少，辐射带动能力有限。2013年，全市2748户规模以上工业企业中，大中型企业522家，占19.0%，小型企业2206家，占80.3%，小型企业仍是规模工业企业的主力军。销售收入超百亿元的企业只有10家左右，大部分是资源型企业，对全市产业发展的辐射带动能力不足。科技创新能力不够强。从科技研发投入看，全市规模以上工业企业研发投入占销售收入的比重较低，大部分中小企业没有创新平台，缺乏核心技术。主要原因是财政创新投

入相对较少，科技创新资源相对不足，国家重点大学、国家重点实验室和院士数量都比武汉、长沙等城市少，难以支撑全市科技创新能力的较大提升。

### （三）工业集聚发展水平亟须提高

工业布局较为分散。很多工业园区产业定位不明确，产业较为杂乱，主导产业不突出。园区内上下游企业间的分工合作不够紧密，关联度不强，与建设现代产业集群的要求差距较大。目前全市 15 个产业集聚区中有 8 个集聚区涉及的规模工业大类行业个数超过 10 个，其中 1 个集聚区涉及的大类行业超过 20 个。产业布局分散，严重制约全市现代产业集群构建和产业集聚效应的提升。2012 年，虽然已出台《关于进一步优化主导产业布局的实施意见》，明确规定每个产业集聚区只能发展 1 个工业主导产业，但是要改变目前全市工业布局分散的现状、提升工业集聚水平，仍需时日。

## 五　发展展望

加快工业转型升级、打造工业经济升级版仍是未来一段时间内郑州市工业经济发展的重要任务。2014 年，郑州市将以党的十八大精神为指引，深入贯彻落实科学发展观，坚持走新型工业化道路，以提高工业发展的质量和效益为中心，以“强投资、抓改革、调结构、求提升”为主题，明确郑州市工业经济发展路线图，突出围绕大项目、大招商、大企业培育、大集群打造四大重点，着力在产业结构、创新能力、两化融合、绿色发展、质量品牌等五个方面实现提升，强化要素保障、政策保障、服务保障，全力打造郑州工业经济升级版，加快建设全国重要的新型工业化强市，为郑州都市区建设提供强有力的产业支撑。

### （一）制定实施工业发展路线图

围绕“全国找坐标、中部求超越、河南挑大梁”的总体要求，按照“三大一中”战略新定位，根据当前工业经济发展新形势，大力实施《郑州市工业经济发展路线图》。围绕今后 3 ~ 5 年全市工业和信息化建设的目标任务，突出“扩大规模、调整结构”总方向，按照“扩大增量、优化存量、提升质量”总路径，积极制定实施重点产业集群发展、重点企业做大做强和技术创新、招商引资、两化融合、质量品牌提升等路线图。通过工业经济发展路线图的推进实施，经过一定时期的不懈努力，着力实现全市工业经济在规模总量上实现新突破、质量效益实现新提升、产业结构实现新优化、发展方式实现新转变，着力形成一批在全国具有重要影响力的优势产业集群，培育一批在全国引领行业发展的大企业集团，招引一批对全市经济结构战略性调整具有重要作用的“三力型”项目，进一步巩固提升新型工业化在“三化协调、四化同步”发展中的主导地位，更好地服务中原经济区和郑州都市区建设大局。

## （二）推进重点项目建设

突出项目拉动作用，加快扩大投资规模。

**1. 加快谋划一批重大项目**

围绕工业主导产业，结合新兴业态培育，深入谋划重大工业项目。建立重大工业项目联审评估机制，严把项目质量关，重点谋划、引进和实施一批对全市经济结构具有重大作用的战略性强、市场前景好的项目。

**2. 加快重点项目落实**

按照“签约项目抓落地，落地项目抓开工，开工项目抓续建，续建项目抓竣工”的思路，突出抓好“三力”型项目推进，着力优化项目投资结构。对北京联东投资（集团）有限公司联东U谷、郑州国际企业港、香港迅捷服装产业园等93个重点签约项目，进行逐一研究、加快推进，促其尽快落地。推进中储粮产业园、北车集团郑州修造基地等58个重点落地项目早日开工。加快比克新能源新材料产业园、中国联通中原数据基地、郑州金马凯旋家居CBD产业园、郑州华强电子高端服务业基地等173个重点项目建设进度。力争河南中烟工业公司易地技改、郑州电子电器产业园、辅仁药业综合产业园等108个项目竣工达产。

**3. 健全项目推进机制**

按照谋划、签约、开工奠基、在建和竣工投产等分类，建立重点工业项目库，分批发布重点工业项目；坚持领导分包制度、月报分析制度、现场办公制度、重大事项报告制度等，加强重点工业项目监测；建立健全重点项目周例会、月通报、季讲评和现场观摩制度，强化督导推进，及时协调解决问题。

### （三）持续开展大招商活动

按照“突出重点，集群引进，引智引才”的思路，制定2014年全市工业集群招商工作专案，持续开展大招商活动。

**1. 加大研商力度，提高招商引资针对性**

加强珠三角、长三角、环渤海等重点区域内的产业业态和国内外500强、行业20强企业研究谋划，对其重点产业业态发展、战略布局、投资意向等进行深入分析研判，与全市主导产业发展进行对接，选准招商引资的突破口和切入点。

**2. 转变招商方式，突出“选商选资”**

更加注重招商引资的质量和效益，发挥产业专家库智囊咨询作用，严把招商引资质量关，加快招商引资由低附加值产业向高附加值产业、企业总部、研发中心转变；加快由单一生产制造环节、单一项目引进向集群式引进、抱团转移转变；加快由全面撒网、多头对接向重点突破、按照产业定位招引转变。

**3. 建立长效机制**

组建专职工业招商队伍，向重点招商区域派驻专门招商团队，广泛搜集招商信息，畅通信息渠道，长期跟踪对接，促进招商引资制度化、常态化。

**4. 确保招商实效**

对已签约项目，落实专人跟踪服务，以“注册公司、开工奠基”为标志，确保签约项目开工率达到70%以上。

### （四）着力培育大企业大集团

制定实施郑州市大企业或企业集团培育工作专案，着力培育在国内外具有较大影响力、行业内有较大带动力的大企业。

**1. 更加注重本土企业和新引进落地企业的扶持**

筛选确定总部、研发、营销均在郑州，并且主业突出、技术先进、产品市场占有率高、税收贡献大、发展前景好的企业，实行“一企一策”，给予重点扶持；对已落地的大型企业，制定市领导分包制度，持续深化跟踪，深耕产业业态，争取企业的各种业态及事业群都到郑州发展，建成企业的战略基地。

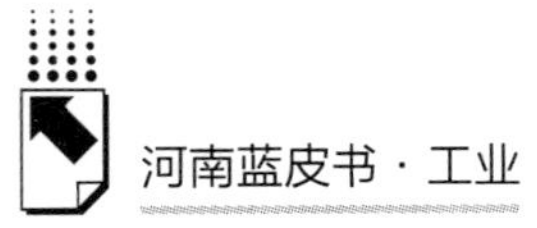


**2. 以双百企业为重点，推进企业兼并重组、强强联合**

推进超百亿元企业向国际一流企业集团发展，超 50 亿元企业向国内行业百强迈进，超 10 亿元企业向细分领域“小巨人”跨越。

**3. 建立培育企业后备梯队机制**

落实国家、省、市政策，引导中小企业走“专、精、特、新”道路，加强与大企业大集团配套合作，培育大企业后备梯队，加快上规模。2014 年，力争新入库一批规模以上工业企业，进一步壮大规模以上工业总量。

**4. 定期组织全市知名企业家进行提升培训**

参加产业发展高端论坛，着力培育一批具有国际战略眼光、一流发展业绩、带动行业发展的企业家队伍。

### （五）培育建设重点产业集群

按照集聚集约集群发展的原则，着力谋划和打造一批在全国具有重要影响力的大产业、大基地、大集群。

**1. 加快五千亿元级汽车及装备制造业基地建设**

实施汽车与装备制造业产业提升规划，以经开区、中牟县为重点，深化与东风集团第三次战略合作，加快零部件产业集聚，促进汽车后市场及配套产业发展，着力打造百万辆汽车产业集群，加快推进郑州汽车城建设。加快郑州煤机、宇通重工、恒天重工等项目建设，进一步巩固煤矿机械、工程机械、纺织机械等产业优势，大力发展轨道交通设备、高效电力设备、精密机床等高端装备制造业，促进装备制造高端化、智能化发展，着力建设全国先进的装备制造业基地。

**2. 加快建设五千亿元级电子信息产业基地**

实施电子信息产业提升规划。以航空港区为主体，打造在全国具有重要影响力的以智能手机为重点的智能终端产业集群；以高新区为主体，发挥格力电器、辉煌科技等企业骨干带动作用，巩固提升家用电器、行业应用软件、物联网、信息安全、半导体照明等优势行业发展，加快引进和推进中关村科技产业园、中国联通中原数据基地等项目建设，着力建设千亿元级高新城；以金水科教新城为主体，加快发展知识产权创意设计、研发设计、工业设计等高技术服务产业。

**3. 加快千亿元级新材料产业基地建设**

以荥阳新材料（超硬材料）产业园为主体，实施超硬材料产业集群发展规划，打造具有国际影响力的“钻石城”和“中国超硬材料产业谷”。

**4. 加快千亿元级新型耐材产业基地建设**

以新密市、巩义市为重点，实施新型耐材产业集群发展规划，推进耐材企业兼并重组、整合提升。

**5. 推进生物及医药产业集群建设**

以航空港区和新郑市为重点，高起点、高标准规划建设郑州市生物及医药产业集群。

**6. 实施建立铝精深加工产业集群规划**

以巩义市为重点，实施铝精深加工产业集群发展规划，推进明泰公司与南车青岛四方机车合作、豫联能源集团与全球领先的工业铝型材研发制造商忠旺集团合作，加快建设千亿元级铝精深加工产业集群。

**7. 推进食品园建设**

以新郑市和二七区马寨食品产业园为主，着力引进和实施一批重大食品及食品包装项目，加快推进千亿元级现代食品产业集群建设。

**8. 加快家居产业集群建设**

以登封市为主体，以金马凯旋家居 CBD 为产业发展平台，加快千亿元级家居产业集群建设；以新密市、中原区为主体，加快曲梁服装工业园、郑州纺织产业园建设。

**9. 加快谋划和培育新兴业态产业集群**

着力形成新的经济增长点。以比克电池产业园引进为契机，加快新能源动力电池相关企业抱团引进，谋划建设千亿元级新能源汽车电池产业集群。以新密市为主体，加快环保装备产业园项目建设，大力发展环保装备产业集群。抢抓电子商务发展和国家扩大信息消费新机遇，实施《郑州市制造业电子商务发展行动计划》，加快企业电子商务普及应用，着力发展电子商务新业态。以高新区、金水区为主体，以物联网、云计算、移动互联网、北斗导航卫星应用、3D 打印等为重点，积极培育发展新一代信息技术产业新型业态。

## （六）提升优化产业结构

**1. 改造提升传统产业**

大力实施企业信息化工程，选择一批传统优势企业，进行重点扶持，提高传统产业的核心竞争力，形成传统产业发展的新优势。

**2. 严格淘汰落后产能**

以电力、煤炭、钢铁、水泥、电解铝、造纸、印染等行业为重点，严格落实国家和省淘汰落后产能要求，建立淘汰落后产能的奖补机制，加快淘汰落后产能步伐。

**3. 消化过剩产能**

根据《国务院关于化解产能严重过剩矛盾的指导意见》，根据郑州实际，提高市场准入标准，严格准入条件审核和控制，坚决禁止新建出现和可能出现产能过剩的项目。着力引导企业生产适销对路产品，消化过剩产能。鼓励支持郑州优势产能企业对过剩产能企业进行兼并重组，改造升级。

## （七）提升技术创新能力

坚持创新驱动，加快现代工业体系建设，推进“郑州制造”向“郑州创造”转变。

**1. 提升重点行业和重点企业的创新能力**

积极组建全市工业主导产业创新联盟，以政府扶持资金为引导，以行业龙头企业为主体，谋划建设郑州汽车、高端装备制造等工业技术研究院。鼓励引导重点企业加大研发投入。

**2. 加快各类创新平台建设**

支持各类企业加快企业技术中心、工业设计中心建设。加快以政府投资为主的公共技术创新平台建设，提高中小企业创新发展能力。

**3. 加快科技成果产业化**

鼓励企业投资产学研深度合作项目，开发具有自主知识产权的产品。

**4. 着力实施一批重大工业技术创新专项**

在新能源、新能源汽车、新一代信息技术和节能环保等战略性新兴产业领域，筛选重大技术创新专项，集中进行技术攻关，力争早日实现重大突破，转化为产业增长优势。

### （八）促进“两化”深度融合

坚持把“两化融合”作为工业转型升级调结构的重要内容。

**1. 进一步加快两化深度融合**

继续落实《郑州市国家级信息化和工业化融合试验区建设实施方案》和《关于加快推进信息化和工业化深度融合的指导意见》，围绕全市汽车及装备制造、食品、铝加工、纺织及服装等重点行业和区域，支持实施一批具有重大推广意义的“两化融合”项目，加快各级新型工业化产业示范基地建设。

**2. 加快高速信息基础设施建设**

以国家“三网融合”试点城市、国家下一代互联网试点城市建设为契机，大力实施“智慧城市”、“无线城市”、“光网城市”、“宽带乡村”工程，加快推进光纤宽带网络升级改造，持续扩大3G（第三代移动通信）网络覆盖范围和深度，推进4G网络规模商用，推进无线城市群建设。

**3. 提升社会领域信息化水平**

坚持因地制宜，科学推进智慧城市建设。深化信息技术在教育、卫生、医疗、旅游、人力资源和社会保障等方面的应用与推广，提高全市信息化水平。

### （九）实现工业绿色发展

推进工业节能降耗，发展循环经济，实现清洁生产，着力提高工业经济可持续发展能力。

**1. 加快工业节能立法进程**

明确工业节能监察重点，开展全市工业节能立法调研工作，研究制定《郑州市工业节能监察办法》，将工业节能工作纳入法制轨道。

**2. 实施一批工业节能技改项目**

充分发挥节能技改补贴政策引导作用，鼓励工业企业加快对现有高耗能设备和落后技术、工艺进行更新和改造，调整优化能源结构，提高工艺技术水平和能效水平。

**3. 大力推广工业节能产品**

做好工业节能产品认定，积极组织推介，做好能源管理中心建设项目申报工作。

**4. 推进绿色清洁生产**

开展能效对标达标活动，组织企业申报清洁生产示范企业，在重点行业开展清洁生产技术推广和示范。加快资源综合利用技术开发、示范和推广应用，规范资源综合利用产品的认定工作。确保完成全市工业节能降耗目标任务。

## （十）加快质量品牌建设

大力实施质量品牌战略。

**1. 加强企业质量管理**

在规模以上企业推行首席质量官制度，推广卓越绩效等先进管理模式。

**2. 实施标准引领战略**

加强标准研制工作，加快修订和补充制定适合郑州工业发展的工业产品标准。推进重点工业产品质量达标备案工作，支持有条件的企业参与国家和国际标准的制定，不断提升工业产品质量。

**3. 实施品牌带动战略**

加大对品牌企业和驰名商标的扶持力度。

B.8

# 洛阳工业经济结构调整与产业转型升级态势分析及展望

杨清伟*

**摘　要：**

2013年，在宏观经济形势异常严峻的情况下，洛阳市以工业经济结构调整为主线，大力开展传统产业转型升级、战略性新兴产业培育等工作，工业经济呈现较为平稳的总体态势，产业结构调整加快、空间布局逐步优化，新兴产业新技术、新项目对工业转型升级的作用有所增强。2014年，全市工业经济将呈现出传统支柱产业缓慢复苏，战略性新兴产业快速发展的态势。

**关键词：**

工业经济　结构调整　转型升级

2013年，在宏观经济形势异常严峻的情况下，洛阳市全力贯彻落实中央、省一系列稳增长、调结构的决策部署，紧紧围绕“开放招商企业服务环境创优”三大工作，大力开展工业经济结构调整和产业转型升级。2013年，全市工业经济呈现较为平稳的总体态势，产业结构调整加快、空间布局逐步优化，新兴产业、新技术、新项目对工业转型升级的作用有所增强。2014年，洛阳市将积极应对新形势的挑战，利用国内外产业转移、战略性新兴产业发展等机遇，把促进传统产业转型升级、大力培育电子信息等战略性新兴产业、加快两

* 杨清伟，洛阳市工业和信息化局副局长。

化融合发展步伐作为推进工业发展的重中之重，力促工业经济结构不断调整和产业转型升级。

## 一 2013 年洛阳市工业运行情况

2013 年，全市上下认真贯彻市委、市政府关于经济工作的决策部署，开拓进取，扎实工作，国民经济在复杂形势下保持了平稳发展态势。

### （一）工业生产低速增长

1～9 月，全市规模以上工业增加值完成 1020.1 亿元，同比增长 7.1%，较一季度增速提高 0.6 个百分点，较二季度增速提高 0.1 个百分点，较1～8月增速提高 0.4 个百分点。其中 9 月当月增速 9.9%，较 8 月当月增速提高 5.2 个百分点，创 2013 年以来月增速新高，回升态势明显。工业产业完成固定资产投资 911.3 亿元，同比增长 19.9%；规模以上工业主营业务收入 369.9 亿元，同比增长 5.7%；利润总额 149.2 亿元，同比增长 17.6%。

### （二）信息服务产业较快增长

1～9 月，全市信息服务业营业收入为 42.99 亿元，实现利润 9.98 亿元，上缴税收 2.08 亿元，同比分别增长 47.8%、35.9%、38.1%；新增企业 128 家，全市信息服务业企业达 651 家。

### （三）民营经济稳定增长

1～9 月，全市民营企业达到 19.3 万户，从业人员 135.3 万人；实现营业收入 4389.8 亿元，同比增长 20.3%；完成增加值 1330.6 亿元，同比增长 18.4%；实缴税金 145.8 亿元，同比增长 16.1%。全市新上民营经济投资超千万元项目 405 个，总投资 584 亿元。其中，投资超亿元项目 159 个，总投资 501 亿元。

## 二　洛阳工业经济结构调整与产业转型升级态势及特点分析、主要做法

### （一）工业经济结构调整与产业转型升级态势

#### 1. 五大传统优势产业逐步转型升级

（1）装备制造业：拥有一拖集团、中信重工、LYC 轴承、机车厂、北玻公司、中色科技、河柴重工、轴研科技等众多在国际国内市场具有较强竞争力的大型企业或企业集团，已形成大型成套装备、农业机械、工程机械、交通运输装备、轴承及基础件等五大装备制造业支柱产业。研发的大型立盘过滤机、大型自磨机、玻璃深加工设备技术达到世界先进水平；大型钻机、大型矿井提升机、余热发电设备技术在国内处于领先地位；大马力轮式拖拉机、余热发电装备、有色金属加工装备、玻璃深加工设备、航空航天轴承、数控机床电主轴等一批优势产品市场占有率全国领先。

（2）有色金属产业：拥有万基控股、伊电集团、龙鼎铝业、洛钼集团、七二五所等大型企业或企业集团，已初步形成了“煤—电—铝—深加工”、“钼钨采选—冶炼—深加工”、“钛冶炼—深加工”等 3 个主要产业链条。铝产业形成了氧化铝 120 万吨、电解铝 118 万吨、铝加工 168.5 万吨的年生产能力；钼钨产业已形成钼矿开采能力 3000 万吨/年、选矿能力 5000 万吨/年，钼深加工能力 5 万吨/年；白钨回收能力 3 万吨/日，钨深加工能力 3000 吨/年；钛产业已形成年产 1 万吨海绵钛、100 万支钛合金精铸件、1 万吨钛板带材及 300 台（套）钛设备的生产能力。

（3）石油化工产业：拥有中石化洛阳分公司、河南煤化集团洛阳永龙能化公司、黎明化工研究院、万向集团氟钾科技公司、宏达公司等大型企业或企业集团。形成原油加工能力 1000 万吨、PX24.5 万吨、PTA32.5 万吨、聚酯 20 万吨、聚丙烯 20 万吨、涤纶长短丝 20.5 万吨、过氧化氢 11 万吨、合成氨 10 万吨等产能，初步形成了“油—化—纤”产业链。

（4）硅光伏及光电产业：拥有中硅公司、尚德太阳能、阿特斯光伏电力、

上海超日等一批国内行业领先企业，已形成从工业硅、多晶硅到多晶铸锭、单晶拉棒、切片、电池片和电池组件完整的产业链条，具备年产3.2万吨工业硅、1.81万吨多晶硅、605兆瓦多晶铸锭/单晶拉棒、455兆瓦硅片、330兆瓦电池片、250兆瓦电池组件的生产能力，被科技部确定为国家硅材料及光伏高新技术产业化基地。依托中航光电公司、空空导弹院、中航613所等骨干企业，光电子产业在航空光电探测系统、红外热成像系统、微光夜视产品、光电连接器以及显示产品等领域形成了较好的发展基础。

（5）能源电力产业：新能源电力方面，金太阳示范工程建成3个，光电装机31兆瓦（3.1万千瓦）；宜阳木兰沟4.95万千瓦和樊村4.8万千瓦项目列入国家“十二五”风电项目核准计划；3家生物质发电厂总装机42兆瓦；垃圾发电厂2座，总装机2.5兆瓦。

**2. 战略性新兴产业迅猛发展**

（1）新材料产业：拥有中船重工725研究所、黎明化工院、中钢洛耐院、洛钼集团、钼都钨钼、中铝洛铜、龙鼎铝业、万基控股、麦达斯铝业、双瑞万基钛业、洛玻集团等行业龙头企业，形成了铝、钼钨、钛材料精深加工产业链，在高端镁合金、精密铜加工制品、特种陶瓷、特种玻璃、人工晶体材料、氟化工、聚氨酯等材料开发和应用上具备一定产业基础。龙鼎铝业年产60万吨高精度铝板带箔项目、中铝洛铜高精度电子铜带产业化项目、洛铜集团有色金属异型材新型加工技术生产线项目等重大项目顺利推进。

（2）新能源产业：拥有中航锂电、双瑞风电叶片、轴研科技等企业，其研发生产的锂离子动力电池、风电装备关键部件、风电轴承等产品在国内具有一定的影响力，锂离子动力电池生产能力已达1.8亿安时。中航锂电年产20亿安时大容量锂离子动力电池生产基地建设项目、阿特斯光伏电力（洛阳）有限公司年产220MW高效多晶铸锭硅片项目、洛阳大生新能源开发有限公司年产1.5亿安时锂离子动力电池项目等重大项目顺利推进。

（3）新能源汽车产业：中集凌宇公司已完成了混合动力客车、纯电动客车的研发及试制，正在申请电动客车生产资质。目前，洛阳市正在通过积极申报国家新能源汽车示范推广试点城市，实施新能源汽车示范推广工程，坚持产业转型与技术进步相结合，政府引导与市场驱动相结合，以整车企业发展为龙

头，培育并带动锂电池、电机、电控等产业加快发展。

（4）节能环保产业：被国家确定为全国唯一的国家新型工业化节能环保装备产业示范基地，余热余压利用设备、尾矿综合利用设备、有色金属再生设备、湿式氨法脱硫装备、高效节能燃烧器、新型墙体材料加工成套设备、垃圾收集储运处理设备、节能玻璃加工设备、水泥窑协同处理城市垃圾等节能环保设备技术工艺处于国内领先水平。中信重工公司与洛阳黄河同力水泥公司合作的利用水泥厂回转窑消纳城市生活垃圾项目、北玻公司低辐射镀膜玻璃成套设备和节能型玻璃钢化机组项目等顺利推进。

（5）高端装备产业：硬岩掘进机、褐煤提质成套装备、风力发电机组偏航轴承、全数字智能化六辊宽幅铝带冷轧机、高压变频器及通用变频器等一批重大标志性产品和技术装备制造能力达到国内领先水平，装备成套能力和自动化水平大幅提升，中铁隧道装备公司大断面盾构机关键技术取得新的突破。中信重工高端装备制造基地项目、中船重工725所双瑞特种装备产业园项目、轴研科技轴承科技产业园项目等顺利推进。

（6）生物医药产业：普莱柯生物为国内兽用疫苗行业龙头企业，拥有国家认定的企业技术中心和国家兽用药品工程技术研究中心，成功开发出以国际首创禽流感（H9）三联、四联疫苗，国内首创猪圆环病毒疫苗、动物专用抗生素头孢噻呋等为代表的国家级新兽药17个。普莱柯动物疫苗及兽用药品产业化基地项目、金水红生物技术产业化基地项目、华美生物医药产业园项目等顺利推进。

（7）电子信息产业：在电子信息材料、光电器件、光电显示、自动化控制等领域已形成了一定的产业基础，高纯硅材料、蓝宝石材料、高纯电子气体、光电连接器件、超薄超白电子玻璃、超级电容器等产品具有较强的市场竞争力，空导院、613所、中航光电具有很强的研发力量，光电连接器产品占到全国3G市场的75%左右。电力负荷管理系统、指纹识别产品、气象监测系统、红外热像仪、控制模块、测控设备、超级电容、驾驶模拟器等多项产品拥有核心技术、国内领先。中航光电公司光电技术产业基地项目、中国移动（洛阳）2万坐席呼叫中心、动漫之都产业园、基伍创新产业基地项目、中兴洛阳智慧城市项目、HP—洛阳国际软件人才及产业基地项目等顺利推进。

**3. 产业集聚发展成果显著**

初步形成了洛阳石化产业集聚区的石油化工，伊滨产业集聚区的高端装备制造，洛阳先进制造业集聚区、洛阳工业产业集聚区的农机及工程机械，宜阳县产业集聚区的轴承，偃师市产业集聚区的三轮摩托车，新安县产业集聚区和伊川县产业集聚区的铝精深加工，高新和洛龙产业集聚区的新能源和新材料，汝阳县产业集聚区的新型建材，洛宁县产业集聚区的玩具工艺品等功能定位准确、主导产业明晰、产业链条完整、竞争优势较强的产业布局态势。

## （二）工业经济结构调整与产业转型升级的主要特点

**1. 重工业快于轻工业**

前三季度，重工业完成增加值同比增长 7.2%，轻工业完成增加值同比增长 6.6%。

**2. 非公有制表现突出**

前三季度，公有制企业完成增加值同比增长 1.8%，非公有制企业完成同比增长 11%。

**3. 大型企业表现低迷，中小企业表现强劲**

前三季度，大型企业完成增加值同比下降 1.2%，中型企业完成增加值同比增长 10.8%，小型企业完成增加值同比增长 14.5%。

**4. 支柱行业表现不佳**

前三季度，全市 38 个行业大类中有 28 个行业增加值实现同比增长，18 个行业增速低于全市平均增速。其中，石油化工、炼焦和核燃料加工业、通用设备制造、有色金属冶炼等传统支柱产业增幅均低于全市平均水平或呈负增长状态。专业设备制造、非金属矿物制品等行业虽高于全市平均水平，但均低于全省平均水平。作为全市支柱行业，其低迷状态对全市工业影响巨大。

**5. 重点企业整体表现不佳**

前三季度，50 户重点企业累计增速 -4.8%，其中仍有 36 户重点企业增幅低于全市平均增速。

**6. 主要工业产品产量增速明显回落**

前三季度，在全市重点监测的19种主要产品中只有7种实现同比增长，其中小型拖拉机、轴承、汽车、布等12种产品产量出现负增长态势。

## （三）主要做法

**1. 以产业调研为基础，谋划战略性新兴产业发展**

为大力培育轴承及智能装备制造、电子信息等战略性新兴产业，确保产业稳步健康发展，联合各行业知名研究院、各相关单位对洛阳战略性新兴产业开展实际调研并制定了《洛阳市轴承产业中长期发展规划（2013～2020年）》《洛阳市智能制造装备产业发展规划》《洛阳市电子信息产业三年行动计划》《洛阳市机器人产业三年攻坚行动计划》等发展规划，出台一系列政策，大力培育战略性新兴产业发展。

**2. 以提升传统产业为主线，着力优化存量**

（1）加强传统工业技术改造。印发《洛阳市人民政府关于进一步做好企业技术改造工作的意见》（洛政〔2013〕45号），在全市范围内聘请45名工业行业技术改造专家，围绕汽车及零部件、装备制造、有色金属、化工、轻工、建材、食品等七大传统产业，引导全市工业企业加快技术改造工作。上半年，全市在建技术改造项目113个，完成投资235.9亿元，占全市工业总投资的42.9%。

（2）扎实推进淘汰落后产能。利用倒逼机制，加大工作力度，通过淘汰落后产能调整优化产业结构。制订《2013年度淘汰落后产能行动方案》，严格按照时间节点和方案安排，推进淘汰落后产能工作。

（3）抓好新型工业化示范基地和重大项目建设。从传统产业转型升级、技术改造、战略性新兴产业、信息化、民营经济5类项目中，筛选确定了国机重工（洛阳）产业园、轴研科技伊滨区轴承科技产业园、麦达斯轨道车型材及车体大部件、中航锂电20亿安时大容量锂离子动力电池生产基地、中航光电技术产业基地等50个总投资649亿元的工业和信息化重大示范项目，当年完成投资166亿元以上，带动全市工业转型升级。大力推进新型工业化示范基地建设，今年洛阳市涧西区成功创建为国家新型工业化产业示范基地（军民结合)；洛阳先进制造业产业集聚区、新安县产业集聚区成功创建为省级新型工业化产业示范基地。目前，洛阳共有国家级新型工业化产业示范基地 2 个，省级示范基地 6 个，数量居全省第一。

**3. 以招商引资为重点，扩大产业增量**

（1）加快“4+2”重点产业链招商。针对铝工业及新材料产业、轴承产业及高端装备制造业、锂离子电池及电动汽车产业、现代中药及生物制药产业，以及文化旅游产业、电子信息产业等“4+2”重点产业链开展招商，依托洛阳的综合优势，突出补链条、补短板，促进传统产业转型升级和新兴产业发展壮大。促成了总投资 78 亿元的南车重工大型煤炭机械研发及制造项目、总投资 20 亿美元的 HP—洛阳国际软件人才及产业基地、投资 40 亿元的中国移动（洛阳）呼叫中心项目、投资 30 亿元的洛阳浙江大学科技创意园、投资 35 亿元的中兴洛阳智慧城市项目、投资 23 亿元的动漫之都（洛阳）产业园等一批重大项目落户洛阳。

（2）积极承接产业转移。出台《洛阳市 2013 年承接产业转移工作专项方案》，以第 31 届中国洛阳牡丹文化节、第八届中博会、中国（洛阳）工业博览会、第十届中国国际中小企业博览会为契机，依托 17 家省定产业集聚区主导产业，开展集群化分布式承接产业转移。

**4. 以信息化培育为引领，推动两化融合**

（1）大力发展智能终端（手机）产业。坚持把智能终端（手机）产业作为调结构、促转型的重要抓手。洛阳市作为河南省政府打造智能终端（手机）产业的“一区七点”之一，以伊川县移动智能终端产业园、洛阳经济技术开发区信息通信产业园、伊滨区科技城产业园、宜阳县信息产业园为主要载体，强力推进智能终端（手机）项目引进和落地。先后引进了投资 20 亿元的河南天成信隆电子科技有限公司光电触摸显示器件项目、投资 10 亿元的广东心里程平板电脑及河南总部项目、投资 10 亿元的基伍创新产业基地项目等。

（2）加快“两化”深度融合。一是以信息化改造提升传统制造业。将电子商务和公共信息服务平台建设作为发展现代服务业的突破口，着力为重点行业、大型企业集团和中小企业提供信息化服务。从 2011 年开展电子商务进企

业“三年行动计划”以来，每年支持1000家企业；推进ERP（企业资源管理系统）进企业三年行动计划，每年支持100家企业，提升了企业管理水平。二是实施项目带动战略。坚持试点先行、以点带面、逐步深入的工作思路，重点支持一批骨干企业两化融合项目。三是提高中小企业信息化应用水平。支持用友集团在洛阳开展“中小企业健康成长计划”，免费为中小企业做健康体检，帮助中小企业进行业务创新与转型。四是加快制造业企业信息中心剥离步伐，引导制造业企业向服务型企业转变。

## 三　洛阳工业发展中存在的主要问题及原因分析

### （一）工业结构不合理

洛阳市长期形成的五大传统优势产业均侧重于资源型、加工型、生产资料型产业，产品大多处于产业链的前端和价值链的低端，科技含量高、附加值高的产品少，终端消费品少，整体产业结构不尽合理，综合竞争力不强，受外部环境影响大。

### （二）产业集聚效应不突出

虽然洛阳市规划了17家产业集聚区，明确主导产业和重点培育的特色产业集群，但受产业基础及现行考核体制的影响，一些产业集聚区在招商引资过程中急于求成，不按主导产业定位引进项目，产业关联度低，缺乏专业化分工及产业链上下游协作，未形成主导产业集聚、链式发展的格局。

### （三）创新能力不足

全市仅有145家工业企业建有市级以上研发机构，仅占全市规模以上工业企业的8.8%。2011年，全市研发投入占GDP的比重为1.35%，与发达国家2%、世界500强企业5%～10%的水平相比还有较大差距。关键零部件、元器件自主开发能力不足，新材料、电子信息技术融合发展支撑不够，未能形成产业链竞争优势。2012年，全市高新技术企业数117家，是郑州市高新技术

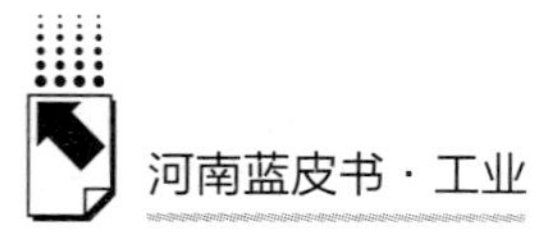


开发区 591 家的 20%，占规模以上工业企业的比重仅为 7.1%。高技术企业增加值占规模以上工业的比重为 2.6%，较郑州低 5 个百分点。

### （四）产学研结合不紧密

洛阳市拥有矿研院、拖研所、轴研所等国家级科研院所 14 家，在新材料、航空航天、电子与信息、机电一体化等高科技领域拥有国内一流的研发水平。但由于产学研合作机制不健全，合作服务体系不完善，缺乏中介机构有效衔接、资本的大力对接和科技成果交易平台，产学研结合不足，融合发展相对滞后。

### （五）发展环境不优

近年来，洛阳市出台了一系列优化发展环境、服务企业的意见和措施，但各类干扰项目建设和企业发展的问题仍然不少，影响了企业生产经营和投资热情。一是一些职能部门不作为、慢作为、乱作为问题仍然存在。利用职权乱检查、乱收费、乱罚款、乱摊派，甚至吃拿卡要，损害企业利益。二是办事效率低下，协作配合不够。一些部门只考虑部门利益，不考虑全市利益，遇到好处相互争，遇到难题相互推，上下环节不配合，直接影响了企业的效能。三是主动服务不够。部门单位本位主义严重，没有从企业的角度想问题、办事情。对企业求全责备多，主动想办法解决问题少。四是项目建设外部环境不优。部分项目存在阻工扰工、强买强卖等现象，项目建设单位和施工单位反映强烈。

## 四　2014 年发展展望

当前，金融危机的影响还没有过去，世界经济深度调整，虽有复苏迹象，但步履维艰。国内经济正处于增长速度换档期、结构调整阵痛期和长期粗放增长的补偿消化期。投资动力不足、消费增长乏力、出口壁垒加剧并存，市场需求疲软和产能过剩“碰头”，市场竞争必然更加激烈。2013 年第四季度，全市规模以上工业增加值增速预计达到 9%。2014 年，全市工业增加值预计同比增长 11%；信息产业营业收入预计超过 60 亿元，增加值同比增长 30%。

### （一）传统支柱产业将缓慢复苏

今年前三季度，38 个行业大类中，有 18 个行业增速低于全市平均增速，石油化工、炼焦和核燃料加工业、通用设备制造等支柱行业生产经营困难，其中石油加工、有色金属、电力等行业严重亏损。由于这些支柱产业属于能源原材料产业，一般位于国民经济产业链的前端和价值链的低端，虽然我国经济向好，但受产业链传导的作用，原材料工业的复苏将延迟。同时，50 户重点企业中 36 户增速低于全市平均增速，中国石化洛阳分公司、伊川电力等大型企业现价总产值增速呈现负增长态势。传统支柱产业在经济发展中的重要地位与复苏缓慢将决定洛阳工业经济的缓慢回升态势。因此，洛阳工业经济复苏的步伐会明显慢于其他地市。预计七大支柱行业全年增速仍将低于全市工业增长水平，2014 年缓慢回升。

### （二）战略性新兴产业快速增长

“十二五”以来，洛阳大力发展新材料、新能源、新能源汽车、生物医药等战略性新兴产业。随着洛阳市支持电子信息产业、企业技术改造、轴承及高端装备制造等产业规划和政策的进一步明确，中信重工机械股份有限公司重装高科基地、中航锂电（洛阳）有限公司 20 亿安时大容量锂离子动力电池生产基地建设、民生药业集团华美生物医药产业园、中航光电科技股份有限公司光电技术产业基地等重大项目开工建设，清晰的发展路线和新项目带来的新产能将推动战略性新兴产业快速发展。预计未来一段时间内战略性新兴产业增速将达到 20% 以上。

## 五　加快推进洛阳工业转型升级的对策建议

### （一）改造提升传统优势产业，争创产业竞争新优势

省委书记郭庚茂去年在巩义调研时曾提出，“传统产业不是包袱，先进的传统产业是财富”。洛阳工业要发展，也必须首先要立足于发挥既有传统优势产业和骨干企业的引领带动作用，加强与国内外优势企业和科研院所的战略合

作，坚持激活内生动力、盘活存量、借助外力、扩大增量。坚持重点突破，有所为有所不为，努力突破一批关键技术。引导龙头企业向高端化发展，中小企业向终端化发展，产业向高端化、终端化融合发展。着力培育龙头企业，壮大产业规模，做大做强、做特做精现代装备制造、有色金属、石油化工等3大支柱产业。

### （二）大力培育战略性新兴产业，打造新的经济增长极

发挥洛阳现有产业及科技研发的优势，依靠科技创新和引进技术，加快培育新材料、新能源、电子信息、生物医药四大战略性新兴产业，推动全市高技术产业发展实现重大突破，抢占未来经济发展制高点。大力实施战略性新兴产业培育工程，市政府出台战略性新兴产业培育引导资金管理办法，重点支持10大战略性新兴产业重点项目。一是大力培育工业机器人及智能装备产业，出台《洛阳市机器人产业三年攻坚行动计划》。二是积极培育新能源及电动汽车产业，按照“一策一头，一业一推”即“政策支撑、龙头带头、一业示范、逐步推广”的思路，积极申报国家新能源汽车推广示范城市，鼓励洛阳中集、凌宇等企业开展新能源电动客车的研发和制造，积极与国内电动汽车龙头企业对接，寻求合作机遇。三是积极培育生物制药产业。制定《洛阳市生物医药行业发展规划》，重点推进民生集团生物制药、普莱柯公司动物疫苗产业园区等生物产业园区建设。四是大力培育镁产业。加大洛铜集团宜阳镁板带产业园、华陵镁业公司航空、航天用“高温、高强”镁合金等重点项目的推进力度。

### （三）大力发展电子信息产业，带动产业结构优化

按照党的“十八大”提出的“四化同步”发展及省政府确定的加快发展以智能终端（手机）为重点的电子信息产业的要求，把电子信息产业作为洛阳工业、构建新型工业体系的重中之重。

**1. 明确产业发展方向**

以《洛阳市电子信息产业三年行动计划》为指导，确立“以智能终端（手机）产业链为主体，以电子信息制造产业和软件及信息服务产业为具体支撑；重点发展智能终端（手机）、新型平板显示、硅半导体、工业智能及机器人、软件产业、智慧产业、电子商务、文创及动漫8大重点产业；着力打造智

能终端（手机）、工业智能及机器人、软件产业、电子商务、智慧产业5大产业集群”的发展方向及实施路径。

**2. 加快产业载体建设**

加大服务协调力度，加快电子信息专业园区建设进度，力促到2015年各电子信息产业专业园区基本建成，形成产业聚集效应，使园区真正成为吸引市外资金的主要平台和重要载体。

**3. 加大招商引资力度**

围绕确定的八大重点产业和五大产业集群，坚持大员招商，突出产业链招商，利用互联网、微博、微信等新兴信息技术手段创新招商，瞄准环渤海、长三角、珠三角等重点区域开展定向招商。依托惠普—洛阳国际软件人才及产业基地，进一步深化与惠普公司的合作，针对惠普公司关联企业和业务合作伙伴开展招商。

**4. 加快两化深度融合**

把握信息化发展的历史性机遇，充分利用信息技术的渗透性和带动性，有效发挥信息化在改造提升传统产业、培育发展战略性新兴产业的重要作用。继续推进“ERP进企业”“电子商务进企业”行动计划，以信息技术促进绿色生产；以洛阳智慧城市建设为契机，加快促进信息消费，拉动有效需求，催生新的经济增长点；引导一拖、洛耐、洛铜等大型制造企业的信息中心尽快从母公司剥离，由单纯为本企业服务向为全行业服务转变，增强企业活力和发展动力；加快打造智慧工厂，支持数字化车间建设，通过数控化的生产及物流设备和信息化生产管理系统，实现设备的互联与集中监控，提升制造过程的智能化水平，选取中信重工、麦达斯铝业等具备一定基础的企业为试点，开展智慧工厂示范工程。

## （四）搞好企业服务，优化发展环境

**1. 突出抓好重点企业的服务工作**

进一步健全市级领导联系分包重点企业、首席服务官、企业服务直通车、安静生产日等制度。每周对领导分包项目推进情况、帮助企业协调解决问题情况进行通报，对无法在短期内解决的问题，实行一周一督导，直到问题解决为止。

**2. 以装备、有色、电煤、电子信息等行业为重点**

鼓励洛阳上下游生产企业和项目单位开展形式多样的产销对接，促进洛阳企业协同合作、互采互用。

**3. 改善融资环境**

每季度举办一次中小微企业银企对接会，在小微企业、小额贷款公司和金融机构之间搭建融资合作平台。督促担保机构及小贷公司为小微企业提供融资服务。

**4. 改善政策环境**

以洛阳市民营经济领导小组办公室督促相关部门落实中小微型企业信贷风险补偿、小型微型企业市场开拓、大中型企业采购本地小型微型企业产品奖励等政策措施。

# 产 业 集 聚

Industrial Agglomeration

## B.9 河南产业集聚区主导产业发展研究

刘晓萍 *

**摘　要：**

国际金融危机爆发以来，河南更加积极主动地推动产业集聚区科学发展，不断优化资源配置，引导项目按照主导产业布局，基本形成了错位发展格局初步呈现、结构质量稳步提升、集群特色逐步凸显的发展趋势。但同时产业集聚区主导产业发展还存在产业发展质量有待提高、自主创新能力总体偏低、产业链整合难度仍然较大等问题。因此，河南应继续坚持推动产业集聚区主导产业发展由集聚向集群攀升的发展战略，逐步实现产业发展由企业堆积向产业集群、由强调规模扩张向关注质量提升、由注重投资向注重创新、由政府主导向市场主导、由“比拼增长”向“比拼转型”等重大转变。

**关键词：**

产业集聚区　主导产业　转型升级

* 刘晓萍，河南省社会科学院科研处助理研究员，从事产业经济研究。

## 一　河南产业集聚区主导产业的发展现状

随着河南工业进入中速发展通道，为了进一步提升产业集聚区发展水平，全面增强经济综合带动能力，河南加大力度推动全省产业集聚区主导产业科学发展，初步呈现了良好的发展态势。

### （一）错位发展格局初步呈现

经过近5年的持续发展，产业集聚区工业布局逐步优化，园区间产业分工、错位竞争的格局初步形成。据省发改委公布的《全省180个产业集聚区名称及主导产业》发展定位，180个产业集聚区主导产业涉及装备制造、食品加工、纺织服装、化工、有色金属、生物医药、新材料、汽车及汽车零部件、轻工、电子信息、新能源、建材、钢铁、农副产品加工、物流商贸等十五大类（见表1）。

从集聚区确定的主导产业数量上看，各地产业集聚区都转化了发展思路，充分结合本地资源优势及产业基础，集中有限的力量积极打造本地最具优势、特色的支柱产业。其中，主导产业设定为2个产业的集聚区占比最多，达150个，占到全省产业集聚区总量的83.5%；仅设定1个主导产业的集聚区共有19个，占比为10.5%；拥有3个及3个以上主导产业的集聚区共有11个，占全省产业集聚区比例为6%，其中，郑州经济技术产业集聚区、焦作市工业产业集聚区和新乡延津县产业集聚区的主导产业均设定为4个。

### （二）结构质量稳步提升

伴随着河南工业产业结构升级步伐的加快，产业集聚区不断调整结构质量，加大高成长性产业、先导性产业及生产性服务业的产业布局。从产业布局数量上看，装备制造、农副产品加工、食品加工、纺织服装、化工等行业覆盖产业集聚区数量占据前5位，其中涉及产业集聚区数量分别为79个、34个、32个、27个和22个。

**表 1　180 个产业集聚区名称及主导产业**

| 主导产业 | 产业集聚区 | 数量 |
|---|---|---|
| 汽车及汽车零部件 | 郑州经济技术产业集聚区、郑州国际物流产业集聚区、中牟汽车产业集聚区、开封汴西产业集聚区、新乡工业产业集聚区、长垣县产业集聚区、原阳县产业集聚区、辉县市产业集聚区、焦作市工业产业集聚区、孟州市产业集聚区、博爱县产业集聚区、许昌尚集产业集聚区、三门峡经济技术产业集聚区、西峡县产业集聚区、林州市产业集聚区、新乡桥北产业集聚区、驻马店装备产业集聚区 | 17 |
| 电子信息 | 郑州高新技术产业集聚区、郑州航空港产业集聚区、荥阳市产业集聚区、安阳高新技术产业集聚区、鹤壁金山产业集聚区、漯河市东城产业集聚区、睢县产业集聚区、驻马店经济技术产业集聚区、济源市虎岭产业集聚区、新乡电源产业集聚区、沁阳市产业集聚区、新郑新港产业集聚区、西华县产业集聚区、许昌尚集产业集聚区、唐河县产业集聚区、新野县产业集聚区、新蔡县产业集聚区、确山县产业集聚区 | 18 |
| 装备制造 | 郑州经济技术产业集聚区、郑州国际物流产业集聚区、上街装备产业集聚区、郑州马寨产业集聚区、新密市产业集聚区、登封市产业集聚区、荥阳市产业集聚区、洛阳市伊滨产业集聚区、宜阳县产业集聚区、孟津县华阳产业集聚区、平顶山平新产业集聚区、汝州市产业集聚区、宝丰县产业集聚区、舞钢市产业集聚区、安阳高新技术产业集聚区、安阳市产业集聚区、安阳市纺织产业集聚区、安阳县产业集聚区、林州市产业集聚区、新乡市新东产业集聚区、长垣县产业集聚区、获嘉县产业集聚区、辉县市产业集聚区、焦作经济技术产业集聚区、焦作循环经济产业集聚区、焦作市工业产业集聚区、武陟县产业集聚区、温县产业集聚区、博爱县产业集聚区、濮阳经济技术产业集聚区、南乐县产业集聚区、许昌经济技术产业集聚区、长葛市产业集聚区、鄢陵县产业集聚区、三门峡产业集聚区、邓州市产业集聚区、永城市产业集聚区、信阳市产业集聚区、周口市川汇产业集聚区、太康县产业集聚区、遂平县产业集聚区、西平县产业集聚区、济源市虎岭产业集聚区、中原电气谷核心区、开封汴西产业集聚区、洛阳工业产业集聚区、虞城县产业集聚区、开封汴东产业集聚区、兰考县产业集聚区、洛阳先进制造产业集聚区、偃师市产业集聚区、叶县产业集聚区、内黄县产业集聚区、郏县产业集聚区、鹤壁市鹤淇产业集聚区、延津县产业集聚区、濮阳市濮东产业集聚区、许昌魏都产业集聚区、淅川县产业集聚区、内乡县产业集聚区、桐柏县产业集聚区、社旗县产业集聚区、方城县产业集聚区、信阳平桥产业集聚区、罗山县产业集聚区、周口经济技术产业集聚区、扶沟县产业集聚区、沈丘县产业集聚区、正阳县产业集聚区、汝南县产业集聚区、南阳高新技术产业集聚区、镇平县产业集聚区、商丘经济技术产业集聚区、南阳市新能源产业集聚区、民权县产业集聚区、通许县产业集聚区、平顶山高新技术产业集聚区、济源市高新技术产业集聚区、唐河县产业集聚区 | 79 |
| 食品加工 | 郑州经济技术产业集聚区、郑州马寨产业集聚区、宜阳县产业集聚区、滑县产业集聚区、汤阴县产业集聚区、浚县产业集聚区、卫辉市产业集聚区、延津县产业集聚区、修武县产业集聚区、南乐县产业集聚区、清丰县产业集聚区、长葛市产业集聚区、禹州市产业集聚区、漯河市经济技术产业集聚区、漯河市东城产业集聚区、漯河市淞江产业集聚区、临颍县产业集聚区、灵宝市产业集聚区、社旗县产业集聚区、民权县产业集聚区、潢川经济技术产业集聚区、固始县史河湾产业集聚区、固始县产业集聚区、淮滨县产业集聚区、潢川县产业集聚区、项城市产业集聚区、淮阳县产业集聚区、鹿邑县产业集聚区、郸城县产业集聚区、西华县产业集聚区、商水县产业集聚区、新郑新港产业集聚区 | 32 |

续表

| 主导产业 | 产业集聚区 | 数量 |
|---|---|---|
| 轻　工 | 洛宁县产业集聚区、郑州市金岱产业集聚区、栾川县产业集聚区、鄢陵县产业集聚区、襄城县产业集聚区、清丰县产业集聚区、渑池县产业集聚区、淮阳县产业集聚区、宁陵县产业集聚区、信阳市产业集聚区、平舆县产业集聚区、新乡高新技术产业集聚区、固始县史河湾产业集聚区、固始县产业集聚区、濮阳县产业集聚区 | 15 |
| 建　材 | 汝阳县产业集聚区、平顶山市石龙产业集聚区、汝州市产业集聚区、鹤壁市宝山循环经济产业集聚区、卫辉市产业集聚区、内乡县产业集聚区、信阳市上天梯产业集聚区、汝南县产业集聚区、鲁山县产业集聚区、信阳市上天梯产业集聚区、内黄县产业集聚区、泌阳县产业集聚区、南召县产业集聚区 | 13 |
| 化　工 | 鹤壁市宝山循环经济产业集聚区、延津县产业集聚区、焦作市工业产业集聚区、濮阳经济技术产业集聚区、濮阳市产业集聚区、台前县产业集聚区、陕县产业集聚区、商丘市睢阳产业集聚区、平顶山市石龙产业集聚区、平顶山化工产业集聚区、新乡经济技术产业集聚区、获嘉县产业集聚区、义马煤化工产业集聚区、永城市产业集聚区、驻马店市产业集聚区、舞阳县产业集聚区、平顶山化工产业集聚区、洛阳市石化产业集聚区、开封市精细化工产业集聚区、范县产业集聚区、济源市虎岭产业集聚区、叶县产业集聚区 | 22 |
| 有　色 | 巩义市产业集聚区、巩义豫联产业集聚区、登封市产业集聚区、新安县产业集聚区、伊川县产业集聚区、焦作市工业产业集聚区、渑池县产业集聚区、商丘市梁园产业集聚区、永城市产业集聚区、鹤壁金山产业集聚区、嵩县产业集聚区、汝阳县产业集聚区、范县产业集聚区、三门峡产业集聚区、卢氏县产业集聚区、灵宝市产业集聚区、陕县产业集聚区、济源市玉川产业集聚区、西峡县产业集聚区、信阳明港产业集聚区 | 20 |
| 钢　铁 | 舞钢市产业集聚区、安阳县产业集聚区 | 2 |
| 纺织服装 | 安阳市纺织产业集聚区、鹤壁市鹤淇产业集聚区、许昌魏都产业集聚区、漯河市沙澧产业集聚区、临颍县产业集聚区、新野县产业集聚区、商丘市睢阳产业集聚区、夏邑县产业集聚区、虞城县产业集聚区、睢县产业集聚区、信阳平桥产业集聚区、光山县官渡河产业集聚区、鹿邑县产业集聚区、太康县产业集聚区、襄城县产业集聚区、扶沟县产业集聚区、商水县产业集聚区、上蔡县产业集聚区、新密市产业集聚区、滑县产业集聚区、鲁山县产业集聚区、淮滨县产业集聚区、新乡工业产业集聚区、尉氏县产业集聚区、修武县产业集聚区、台前县产业集聚区、镇平县产业集聚区 | 27 |
| 新能源汽　车 | 新乡桥北产业集聚区、新乡电源产业集聚区、三门峡经济技术产业集聚区 | 3 |
| 生物医药 | 郑州经济技术产业集聚区、嵩县产业集聚区、郏县产业集聚区、浚县产业集聚区、新乡高新技术产业集聚区、新乡经济技术产业集聚区、新乡桥北产业集聚区、武陟县产业集聚区、长葛市产业集聚区、禹州市产业集聚区、漯河市淞江产业集聚区、柘城县产业集聚区、新县产业集聚区、潢川县产业集聚区、项城市产业集聚区、淮阳县产业集聚区、驻马店市产业集聚区、孟州市产业集聚区、平舆县产业集聚区、南召县产业集聚区 | 20 |

续表

| 主导产业 | 产业集聚区 | 数量 |
|---|---|---|
| 新能源 | 郑州高新技术产业集聚区、南阳市新能源产业集聚区、杞县产业集聚区、洛阳市石化产业集聚区、伊川县产业集聚区、沁阳市产业集聚区、方城县产业集聚区、济源市玉川产业集聚区、洛阳市洛龙产业集聚区、宝丰县产业集聚区、南阳高新技术产业集聚区、南阳市光电产业集聚区、新野县产业集聚区、洛阳高新技术产业集聚区、洛阳市洛新产业集聚区 | 15 |
| 新材料 | 杞县产业集聚区、洛阳高新技术产业集聚区、洛阳市伊滨产业集聚区、洛阳市洛龙产业集聚区、洛阳市洛新产业集聚区、新安县产业集聚区、孟津县华阳产业集聚区、偃师市产业集聚区、平顶山高新技术产业集聚区、安阳市产业集聚区、焦作经济技术产业集聚区、焦作循环经济产业集聚区、濮阳县产业集聚区、义马煤化工产业集聚区、南阳高新技术产业集聚区、商丘经济技术产业集聚区、驻马店经济技术产业集聚区、济源市高新技术产业集聚区、柘城县产业集聚区 | 19 |
| 农副产品加工 | 开封黄龙产业集聚区、尉氏县产业集聚区、杞县产业集聚区、通许县产业集聚区、兰考县产业集聚区、洛宁县产业集聚区、原阳县产业集聚区、封丘县产业集聚区、温县产业集聚区、卢氏县产业集聚区、南阳市新能源产业集聚区、邓州市产业集聚区、淅川县产业集聚区、唐河县产业集聚区、桐柏县产业集聚区、商丘市梁园产业集聚区、夏邑县产业集聚区、信阳金牛物流产业集聚区、光山县官渡河产业集聚区、新县产业集聚区、罗山县产业集聚区、商城县产业集聚区、息县产业集聚区、周口经济技术产业集聚区、沈丘县产业集聚区、驻马店装备产业集聚区、遂平县产业集聚区、新蔡县产业集聚区、正阳县产业集聚区、西平县产业集聚区、泌阳县产业集聚区、确山县产业集聚区、上蔡县产业集聚区、南召县产业集聚区 | 34 |

在 180 个产业集聚区中，主导产业布局全部为化工、有色金属、钢铁、纺织服装等四大传统优势产业的集聚区数量仅为 10 个，占全省产业集聚区总量的 5.6%。而主导产业布局全部为汽车及汽车零部件、电子信息、装备制造、食品加工、轻工、建材等六大高成长性产业的集聚区数量为 38 个，占全省产业集聚区总量的 21.1%；主导产业布局全部为新能源汽车、生物医药、新能源、新材料等四大先导产业的集聚区数量为 7 个，占全省产业集聚区总量的 3.9%；主导产业涉及商贸物流、文化创意等现代服务业的产业集聚区有 19 个，占全省产业集聚区总量的 10.6%。也就是说，从结构质量上看，还有不少产业集聚区结合产业基础布局涉及传统优势产业，但是全部主导产业定位为传统产业的集聚区占比很少，更多的产业集聚区逐步在向产业链两端、价值链高端领域布局，在不断提高产业集聚区的新型工业化程度。

## （三）集群特色凸显

近些年，河南大力推进产业集群发展，以实施“四个一”产业集群培育工程为带动，打造了一批具有河南特色的优势产业集群。

郑州航空港产业集聚区，依托富士康龙头项目发展电子信息产业，积极开展产业链招商，加快由电子信息制造中心向制造、销售、结算、物流、维修、研发和设计等“六大中心”发展，产业集聚效应和“雁阵效应”日益凸显。2012年，完成外贸进出口总值285亿美元，占全省外贸进出口的55%；实现营业收入1265亿元，成为全省首家超千亿元产业聚集区。

开封汴西产业集聚区，坚持聚合产业资源、提升产业结构、培育发展优势产业，形成了以奇瑞汽车、奇瑞重工、日本住友等为龙头的汽车及零部件产业集群，已入驻企业60余家，总投资120多亿元，完成投资近100亿元，逐步成为郑汴新区汽车及零部件产业的重要核心和中部地区的主要生产节点。

长垣县产业集聚区，瞄准起重行业世界前十强、装备制造业国内前十强，紧盯北汽、天汽等行业龙头及省内郑州、开封等区域整车配套项目，着力开展产业集群招商和产业链招商，相继引进了西班牙伊利萨尔客车、程普抛雪机、美国泰垣特种车、中航重机与河南矿山合作的火车转向支架、山煤集团矿机制造等一批带动能力强、技术含量高的转型升级项目，推进了起重行业向特色装备制造业转型。目前，起重特色装备制造业集群年产30万台整机和165万台（套）配件，中小吨位起重机占全国市场份额65%以上、大吨位高端起重机占全国市场份额30%以上。

临颍产业集聚区，依托丰富的农产品资源优势，致力“强龙头、拉链条、建基地、创品牌”，积极探索“种养加工相结合，产供销一条龙，贸工农一体化”的农业产业化发展模式，着力打造休闲食品产业集群。近些年，瞄准浙江、福建重点区域积极引进亿元以上食品企业20多家，产品涉及糖果、果冻、饮料、烘焙等7大类30多个品种，拥有盼盼、亲亲、巧巧、喜盈盈等一批中国名牌、中国驰名商标和行业知名品牌，已成为中西部地区最大的休闲食品基地。

清丰县产业集聚区，紧紧围绕率先做大家具产业集群这一定位，突出特色

抓招商、开拓创新破难题，先后引进南方家私、好风景家私、列维士家具等国内知名家具企业，初步形成了家具制造特色产业集群。目前，集聚区已吸纳企业 57 家，规模以上企业 15 家，主营业务收入累计完成 103.7 亿元，同比增长 51%。

### （四）装备制造“独占鳌头”

装备制造业是一个区域工业竞争力的核心体现，更是河南依托传统优势产业发展战略性新兴产业的重点选择。目前，在全省 180 个产业集聚区中，共有 79 个产业集聚区提出将装备制造业定位为主导产业，主要涉及机械设备、现代农机、轨道交通、环保节能、输变电、数控机床、空分装备及起重、煤矿、石油等大型机械装备。其中，以郑州上街装备产业集聚区为代表的 35 个集聚区明确提出以机械制造为核心打造装备制造产业，成为河南装备制造业的第一方阵。洛阳工业产业集聚区、宜阳县产业集聚区、获嘉县产业集聚区、南乐县产业集聚区和邓州市产业集聚区，提出积极打造以现代农机为核心的装备制造业，成为河南装备制造的又一主流。

除此之外，郑州国际物流产业集聚区的轨道交通、洛阳先进制造产业集聚区的重型装备、开封汴西产业集聚区的空分装备、长垣县产业集聚区的起重设备、焦作循环经济产业集聚区的矿用机械、濮阳市濮东产业集聚区的石油机械、中原电气谷的输变电装备等一批特色主导产业逐步形成，中收机械投产的大功率轮式拖拉机、麦达斯铝业大幅提升轨道交通装备配套产业本地化水平的大型铝挤压生产线、洛阳 LYC 成功为神舟系列和嫦娥飞船提供配套的轴承、中信重工的高端电液智能控制装备等多项产品达到国内外先进水平。

## 二　主导产业发展中存在的问题

近年来，河南在推动产业集聚区主导产业定位清晰、减少承接产业转移无序竞争、规避区域间产业同构等问题上取得了明显成效，但也应清醒地认识到，当前经济下行压力加大，外部环境复杂多变，河南省产业集聚区主导产业要保持健康持续发展还存在一些薄弱环节和突出问题亟待解决。

## （一）产业发展质量有待提高

从 180 个产业集聚区看，虽然明确了主导产业，但产业集聚区发展仍存在一定的同质性问题，产业链接度也比较低。总体上看，全省 180 个产业集聚区主导产业涉及装备制造的超过 79 个，其中确定为机械制造的产业集聚区有 25 个，涉及农副产品加工的有 34 个、食品工业的有 32 个，可见产业集聚区仍然存在明显的产业同构现象，区域分工难以形成。从集聚区内部看，主管部门往往容易重“项目”轻“产业”，眼睛只盯着大项目，不管与本地资源条件和产业基础是否匹配，导致依托主导产业的产业链培育较为滞后，企业之间缺乏配套合作关系甚至存在着恶性竞争，只是企业堆积而非产业集群，上中下游企业之间、同行业企业和研发机构之间分割发展严重，产业链接度比较低，产业发展以“堆”代“链”局面占据主导，现代产业分工合作体系远未形成，集群效应亟待提升。

## （二）产业自主创新能力总体偏低

产业集聚区承载着全省创新引领和经济转型升级的发展重任，集中了各类发展要素与政策优惠，在自主创新、科技创新发展方面需加快提升。目前，区内传统制造、加工企业较多，高新技术企业和有自主知识产权的企业偏少，缺少研发机构和高素质人才，企业拥有发明专利较少、科技经费支出低、科技从业人员不足。甚至各类高新区的发展战略与高新区的内涵和定位也开始有所偏离，把上规模放在首位，而忽视投资规模小、发展潜力大的高技术项目，高新技术企业和有自主知识产权的企业偏少，研发机构和高素质人才、科技从业人员数量少，研发投入和新产品开发力度不够，有“制造”无“创造”，创新驱动的后劲儿不足。

## （三）产业链整合难度仍然较大

能真正充分发挥培养行业核心竞争力、引导中小企业进行配套供应生产、进行产业链式发展的领袖型龙头企业较少，即便在许多较为成熟的产业集聚区中，大多数骨干企业与中小企业的关系还处于松散型的状态，甚至有些还存在

较为激烈的竞争关系，如果没有聚焦在研发、品牌和解决方案提供的大型龙头企业，就很难对整个产业链进行整合，发展现代产业分工合作体系，企业带动就无从谈起。在产业发展中重“制造”轻“服务”，倾向于引进占地多、投资大的制造业项目，而忽视占地少、投资小的研发、设计、技术服务、中介服务等生产性服务业，导致产业链、创新链和服务链的分割发展，产业层次由传统加工制造转向服务增值提升受到制约，产业生态系统发育缓慢，制约了区域产业竞争力的提升。

## 三　推动产业集聚区主导产业发展的战略方向

在经过了自发演进和近几年的政府推动之后，河南产业集聚区发展正面临深度转型，政府和企业要及时调整战略，加快推动主导产业发展由集聚向集群的路径攀升。

### （一）加快推动产业发展由企业堆积向产业集群转变

产业集聚发展的目的是形成真正的产业集群，产业链无缝对接，企业间分工协作，未来一段时期，河南产业集聚区主导产业必须要从企业堆积向产业集群转变。加快转变的一个有效手段是实施“聚链、强链、延链、补链”工程，所谓“聚链”就是要促进上中下游集中布局实现产业链无缝对接，所谓“强链”就是要强化产业链关键环节形成核心竞争力，所谓“延链”就是要积极向产业链两端高附加值环节延伸，所谓“补链”就是要围绕产业链缺失环节实现产业链本地化。通过实施“聚链、强链、延链、补链”工程，着力在高加工度环节、增值环节、瓶颈环节、关键环节、配套环节上寻求突破，引导大中小型企业间建立分工合作关系，重点在装备制造、电子信息、汽车及零配件制造、铝深加工、食品、轻工、新型建材等产业上推进产业链上游向下游延伸扩展、价值链由低端向高端攀升。提高河南产业的延伸度和链接度。

### （二）加快推动产业发展由强调规模扩张向关注质量提升转变

应该说，规模扩张是产业集聚发展初期的显著特征，规模上来了才能形成产业链，但是，经过多年发展，面临着经济台阶式下行和产能过剩加剧的压力，河南产业发展已经迈过了规模扩张阶段，不能再走规模扩张的路子，要切实把重点转到质量和效益上来。关键要提高单位面积产出和效益，目前全省产业集聚区建成区平均工业经济密度为94万元/亩，如果能提高到200万元/亩，就不需要更多的土地供给，河南工业规模就可以上一个大台阶，同时也会带动质量效益的大幅度提升。

## （三）加快推动产业发展由注重投资向注重创新转变

基于投资的产业发展模式是建立在经济高速增长基础上的，市场需求稳定，企业只要把规模做上来就行，企业与政府管理部门的主要任务就是抓投资，而现在经济发展进入一个各行业都产能过剩的阶段，消费结构升级与产品更新换代非常快，产业集聚的重点是促进创新和新产品开发，这是一种基于创新驱动的集聚发展模式，关键要打造一批落实创新驱动发展战略的高端平台，依托各类高新区打造中央科技区，促进企业研发中心和各类科研机构向中心集聚，吸引国内外大型企业区域性研发中心入驻，努力打造国内一流的知识密集型产业高地和河南研发创新中心，不断提升载体对其周边地区及产业发展的技术支撑力，支持产业集聚区培育研发中心区，在现有产业集聚区内，培育发展一批研发与产业无缝对接、创新链与产业链对接紧密的产业集聚区，引领全省产业集聚区提高发展层次。

## （四）加快推动产业发展由政府主导向市场主导转变

全省产业集聚区有的是在原有开发区、工业园区基础上完善规划范围和产业布局建设发展起来的，有较好的发展基础，但是为了平衡发展，保证至少一县一区，有一批产业集聚区还是根据政府相关政策“自上而下”建立起来的，政府主导明显。但当产业集聚到一定程度后，转型升级所要处理的信息更加复杂，政府的作用逐渐降低，必须强化企业的主体作用，尤其是产业链的培育，更要发挥企业以商招商、产业链招商的积极性。从目前产业转移的趋势看，企业对土地、政策优惠、非熟练劳动力等低成本要素的敏感度降低，对配套体系、服务体系等高端要素和软环境的需求上升，政府要回归到软环境建设上，

正如李克强总理所说的，要把错装在政府身上的手换成市场的手，这是削权，是自我革命，会很痛，甚至有割腕的感觉，我们要有壮士断腕的决心，把该管的管好。

### （五）加快推动由“比拼增长”向“比拼转型”转变

应该说，由于资源禀赋、比较优势和产业基础同质性强，当前河南产业集聚发展中普遍存在着“以邻为壑”的竞争，为了完成考核指标任务，不同区域之间比拼土地、拼政策，争夺项目，“比拼增长”指的就是这种基于地方经济增长的晋升锦标赛，在产业集聚区主导产业发展中表现得最为充分，为“增长”而竞争固然可以提高主导产业发展速度，但普遍存在着项目引进重量轻质的问题，现在已经有一些产业集聚区意识到之前引进的低端项目已经成为集群转型的制约，但“腾笼换凤”的难度和代价都比较大，而且这种靠降低成本的“血拼式”竞争模式也透支了产业集聚区的发展潜力，造成“老项目出不去，好项目进不来”的现象，必须向为“转型”而竞争转变，政府和企业要把精力转移到注重如何向集群转型上，更加关注产业链培育、服务体系建设、研发投入、新产品开发能力等指标。关键在省级层面要创新与完善考核机制，针对各类集聚区特点实施差异化考核标准，提高研发投入、研发机构入驻、高技术项目、高端人才等指标的权重，把招商引资、承接产业转移的重点转移到创新环节上，引导地方政府从注重规模和投资向注重效益和创新转变，避免主导产业发展陷入以规模扩张为主的传统发展方式陷阱。

**参考文献**

宋歌：《升级河南制造》，经济管理出版社，2013。

河南省产业集聚区发展联席会议办公室：《河南省产业集聚区发展报告（2012）》，http：//www. hndrc. gov. cn/cyjjq/4412. jhtml。

河南省产业集聚区发展联席会议办公室：《产业集聚区创新发展经验汇编》，河南省发展和改革委员会网站，2013 年 4 月 26 日；http：//www. hndrc. gov. cn/cyjjq/4409. jhtml。

B.10

# 信阳电子信息产业集聚发展态势分析与展望

柏奇志　余鹏飞*

**摘　要：**

2013年，信阳市继续抢抓电子信息产业转移的机遇，突出比较优势，按照“四一”招商思路，围绕《电子信息产业链图谱》，依托信阳市产业集聚区推进集群引进，初步形成了智能通讯终端、智能显示终端、数码影音终端三大产业链，有力推动了信阳产业结构优化升级，未来信阳市将大力发展以智能终端（手机）为重点的电子信息产业，在全省“一区多点”布局起到更大的支撑作用。

**关键词：**

产业集聚　电子信息产业　智能终端

信阳市产业集聚区是河南省政府2008年首批确定的重点产业集聚区之一，近年来，借助优越的交通区位条件，抢抓产业转移的机遇，着力培育壮大电子信息产业。目前，信阳产业集聚区已初步形成了智能通讯终端、智能显示终端、数码影音终端三大产业链，开发建设了电子孵化园、电子产业园、手机产业园、伯皇IT产业园及国际物流中心等一批专业化园区作为电子信息产业发展载体，开展集群引进，立足产业发展，充分吸纳和安置就业，支撑信阳城市化发展进程。2012年11月，信阳产业集聚区被省政府批准为省级高新技术产业开发区，2013年6月，被省政府批准为电子信息产业集聚示范区，已发展成

---

* 柏奇志，信阳市信阳工业城经贸发展局局长；余鹏飞，信阳市信阳工业城经贸发展局科员。

为集产业集聚区、电子信息产业集聚示范区和高新技术产业开发区于一体的新型工业城区。先后被评为“河南省十快产业集聚区”、“河南省先进产业集聚区”和“全省对外开放工作先进产业集聚区”。

## 一 2013年电子信息产业集聚发展态势及特点分析

### （一）产业规模持续提升

2013年以来，信阳市产业集聚区电子信息产业继续保持高速均衡发展态势。1～9月，全区规模以上工业总产值为473839.5万元，完成增加值142151.85万元，同比增长34.91%；其中，电子信息产业总产值完成235720.3万元，完成增加值70716.09万元，占规模以上工业增加值的比重为49.75%，同比增长50.76%。固定资产投资完成370269万元，同比增长36.66%；其中，主导产业完成投资172450万元，占固定资产投资比重为46.57%。

### （二）产业结构明显优化

建区初期，信阳市产业集聚区相继引进同合车轮、航天特种车辆、万华生态科技等大项目，为辖区的经济发展奠定了基础。但主导产业不明晰、产业集聚度不够制约着全区进一步发展。近几年集聚区选择了电子信息产业作为主导产业。按照“四集一转”的发展要求，以无中生有的方式，通过开展大招商活动，抢抓机遇，主动承接产业转移，不断探索，在电子信息产业项目的引进、建设上取得了突破，天扬光电、天恒液晶、泛蓝科技等一批电子信息产业项目纷纷入驻，为优化产业结构，依托辖区内电子信息整机制造企业，按照编制的电子信息产业发展规划与产业链图谱，引进整机制造企业的同时，坚持引进配套企业，提升产业配套能力。先后引进了智能手机屏幕、手机模具、锂电池等零配件制造企业，初步形成了智能通讯终端、智能显示终端、数码影音终端三条产业链。产品涵盖智能手机整机和零配件、液晶电视和液晶模组、电子家具和音视频产品等，电子信息产业发展粗具规模。

## （三）主导产业更加突出

按照“明确一个方向、选准一个地方、持续一个时期、兴起一个产业”的“四一”招商思路，建立电子信息产业资源库、信息库、项目库和专家库，组织编制产业集聚区《电子信息产业发展规划》以及《电子信息产业链图谱》，确立了电子信息产业的主导地位。重点引进高科技电子及其上下游关联产业，着力实现块状集聚。目前，示范区内共引进电子信息产业项目 66 个，协议总投资 390 亿元，已入驻 34 个，完成投资 62 亿元。产业集聚区以消费类电子产品研发为核心，初步形成三大产业链条，即以博仕达、星天空数码科技等企业为主的智能通讯终端产业链；以激蓝 OLED、天扬液晶、天恒 3D 电视等企业为主的智能显示终端产业链；以泛蓝科技、东力光学等企业为主的数码影音终端产业链。预计到 2015 年，园内电子企业将发展到 100 家以上，产值达 500 亿元以上，并建成 3 家以上国家级或省级科技研发中心，构建企业配套、研发、质检和认证齐全的电子信息产业发展体系。

## （四）产业链条逐步完善

以深圳泛蓝集团和香港天盈集团液晶模组、液晶平板电视为龙头，向下游延伸，形成电视整机、液晶模组、包装等配套产品产业链；以深圳博仕达通信和星天空数码手机生产线为龙头，向上游延伸，形成了手机外壳、按键、主板、话筒、摄像头等配套产品产业链，同时向下游延伸，实施北大电子信息雁阵产业园和深圳衍生科技创意园项目，引进软件开发和广告宣传项目；以东力光学公司蓝光光头项目为龙头，形成了蓝光光头、光碟、芯片、播放器等配套产品产业链。围绕上述三大产业链，还引进了电声元器件、注塑模具等上下游关联配套项目 24 个，特别是集群引进深圳智能终端（手机）产业园和伯皇 IT 产业园项目，极大地增强了智能通信终端产业链的集聚和有效地改善了产业配套能力弱的问题。

## （五）集群引进成效显著

发挥信阳闽台祖地、唐人故里，与东南沿海具有根亲联系的优势，重点围

绕电子信息产业，按照省政府《关于进一步促进产业集聚区发展的指导意见》《河南省以手机为重点的电子信息产业集群引进2013年行动计划》《河南省打造智能终端（手机）产业基地工作方案》和市政府“四一”招商行动要求，把电子信息产业集群引进作为招商引资的重中之重。经过多方努力，今年先后引进签约项目12个，协议总投资250.55亿元，其中电子信息项目6个，协议总投资223.90亿元。智能终端（手机）产业园生产基地总投资150亿元以上，可吸引手机上下游产业链企业100家以上，总销售收入500亿元以上，项目一期已有信得乐手机、恩泽手机、天时达通讯、天珑移动、展翼移动、剑亮手机等6家企业准备入驻；伯皇IT产业园及国际物流配送中心总投资60亿元，计划引进IT产业上下游产业链企业50家以上，实现销售收入300亿元以上，该项目已于2013年10月30日奠基。两大项目全部建成投产后，信阳将成为中部乃至全国重要的手机生产基地。

### （六）项目建设持续推进

在建手机整机生产项目4个，手机配套项目4家，项目总投资50.36亿元，2013年计划完成投资18.50亿元，1~9月已完成投资9.06亿元，10~12月计划完成投资9.44亿元。2014年计划新开工项目10个，总投资133.67亿元，计划投资13亿元；续建项目计划完成投资2.10亿元。

智能显示终端：在建项目3个，项目总投资3.29亿元，2013年计划投资1.90亿元，1~9月已完成投资1.20亿元，10~12月计划完成投资0.34亿元。2014年新开工项目2个，总投资3.60亿元，计划完成投资0.92亿元。

数码影音终端：在建项目1个，总投资22亿元，2013年计划完成投资5亿元，1~9月已完成投资4亿元，10~12月计划完成投资1亿元。2014年计划新开工项目2个，总投资4.60亿元，计划完成投资0.4亿元。

物流配套：包括京珠、沪陕高速交通枢纽物流园项目、伯皇国际物流配送中心项目及汇达公路货运中心项目等共38个，总投资47.48亿元，已建成30个。2013年计划投资0.25亿元，1~9月完成投资0.24亿元。2014年计划新开工项目有伯皇国际物流配送中心项目、汇达物流项目。

服务配套：主要以企业服务广场为中心，功能涵盖手续代办、企业办公、员工住宿就餐等，投资2.50亿元。目前企业服务广场可为示范区企业提供至少1500人的餐饮，为3000人提供住宿。同时已有人力资源服务中心、市国家税务局大企业税收管理局、汇创担保、宝煜臻小额贷款、国迎嘉竣新能源汽车等12家单位企业入驻并展开业务服务和经营。

## 二　当前信阳电子信息产业集聚发展中的问题及其成因

### （一）存在的主要问题分析

#### 1. 政策扶持问题

自河南省引入富士康，标志着河南省手机产业开始起步，一批以手机整机为代表的智能终端企业纷纷在郑州、信阳等市落户。但与省会相比，信阳电子信息产业优惠政策不足。

#### 2. 融资支持问题

通过测算，集聚区2013年进一步完善电子信息产业基础设施建设资金缺口在20亿元以上，企业扩大规模，提高产能资金缺口则高达30亿元以上。目前，信阳市以及产业集聚区已组建了数家投资公司、担保公司开展创业投资，但相对于智能终端产业的高速发展仍显不足。例如，星天空数码设计年产能1800万部智能手机，博仕达通信设计年产能3200万片手机模组和200万部手机，两家企业要达到设计年产能，还有至少4亿元资金缺口。

#### 3. 市场扩展问题

信阳智能终端产品由于市场品牌知名度较低，市场推广费用较大，导致市场占有率较低。

#### 4. 招商引资问题

虽然信阳智能终端产业发展在技术上、应用上、标准上都取得了重大的突破，但仍然缺乏国内外知名的产业龙头企业做支撑，智能终端产业链进一步完善和发展还有很大空间。

**5. 配套支持问题**

信阳虽然是全国44个交通枢纽城市之一，但物流输配送能力较差，智能终端产品的包装材料运输等环节仍在一定程度上制约着手机产业基地的打造。

### （二）问题形成的原因分析

**1. 专项扶持少，政策不同步**

作为河南省第一个电子信息产业示范区，省市未有针对性地出台相应的扶持政策，该区由于仍处于建设阶段，产业扶持力度有限。

**2. 资金需求大，融资困难**

一是新区建设基础设施投入大，政府财力有限。二是项目建设资金需求大，企业难以自筹大量资金。三是金融配套服务能力弱，融资难度较大。

**3. 创新能力低，人才缺乏**

大部分企业产品创新能力低，没有自主知识产权，研发人才缺失，企业产品市场品牌知名度低。

**4. 工业起步晚，基础薄弱**

信阳市电子信息产业从无到有，通过承接产业转移招引项目，但由于工业基础薄弱，且现阶段电子信息产业以及工业发展仍处于初级建设阶段，导致招商引资吸引力小以及项目建设难等问题。

**5. 物流基础弱，区位优势未充分发挥**

信阳市作为传统农业大市，物流配套基础较差。现阶段全市工业发展仍处于项目建设阶段，经济外向性较低，难以形成大进大出的生产与销售物流，对物流业发展的支撑力度不足。

## 三　2013年电子信息产业集聚发展的举措与经验

### （一）把“四一”招商行动和集群引进的工作做实

信阳工业城既没有资源优势，也没有产业基础，经过多年的艰苦奋斗，主导产业已经初步形成，但与全省、全市先进产业集聚区相比仍有一定的差距，要发展、要振兴，仍需依靠承接转移以及招商引资。但由于缺乏产业配套，孤立地引进某一个项目，企业发展甚至生存难度都很大。在落实“明确一个方向、选准一个地方、持续一个时期、兴起一个产业”的招商行动中，发现在深圳这些地方，像智能手机等电子信息产业“抱团转移”的愿望比较强烈。如何把我们的需要和转移方的需求有效地进行对接，在优势对接中寻找商机，成为招商中的首要问题。在这方面，信阳做成了两件事，一是与深圳手机行业协会签订了《智能终端（手机）产业园项目框架协议》，协议约定用36个月、投资150亿元，建成中国信阳手机总部大厦和产业基地，项目全部达产可实现主营业务收入500亿元，利税30亿元。二是与伯皇实业有限公司签订了《IT产业园及物流配送中心项目框架协议》，协议约定用36个月、投资60亿元，建设生产性设施、国际物流配送中心、园区配套设施等。

## （二）把拆迁群众安置和项目落地的事情办好

产业集聚区建设，项目是抓手，既要能招得来，又要能落得稳、建得好、留得住。

**1. 在拆迁群众安置方面**

（1）先安置后拆迁。今年在财政十分困难的情况下，千方百计地挤出资金约3.3亿元，规划建设安置房3450套53.47万平方米，保障房2572套12.7万平方米。

（2）依靠基层，合力攻坚。在征地拆迁上重心下移，依靠办事处和行政村两级组织，统筹解决好资金、就业、安置等拆迁工作中遇到的问题。

（3）坚持就业优先。建立劳动力资源档案，分类进行管理。对35岁以下的劳动力，由区里搭建平台，由辖区企业免费进行订单培训，推荐就业；辖区的公共岗位像物业、保安、绿化、保洁等全部提供给35岁以上的劳动力。在建设安置房的同时配建了880套门面房，全部由拆迁群众购买。通过这些途径让辖区群众率先享受到发展的成果，配合拆迁，支持拆迁。

**2. 在项目落地方面**

（1）抓住全市产业集聚区攻坚督导例会机遇，将12个在建的主导产业项目全部纳入攻坚督导范围，在市级层面上强力推进。

（2）筛选确定102个项目，实行“一套班子，两项任务，跟踪督查，严格考核”责任制，每个副科级以上干部包一个项目，协助项目业主办理各项手续，协调解决项目建设中的各种问题，纪检监察部门牵头进行督办，年终奖惩兑现。由于项目建设的加快带动了全市经济的健康发展。

### （三）把配套服务和营造环境的氛围搞浓

在生产生活配套服务方面，主要是搭建了五个平台：一是投融资平台。主要是为投产企业提供融资担保，成立汇创担保公司，为辖区11家企业提供了担保。还有就是经营好辖区资源，成立汇盈、巨业投资公司，为招商企业入驻提供基础设施和要素保障。二是电商物流平台。与伯皇实业有限公司、深圳手机协会和我们主导的公路物流港项目共同打造电商物流平台。三是人力资源平台。建立人力资源中心，为企业用工、招工开拓绿色通道。四是科技创新平台。结合创建国家级高新区，力争使27家企业创建为高新技术企业，授权专利突破100项。五是综合服务平台。建设了企业服务广场，为入驻企业和项目单位提供综合服务。项目分四期建设，规划建设标准化厂房、办公写字楼及金融、餐饮等商业生活配套设施，现已投资3亿元，已建成8栋5万平方米标准化厂房，建成772套4万平方米保障性住房，建成写字楼及综合服务楼各一栋，约2万平方米，商业门面32间，可以提供近7000人的办公、食宿、购物及娱乐等综合服务保障；在建保障性住房1386套约7万平方米，配套有写字楼、快捷酒店等设施。

社会管理方面，在重点企业设立警务室、成立巡防队，并投入600多万元实施技防全覆盖工程，辖区各重要部位、交通路口、企业周边实现全天候监控，并与企业内部的监控联网，让探头“站岗”、鼠标“巡逻”，增强了客商和群众的安全感。

## 四　2013年及2014年电子信息产业集聚发展趋势展望

### （一）面临的内外部环境

近年来，我国电子信息产业实现了持续快速发展，产业规模、产业结构、技术水平得到大幅提升，已经成为国民经济第一支柱产业，不少产品的产量位居世界前列。未来一段时期，我国电子信息产业总体上仍将延续快速发展态势。

**1. 存在的机遇**

（1）从国际环境看，全球金融危机以后，世界电子信息产业开始走出低谷，电子信息产品市场全面进入回升通道，电子产品产销规模止跌回升，企业不断开拓新的业务领域，信息技术应用进一步深入。

（2）从国内环境看，近年来，我国电子信息产业结构逐步调整升级，从集中于产业链下游开始向产业链上游迈进。信息技术创新的集成化、融合化特征更加显著，将逐步形成以大企业为龙头、中小企业为支撑、企业联盟为依托的产业技术创新体系。同时向创新型产业转变，从以加工组装为主转到以自有标准、自主知识产权、自创品牌为标志的发展模式上来。同时，国家制定了振兴发展电子信息产业的宏观政策措施，国务院出台的《关于支持河南省加快建设中原经济区的指导意见》，也明确指出了中原经济区要做大做强高成长的电子信息产业。这都将为信阳产业集聚区电子信息发展提供有力支持。

（3）从区域环境看，随着石武高铁建成，宁西铁路复线的开工建设，信阳产业集聚区与武汉经济圈、中原经济区及皖江经济带的联系将更加紧密，区域合作交流和要素流动进一步加强，区内产业链的形成和延伸进一步加快，信阳产业集聚区不仅要更快更好地融入到中原经济区的建设中去，还要渗透到武汉经济圈和皖江经济带建设中去，并沿宁西线向西延伸，脱颖而出成为豫东南工业发展的桥头堡。

（4）从省内环境看，中原经济区作为国内最具代表性的经济合作组织为实现中原崛起提供了支持，也为信阳产业集聚区经济腾飞提供了难得的发展机遇，省政府实施的产业集聚区建设为信阳产业集聚区发展壮大提供了载体和平台，并相继出台一系列优惠政策。同时，信阳产业集聚区被列为河南省唯一一个电子信息产业集聚示范区。

（5）从城市环境看，电子信息产业作为国家战略性新兴产业，作为中原经济区建设重点，作为市重点发展产业，作为信阳产业集聚区主导产业，市委、市政府给予高度关注和大力支持，电子信息产业必将成为信阳市工业发展的龙头，必将成为信阳工业立市、工业兴市的根本支柱，必将肩负为本市发展

提供经济支持的重任。

（6）从信阳产业集聚区环境看，核心区内路网、水、电、气等基础设施逐步完善，拥有承载产业项目的能力，且已经初步形成了智能通讯终端、智能显示终端、数码影音终端三大产业链，具备了扎实的发展基础。

**2. 面临的挑战**

机遇与挑战并存，在获得良好机遇的同时，也面临着一系列的挑战。

（1）产业发展呈现新趋势，产业链成为新的竞争点。产业发展主体由以外资为主向内外资企业共同发展转变；产业区域格局由以沿海地区为主向形成各具特色的区域集群转变。

（2）电子信息技术向数字化、网络化、智能化和高技术、高品质、高附加值方向发展。与信阳产业集聚区产业发展关联的关键技术发生变化，显示技术向大屏幕、平板方向发展；整机设计向小型化、轻量化、便携化、智能化方向发展；通信技术向宽带化、个性化和综合化方向发展等。

（3）电子信息产品向生产规模化、品种多样化方向发展。随着技术进步和生活水平的提高，电子产品越来越向集成化、多样化和移动化方向发展，高端消费电子产品需求高涨。新的信息技术应用领域、电子信息产品门类以及新的应用市场将不断涌现。

（4）招商引资的竞争更加激烈，随着各地优惠政策力度越来越大，招商引资的成本也将越来越大。所有这些，都必将对信阳产业集聚区电子信息产业的今后一段时期的发展产生巨大的影响。

### （二）2013 年及 2014 年经济指标预测

今年以来，信阳产业集聚区经济总体保持平稳快速的发展趋势，工业生产稳步增长，电子信息产业加快集聚，项目建设有序推进。预计 2013 年全年，全区规模以上工业总产值为 76.38 亿元，实现增加值 22.91 亿元，同比增长 36.4%；其中，电子信息产业总产值实现 38.00 亿元，实现增加值 11.40 亿元，同比增长 61.5%，占规模以上工业增加值的比重为 49.8%。固定资产投资实现 83.50 亿元，同比增长 30%；其中，基础设施项目投资实现 14.51 亿元，主导产业投资实现 41.25 亿元，占固定资产投资比重为 49.4%。

随着博仕达、河信丰等项目竣工投产，智能终端（手机）产业园、伯皇IT产业园等项目开工建设，电子信息产业将加快发展步伐，带动全区经济更加快速的增长。预计2014年，全区规模以上工业总产值为106.93亿元，实现增加值32.08亿元，同比增长40%；其中，电子信息产业总产值实现58.81亿元，实现增加值17.64亿元，同比增长54.8%，占规模以上工业增加值的比重为55%。固定资产投资实现108.55亿元，同比增长30%。其中，主导产业投资实现65.13亿元，占固定资产投资比重为60%。

## 五　提升电子信息产业集聚发展水平的思路与建议

### （一）下一步的工作构想

深入学习和贯彻落实党的十八大会议精神，在融入中原经济区建设中发挥积极作用，以科学发展为主题，以创建国家级高新区工作为总目标，以加快产业集聚区发展为主线，以招商引资、项目建设为抓手，进一步完善产业布局及规划，壮大主导产业，科学谋划，扎实做事，全力推动各项工作有序开展。

**1. 立足创建国家级高新区工作，服务经济社会建设**

信阳产业集聚区创建国家级高新区工作正在有序开展，已委托中国科学院编制了高新区总体发展规划和产业发展规划。目前信阳产业集聚区产业发展已具备一定的基础，下一步将立足国家级高新区创建工作，以电子信息产业为依托，力争将信阳产业集聚区建设成为自主创新的战略高地、培育和发展战略性新兴产业的核心载体、实现创新驱动与引领发展的先行区。

**2. 抓住承接重点，确保项目“招得来”**

一是依靠产业链条，以深圳手机协会为依托，做好集群引进，谋划一批战略项目，争取一批重大项目，实施一批重点项目，招引一批产业项目。二是延伸三个链条，加强移动通信、智能显示和数码影音产业链的延链、补链，提升主导产业的承载能力。三是引进一批物流项目，加强园区物流配送能力，为主导产业提供配套物流服务。

**3. 坚持依法拆迁安置，确保项目“落得下”**

坚持群众优先受益原则，依法保护群众的合法权益和合理利益，切实做好拆迁安置工作，全力推进社区及保障房项目建设，使所有拆迁群众都能得到妥善安置。

**4. 创新方式方法，确保项目“建得好”**

一是乘市委、市政府对产业集聚区重点项目实施攻坚督导的东风，将智能终端（手机）产业园、伯皇 IT 产业园、星天空数码科技园（二期）等重点项目纳入攻坚督导范围，在市级层面上强力推进。二是对所有主导产业项目一律实行“一套班子、两项任务、跟踪督查、严格考核”推进机制，每个项目明确一名处级干部和一名科级干部，全程为企业代办手续、督促建设进度。并成立由纪检监察部门牵头的联合督查组，每周一督查，每周一通报。

**5. 完善配套服务，确保项目“留得住”**

加快推动公路物流港项目建设，为建成投产项目持续生产提供物流服务；提升企业服务广场功能，在扩大企业办公场所、员工就餐、住宿等服务项目的同时，进一步拓展服务领域，将功能向投融资、金融保险、医疗卫生、教育培训等方面延伸。

**6. 优化发展环境，促进企业“早达产”**

加强企业运行监控，对投产企业继续搞好服务，做好项目续建工作。在企业生产运营方面，协助做好市场销售方面的工作，帮助企业申请各项专项资金与补助，促进企业尽快投产达能。

## （二）政策与措施建议

**1. 政策扶持**

建议省市出台相关政策措施，健全配套服务体系，完善电子信息产业布点规划，推动电子信息生产企业在信阳产业集聚区加速集聚，全面提升产业发展的规模和层次。

**2. 融资支持**

建议省市协调更多、更有实力的投资担保公司为企业贷款提供担保服务，提高金融配套服务能力。

**3. 市场扩展**

建议省市推动手机企业与移动、联通、电信等通信运营商展开合作，帮助企业扩大销售范围，提升销售量。对“节能产品下乡”等商务活动在同等条件下，优先采购本省手机、电视、音响等智能终端产品，壮大河南品牌。

**4. 配套支持**

建议省市加大对物流配套项目的支持力度，为电子信息产业提供综合服务配套。

B.11

# 民权县产业集聚区发展态势分析与展望

常保钢*

**摘　要：**

民权产业集聚区继续围绕打造“中国冷谷”推进制冷产业集聚转型发展，不断完善基础设施与公共服务，成为沿海制冷产业向内陆转移的首选地，知名制冷品牌纷纷入驻，主导产业更加突出，其制冷产业链条逐步完善，制冷产业集群效应基本形成，冷藏车国内市场占有率40%，实现了民权制冷产业的复兴。

**关键词：**

中国冷谷　产业集聚　产业基因

民权曾经崛起过河南省制冷产品的领军者——冰熊制冷集团，但是，随着我国经济体制改革加快，在激烈的市场竞争中，民权制冷产业一度一蹶不振，但是，其制冷产业基因并没有消失，尤其是一大批高端人才与产业工人进入沿海地区的家电行业，伴随着近年来家电行业向内陆转移，民权抓住机遇，吸引了一批龙头制冷企业入驻，民权县产业集聚区承载了民权制冷产业的再成长与制冷要素的再集聚。

## 一　2013年民权县产业集聚区发展态势及特点分析

2013年，民权县产业集聚区继续紧紧围绕“企业集中布局、产业集群发展、资源集约利用、功能集合构建，促进人口向城镇转移”的“四集一转”

* 常保钢，民权县产业集聚区综合科。

目标，按照“持续求进、好中求快”的总基调，坚持高标准规划、高标准建设，切实把产业集聚区建设作为加快经济发展方式转变的具体抓手和基本途径，立足制冷产业基础与专业人才优势，推进制冷产业基地建设，着力向“中国冷谷”战略目标迈进，促进了县域经济的健康发展。

2013 年 1 ~9 月，区内完成固定资产投资 75.5 亿元，其中工业项目完成投资66.6 亿元，区内规模以上工业实现产值82.6 亿元，区内“三上企业”由 2012 年年底的 61 家增至目前的 75 家。目前，产业集聚区建成区面积增至 13.7 平方公里，集聚区“园”“区”“聚”的概念日益清晰，以产兴城、以城促产、产城融合得到较好体现。

按照在每个产业集聚区优先培育一个主导产业的要求，民权产业集聚区重点培育发展制冷主导产业集群。2013 年 1 ~9 月，集聚区内新建项目 19 个，续建项目 12 个，其中制冷类引进了阿诗丹顿家电、星光塑业等重大项目。目前，民权产业集聚区已形成以冷藏车、冰箱、冷柜为主导产品，拥有香雪海、万宝、澳柯玛、兆邦电器、松川专用车、冰熊冷藏车等整机装备企业和诸多制冷配件企业的产业集群。截至 2013 年三季度，产业集聚区内已拥有制冷整机企业 24 家，配套企业 40 多家，已经初步形成较为完备的制冷产业链条，制冷产业集群雏形初现，区内冰箱冰柜年生产能力已经达到 1200 万台，冷藏保温车年生产能力已经达到 1.5 万辆，冷藏车在国内市场占有率突破 40%，被中国轻工业联合会、中国家电协会联合授予“中国制冷设备产业基地”称号。

## 二　打造“中国冷谷”的举措与经验

经过近年来的发展，民权产业集聚区内以制冷为主的主导产业发展势头强劲，“中国冷谷”逐渐形成，关键在于产业集聚区坚持围绕主导产业打基础、引项目、强服务。

### （一）坚持大投入，提升承载力

按照产业集聚区建设“三规合一”要求，紧紧围绕“大投入、大建设、大发展带来大变化”这一目标，采取政府资金引导、土地置换、贷款融资、争取项目等多元化投融资方式，着力加强产业集聚区道路、电力、通信、绿化等工程建设，先后开工建成17条道路，构建了“五横十二纵”交通网络，通车里程达90余公里，一次完成了集聚区一期工程16平方公里框架建设，按照“产城融合、以城促产、以产兴城”的发展要求，在集聚区规划建设中，力争做到骨干道路和管网与县城区道路、管网等无缝对接，区内电话、宽带等信息化设施实现全覆盖。同时，着力优化发展软环境，规划建成了行政服务中心、制冷检测中心、生活服务中心，建成中科院制冷院士工作站和中华人民共和国商丘出入境检验检疫局民权办事处，高标准建成了南华安置社区、工人培训基地、体育中心、商务中心等一批公共服务设施。

### （二）坚持大招商，培育制冷特色产业

围绕制冷产业链，深入推进集群式承接产业转移。一是依托优势抓承接。立足区位、资源、产业、环境等比较优势，有针对性地开展承接产业集群转移对接活动。二是选准区域抓承接。深入家电之都、制冷企业集中的浙江慈溪、广东中山等区域作为主攻点，与当前家电协会、冰洗协会等进行合作，开展专项对接活动，多次成功举办“县情说明暨招商项目推荐会”。三是强化宣传抓承接。在央视这个高端平台播出打造制冷产业基地的宣传广告，在连霍高速民权段设置60多个广告牌，举办了企业产品成果展览会、协助企业举办全国订货会，叫响了“民权制冷”名片。四是严格目标管理抓承接。把承接产业集群转移列入年度考核，推行成果公示制度，激发各部门的积极性，确保承接产业转移工作的顺利开展。2013年以来，为加快制冷产业集群培育，在与中国家电协会、省工信厅、商丘市政府三方签署联合打造中国制冷产业基地合作协议的基础上，中国制冷空调工业协会、河南省发改委、商丘市人民政府共建“中国制冷设备产业基地·民权”签约仪式在郑举行。在广东中山成功举办了中国制冷产业发展情况说明会，组团参加了中国家电展会、上海制冷展会、郑州中博会等活动。

### （三）坚持创新服务，优化投资环境

一是完善公共服务平台。超前谋划，合理布局，开工建设了一批公共服

务设施，其中产业集聚区行政服务中心、专家楼、职工公寓已于2012年建成并投入使用。二是构筑技术服务平台。从服务主导产业发展、提升产业竞争力的角度出发，积极争取项目，多方筹措资金，建成了中国制冷机电产品质量检测检验中心（河南站），在全国制冷行业中不仅有了“民权标准”，更有了“民权创造”，成功申报设立了中科院制冷专业院士工作站，为民权制冷产业健康发展提供了坚实的技术支撑。三是搭建金融服务平台。通过争取政策引导资金、整合财政资金、吸纳社会资本等多种方式，先后组建了金鑫中小企业担保中心、金联投融资有限公司，为集聚区建设和企业发展提供了资金保障。四是攻坚绿色服务通道，为服务新项目建设，对重点项目实行了“一个项目、一套人马”的保姆式服务，促进新上项目早建成、早达产、早见效。

## 三　当前民权县产业集聚区发展中的问题及其成因

在产业集聚区建设发展进程中，主要存在以下问题。

### （一）区域产业竞争更加激烈

在招商引资和承接产业转移中，民权虽然有一定的优势，但是，随着各地都在沿海地区不断加大承接产业转移活动，不同区域之间的竞争越来越激烈，引进符合主导产业的大项目难度越来越大。

### （二）基础设施建设资金不足

产业集聚区仍处在加快建设的阶段，入驻企业对基础设施与公共服务的要求越来越高，而当前集聚区在道路、绿化、亮化、通电、通水等基础设施建设方面需要大量资金，仅靠地方财力相对紧张。

### （三）产业集群链条尚需强化

产业集聚区虽然已经集聚了一大批品牌企业，但在产业层次和产品门类方面还需进一步提升和丰富，核心配套能力不强，尤其是本地企业融入制冷企业

产业链深度不够，产业链对接不紧密，企业间现代产业分工合作体系尚未建立起来，产业链整体竞争力与沿海地区相比差距仍然较大。

### （四）项目用地指标较为紧张

尤其是产业集群培育中的一些链条企业项目的用地指标更为紧张，未来一段时期，民权产业集聚区仍将以承接高端产业与配套环节项目为主攻方向，土地约束将进一步强化。

### （五）企业物流成本偏高

民权虽然在交通区位方面具有一定优势，但与沿海地区相比，物流体系和市场建设相对滞后，导致入驻企业感觉物流成本高，由于制冷产品物流成本占比较大，成为制冷企业开拓内需市场的最大制约。以香雪海为例，一台冰柜拉到东北市场，慈溪比民权物流费用便宜一半，主要原因是慈溪货物物流量大，汽车来去都是满载，客观上降低了物流成本。而民权运输一半是单趟载货，无疑增加了成本。

### （六）产业工人流动性较大

民权在制冷产业人力资源上具有一定优势，但近年来伴随着大项目纷纷入驻，用工需求上升，企业对熟练工人的争夺趋于激烈，造成一线工人流动性较大，影响了企业对人力资源培训的投入，今后势必将对产业转型升级产生负面影响。

## 四　2013年及2014年发展趋势展望

从2013年前三季度的发展态势来看，民权产业集聚区发展形势持续向好，主导产业集群不断壮大，产品的科技含量和核心竞争力不断得到提升，产业链条得到进一步完善，其中制冷产业集群中，“冰熊”牌压缩机项目的投产填补了省内没有压缩机生产的空白，松川太阳能冷藏保温车获得六项专利，香雪海电器等4家企业获得省高新企业认证。

预计到2013年年底，产业集聚区内主导产业主营业务收入达100亿元以上。至2014年，随着承接产业转移力度的加大，以及阿诗丹顿、万宝智能电器产业园、键泰智能电器、星光塑业等一批在建项目的建成投产，民权产业集聚区内主导产业可实现主营业务收入150亿元以上，可带动新增就业近万人。

## 五　提升产业集聚区发展水平的思路与建议

作为河南省主导产业突出、特色明显的产业集聚区之一，针对产业集聚区建设中存在的实际问题，提升发展水平需要创新思路与对策。

### （一）建议省里给予产业集聚区主导产业发展更大的政策支持

一是建议在承接产业转移活动中，上级有关部门注重引导招商引资项目的布局，要根据项目特点入驻相对应的产业集聚区。二是建议上级部门对发展前景好、且地方财力相对薄弱的产业集聚区给予建设资金倾斜。三是建议上级部门在推动产业集聚区内企业产品升级、引进链条项目等方面给予资金、技术的支持。四是建议对产业集聚区内培育的主导产业项目在用地指标上给予支持。五是建议针对一线工人流动性较大的问题，上级部门制定出台县域内户籍制度政策，制定出台解决好企业工人以及失地农民转市民户口的相关配套政策。

### （二）引导企业重点开发国内消费市场

在国内市场中，河南有区位、人口等要素，具有比较优势，这也是众多加工贸易企业选择在河南布局开拓国内市场的原因之一。因此，应把国内市场的开拓作为承接轻工产业转移的立足点。一般而言，在东部沿海的总部基地应当成为研发中心、渠道建设中心，利用内需市场创造的利润和价值，打造自身品牌，努力向全球价值链高端攀升。中部生产基地应该在从事部分加工贸易、贴牌生产的同时，努力开拓内需市场，打造自有品牌，利用在外销市场中积累的经验和实力，加快新产品研发和国内营销网点的布局和建设，实现企业持续提升、持续发展的目标。

## （三）着力提高产业链接度

一要承接一批产品层次高、市场美誉度高的大型企业，提高产品档次，通过向价值链链条高端攀升，提升价值链整合空间。二是加快中小企业配套，引进原有配套企业，特别是注重本土中小企业的配套，在配套过程中，应当注重契约精神建设，推动企业靠诚信而非人情来建立链接。三是避免无序竞争。同类中小企业的集聚，最大的问题是无序竞争，一个新产品出来后竞相模仿，为了获取市场竞相杀价，导致“柠檬市场”的出现。应当通过行业协会建设和政府引导，加快企业间错位竞争、有序发展，推动集群健康发展。

## （四）大力实施品牌培育战略

一是引导企业创建国家级、省级和市级等技术中心，支持企业与高校、科研院所合作，搭建产学研合作平台，积极培育有自主知识产权的核心技术，支持入驻企业把研发中心转移过来，加速技术转移，在转移过程中实现产业升级。二是引导企业走差异化道路，支持企业立足自身技术优势和特色，不断开发出差异化产品，创造新的市场需求。三是积极培育本土品牌。拥有一批本土品牌是民权产业集聚区转型升级的关键，支持企业向自创品牌转型发展，以自有品牌占领、拓展国内市场。

## （五）推进以电子商务为主的营销模式创新

伴随着互联网和移动互联网的蓬勃发展，通过电商平台拓展销售渠道，既降低成本又扩大销量，要引导企业结合制冷产业特点，积极发展网络销售等新兴业态，支持龙头企业成立电子商务部门，组建电子商务团队，搭建电子商务平台，在知名电商平台上建立旗舰店，政府也可以联合多家企业搭建民权制冷产品电商公共服务平台，支持企业扩大电商营销在总销售额中的比重，引导企业搭上互联网快车。

B.12

# 长垣县产业集聚区发展形势分析与展望

张付东*

**摘　要：**

中国起重机械之乡长垣的发展堪称奇迹，长垣县产业集聚区在整合提升起重装备制造业的基础上，着力向关联性强的汽车及零部件产业链延伸，吸引了国内外知名企业入驻，带动了一大批本地企业进入配套环节，特种汽车城呼之欲出，一个特色先进制造业基地正在崛起。

**关键词：**

起重机械之乡　产业转型　产业链延伸

长垣这个资源条件与科研优势并不显著的小县城，却以“起重机械之乡”闻名全国，堪称奇迹。长垣县产业集聚区就是这个城市传奇的重要支撑，以特色制造业为主的集聚区内小吨位起重机占据全国65%的以上行业市场份额，在起重机械制造的基础上，长垣县产业集聚区正加快延伸汽车及零部件产业链条，大力发展专用车生产销售，一个特色先进制造业基地正在成长壮大。

## 一　长垣县产业集聚区概况

长垣县产业集聚区是河南省政府认定的180个省级产业集聚区之一，规划面积32平方公里，建成区面积达到14.9平方公里。主导产业是起重装备制造和汽车及零配件制造。经过几年快速发展，初步建成了年产33万台整机、170

* 张付东，长垣县产业集聚区管委会办公室副主任。

万台（套）配件的特色装备制造基地，产品涉及10多个系列、200多个品种，遍布国内外2600多个销售网点。中小吨位起重机占到全国市场份额65%以上，成为全国最大的中小吨位桥门式起重机生产基地，全国起重机械配件集散地的雏形已经显现。

产业集聚区共入驻企业456家。有国家级高新技术企业10家，中国驰名商标企业9家，中国名牌产品企业1家。2012年，完成主营业务收入325亿元，固定资产投资70亿元；共实施亿元以上工业项目47个。全年完成工业投资60.5亿元；实施产业集聚区基础设施项目14个，配套服务项目10个，实际完成投资11.5亿元；建成标准化厂房30万平方米。

长垣县产业集聚区先后被国家工信部确定为“国家新型工业化产业示范基地”、河南省政府确定为“2011年度省十强产业集聚区”、河南省工信厅确定为“省工业化信息化融合试验区”、河南省科技厅确定为“省创新型产业集聚区试点”、河南省质监局确定为“省知名品牌创建示范产业集聚区”，被河南省国土资源厅授予“省节约集约利用土地示范集聚区达标单位”等多项荣誉称号。

## 二　2013年长垣县产业集聚区发展态势分析

2013年以来，面临着经济下行压力，长垣县产业集聚区以打造特色装备制造业基地为目标，按照“四集一转”要求，重点落实“五个发展”（完善产业规划，引领产业发展；加快战略重组，优化产业发展；推进“三个协同”，创新产业发展；强化“招大引强”，转型产业发展；建好各类平台，服务产业发展），着力整合提升起重装备制造业，着力做大做强汽车及零部件产业，长垣县产业集聚区仍然保持着较快的增长速度，1～9月共完成规模以上工业总产值223.2亿元，同比增长24.7%；完成规模以上工业增加值54.8亿元，同比增长24.6%；完成固定资产投资82.3亿元，同比增长76.3%。

### （一）完善产业规划，引领产业发展

在完善产业集聚区总体规划、控制性规划的基础上，进一步修编充实产业发展规划；继续完善实施国家、省5个示范创建（国家新型工业化产业示范基

地、省工业化信息化融合试验区、省创新型产业集聚区试点、省节约集约利用土地示范集聚区达标单位、省知名品牌创建示范集聚区）的专项规划和实施方案，巩固创建成果，扩大示范效应；编制或完善创建国家工业化信息化融合示范区、省环境友好型示范集聚区、知识产权保护示范集聚区、产城互动发展示范集聚区、安全生产示范集聚区等五个专项规划，统筹协调，务实创建，确保成功。切实做到以产业发展规划和示范创建规划引领集聚区发展，提升产业发展水平，提高区域品牌竞争力。2013 年，全力争创国家“两化融合”和知名品牌创建两个示范区，以及全省土地集约节约利用、环境友好型、产城互动发展三个示范集聚区，积极支持卫华集团等企业创建国家“两化融合”示范企业。

### （二）加快整合重组，优化产业发展

按照《长垣县关于支持起重装备制造企业重组的意见》《长垣县关于加强起重装备制造监管的意见》《长垣县工业经济转型升级激励政策》的要求，以及“淘汰一批、扶持一批、升级一批”的思路，大力推进起重企业战略合作与重组，2013 年全面完成起重装备制造业战略重组与整合，推进起重产业优化升级。一是引导强强联合。加大政策引导力度，全力支持骨干龙头企业强强联合，努力提高企业核心竞争力和行业影响力、带动力，不断实现从做产品到做品牌再到做标准的新跨越。力争在 2013 年年内培育出销售收入超 50 亿元的企业集团 2 家以上，超 10 亿元的企业集团 10 家以上。二是推动合作重组。紧紧抓住当前国内外经济尚不景气的新形势，化危为机，应对挑战，注重发挥卫华集团、河南矿山、克瑞集团、河南重工等骨干龙头企业的品牌、技术、人才、资金等优势，通过优惠政策引导，通过依法规范行为，通过深入细致工作，通过兼并、联合、控股等方式，加大企业合作与重组力度，优化资源市场配置，促进起重行业再创辉煌。三是助推转型发展。研究出台支持起重企业转型发展的政策措施，鼓励支持有条件的起重整机生产企业向零部件配套企业、医疗器械企业、战略性新兴产业等方向转型发展，不断优化起重产业发展，不断创造新的发展空间。

### （三）推进“三个协同”，创新产业发展

通过推进起重整机制造与零部件配套协同发展、现代制造业与现代服务业

协同发展、企业自主创新与科研院校合作创新协同发展，加快产业创新发展。一是推进起重整机生产与零部件配套协同发展。在大力抓好起重整机生产企业战略重组的同时，着力推进卫华、河南矿山等龙头企业与黄河防爆、东泰齿轮、奔宇集团等专业配件企业的战略合作，着力引进国内外实力雄厚、技术一流的知名配件生产企业，着力做大做强长垣县的起重配件生产企业，延伸产业链条，补缺产业链条，做大规模，做优配套。二是推进现代制造业与现代服务业协同发展。这是调结构、转方式、促升级的重要途径。围绕打造特色装备制造业生产基地，学习借鉴外地先进经验，注重推进先进制造与现代服务融合发展，积极发展与产业提升相配套的生产性服务业，由只注重生产制造向研发、制造、销售服务一体化转变，建立健全新的产业链条，提升产业集群市场竞争力。2013 年，要在发挥已有营销网络、营销团队优势的同时，注重营销创新，加强团队建设，规范营销行为，拓展发展空间。要主动适应产业集群发展需求，积极发展现代物流、公共服务等新型业态，加快发展现代服务业。三是推进企业自主创新与科研院校合作创新协同发展。继续加大政策扶持和科技投入，鼓励支持骨干企业建立科技研发队伍和研发中心，加强企业自主创新，不断提升自主研发能力。进一步加强与北京起重机运输机械设计研究院（河南）分院、太原科技大学（长垣）起重机械研究中心、河南工业大学等知名科研机构和高校的技术协同创新，真正建立起长期稳定的技术合作关系，形成牢固的产业技术协同创新战略联盟或校企联盟，不断做强政、产、学、研、用一体化的产业科学发展链条，培育技术精英，创新企业产品，打造知名品牌，着力提高科技研发能力和成果转化能力，推动产业结构优化升级，全面提升现有企业的质量效益。加大骨干企业与科研院所、高校的技术协同创新力度，积极研发高科技、高附加值、先进适用的起重整机产品和核心基础配件，大力发展核电起重机、港口起重机、高速高铁架桥机、矿山工程装备、城轨交通装备、海洋工程特种装备等高科技产品，推动起重装备制造业向特色化、高端化、智能化方向发展。

### （四）强化“招大引强”，转型产业发展

扎实开展招商引资工作年活动，紧紧围绕起重产业向特色装备制造延伸转型，强力实施引资项目“双带动”战略，西班牙伊利萨尔整车制造、美国泰坦公司电动摩托车、程普抛雪车、瑞歌传动公司等 22 个亿元以上整车及汽车

配件生产项目先后在园区内生根发芽，长垣造豪华大客车、农夫车、卡丁车、电动汽车、高空作业车等多款在欧美市场畅销的特种汽车，正在或即将走下生产线。2013 年共实施亿元以上工业项目 51 个，截至 2013 年 9 月已完成投资 59 亿元。

### （五）建好各类平台，服务产业发展

在服务、技术等平台建设上持续加大力度，服务产业发展。长垣县产业集聚区综合服务平台项目正在加快建设，规划面积 851 亩、总投资 10 亿元、总建筑面积 36.5 万平方米，集电子商务、投资融资、产品检测、科技服务、商务会展、人才培训、生活服务、项目孵化等八大服务于一体的公共平台，将为项目进驻、企业发展创造更为优越的条件。长垣起重机械电子商务服务平台已开通上线，集聚区内所有起重机械企业均可通过网络开展原材料采购、产品销售等业务。商务平台还可汇总所有企业的材料需求情况，统一采购，降低企业成本。长垣县产业集聚区聘请 30 名国内起重行业知名专家教授组成了产业集聚区专家指导委员会，为集聚区提供智力和技术支撑，引导集聚区企业与清华大学、北京大学等 120 多所大学、科研院所合作，建立省级以上技术中心 22 家，引导 20 余家企业与中航集团、三一重工、上海振华、美国威廷、美国特雷克斯等国内外知名企业实现战略合作。

## 三　2014 年长垣县产业集聚区发展展望与工作思路

伴随着国家全面深化改革战略部署的实施，我国经济稳中向好的态势将会持续，未来一段时期，长垣县产业集聚区将抓住机遇，持续创新，保持平稳较快的发展态势，预计 2014 年，工业增加值增速在 20% 以上，计划实施亿元以上工业项目 56 个，总投资 280 亿元，计划全年完成投资 94 亿元。其中，新建项目 27 个，计划完成投资 46.4 亿元；续建项目 29 个，计划完成投资 47.6 亿元。

### （一）强化合力推进，争创产业竞争新优势

树立大局意识，打好“总体战”，突出招商引资的双轮驱动和战略重组的

快速提升，进一步提高产业集中度，增强竞争力。一是突出集群招商。把“以商招商”作为加快产业集群培育的有效措施，瞄准起重行业世界前10强、装备制造业国内前10强及央企，大力推进和美国威廷、中航重工、西班牙伊利萨尔等业内知名企业的合作，放大长垣“中国起重机械名城”效应，吸引关联配套企业协同转移，尽快形成纵向链接、侧向配套的特色装备制造产业链。二是狠抓项目建设。明确重大项目领导分包责任制，完善项目跟踪服务机制，优化项目建设环境，促进签约项目早落地，落地项目快建设，建设项目早投产。三是加快战略重组。制定促进企业战略重组政策，按照“淘汰一批、转移一批、升级一批”的思路，引导卫华集团、河南矿山、中原圣起等龙头企业对行业内的中小企业通过兼并、联合、控股等方式重组，先后促成60余家企业达成战略合作，增强企业核心竞争力，实现从做产品到做品牌再到做标准的跨越。

### （二）深化改革创新，争创要素保障新优势

坚持把改革创新作为破解产业集聚区发展瓶颈制约的根本举措，围绕“人”“钱”“地”“技术”等难题，创新要素保障机制，提高集约化发展水平。一是破解投资融资难题。壮大投融资平台，将产业集聚区基础设施存量资产和财政历年投入所形成的土地、公共设施等实物资产及教育、水利、卫生等资源，通过划转、授权注入。同时，建立多元化投入机制，引入民间资本对政府性投融资公司进行股份制改造，争取县域外金融机构加大信贷投放力度。二是破解人力资源保障滞后难题。在职教中心建立职业技术人才储备库，通过“校企合作”加强对专业技术人才的培训。三是破解土地瓶颈制约。强化项目建设全程监管，确保集聚区新上项目投资强度不低于4200万元/公顷，产出不低于6240万元/公顷，工业用地综合建筑密度高于60%，容积率大于1.2，提高了土地集约化水平。通过土地报批、综合整治、拆旧复垦、报批城乡增减挂钩规划等途径为集聚区争取用地指标，缓解集聚区建设用地供需矛盾。全力发展标准化厂房建设，切实提高了土地利用效率，不断完善产业集聚区节约集约用地评价和激励机制，对投资强度高、产出效益高的项目，用地指标上给予优先保障；对能入驻标准厂房的项目，坚决不予供地。四是破解技术创新难题。充分利用集聚区专家指导委员会，为集聚区提供智力和技术支撑；实施企业高技术人才和高级管

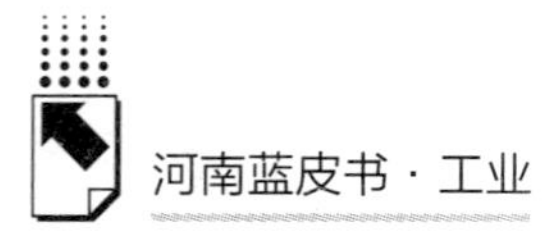


理人员“双百引进工程”，让企业核心技术领域不断形成高度密集的人才优势；引导企业与科研院校合作，建立健全“政、产、学、研、用”科学发展链条。

### （三）完善配套设施，争创产城融合新优势

加快建设生产生活配套设施，推动城市功能向集聚区延伸覆盖，促进人口有序转移，提高产城融合发展水平，增强“筑巢引凤”吸引力。一是继续加大基础设施投入。根据实际情况和发展需要，进一步提升产业集聚区交通运输保障能力，在实现产业集聚区内主干路网全覆盖的基础上，强化与各专业园区的对接互通。同时，加快推进集聚区供排水、供气、供电、污水处理等其他基础设施建设，不断完善仓储物流、学校、医院、金融网点、公园、酒店等生产、生活配套服务设施，健全集聚区发展服务平台。2014 年计划实施基础及配套服务设施 45 个，总投资 22 亿元，计划完成投资 16 亿元；计划建成标准化厂房 33 万平方米。二是加快推进人口向城镇转移。把产业集聚区作为推进新型城镇化的突破口，统筹推动产业集聚区建设、新城区开发和老城区改造，加快产业集聚区内村庄搬迁步伐，促进人口有序转移。继续集聚区内村庄拆并搬迁工作，全年共计划完成社区建设投资 8 亿元，完成拆迁面积 60 万平方米，建成社区面积 23 万平方米，搬迁及入住 1700 户。

### （四）提升服务水平，争创发展环境新优势

始终把服务水平高低作为提升集聚区竞争力的重要因素，加快建设公共服务平台，切实转变工作作风，营造集聚区持续健康较快发展的好环境。一是完善公共服务平台。推进专家咨询、电子信息、银企合作、企业招用工等十项服务平台建设，重点抓好长垣县产业集聚区信息网站、生活服务中心、人才培训中心、省特种设备安全检测院长垣分院、省级起重机械配件检验检测中心建设；筹建起重机械同业公会，规范行业营销人员行为，推介一批营销精英；结合企业家素质提升工程，推进与北起院（河南）分院、太原科技大学（长垣）起重机械研发中心的合作，搭建再教育平台。二是优化政策环境。及时研究、协调、解决产业集聚区发展中遇到的新问题，制定一系列政策措施，进一步强化制度保障，优化经济发展环境，营造出全力推进产业集聚区建设的浓厚氛围。

# 行业运行

Industry Operation

## B.13

# 河南智能手机产业发展状况与展望

林风霞*

**摘　要：**

智能手机产业已成为全球最活跃、发展最迅猛的领域之一。2013年，河南把智能手机产业集群引进工作作为加快产业结构调整、转型升级的战略重点，积极引进整机项目和配套项目，大力建设基础设施与公共服务平台，着力打造全产业链。目前，河南智能手机产业的爆发性增长已经带动电子信息产业快速发展，智能手机产业逐步进入良性发展轨道。

**关键词：**

智能手机产业　集聚发展　全产业链　富士康

---

* 林风霞，河南省社会科学院工业经济研究所，副研究员，主要从事区域经济和产业经济研究。

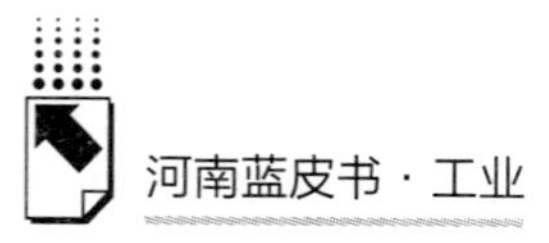


## 一 河南智能手机产业发展现状分析

河南智能手机产业虽然基础非常薄弱、起步较晚，但在积极主动地承接了东南沿海产业转移后，产业发展实现了快速腾飞。经过近年来爆发性的增长，河南智能手机已经拥有了较好的产业发展基础：产业增长势头强劲，外向型发展模式明显；区域特色布局初步成形，集聚发展态势鲜明；产业链雏形初步呈现，整机企业供应链逐步完善；服务支撑体系日益完善，要素成本优势依然明显。这成为河南智能手机产业持续发展的条件。

### （一）产业增长势头强劲，外向型发展模式明显

近年来，河南省抢抓我国东南沿海产业转移机遇，积极引进富士康智能手机等生产项目，带动智能手机产业规模迅速扩大，层次不断提高。2012 年，河南智能手机出货量达到 6800 万部，占全国出货量的 26%。2013 年前三季度，仅富士康就生产智能手机 5651 万部，同比增长 49.6%，郑州已成为苹果手机重要的生产基地。智能手机产业支撑了河南电子信息产业的爆发式增长，2012 年，电子信息制造业实现主营业务收入 2009 亿元，同比增长 115.2%。目前，河南已经引进了手机整机生产企业 20 家左右，零部件配套生产企业 200 家左右，产能达到 1.1 亿部。

以加工贸易模式为主的智能手机产业发展还带动了全省外贸的飞速发展，优化了河南省出口商品的结构。2012 年，富士康集团在河南所属企业进出口达到 293.93 亿美元，占全省进出口总额的 56.8%，带动河南外贸进出口总额跨过了 500 亿美元的台阶，促使河南省加工贸易进出口实现突破性增长。受富士康带动的影响，河南出口产品结构更趋于优化，电话机成为河南省出口最多的单项商品，2013 年前三季度，富士康集团（河南）进出口 209.4 亿美元，占全省进出口总额的 54.1%；河南省出口电话机 88 亿美元，是第二名人发制品出口额的近八倍。

### （二）区域特色布局初步成形，集聚发展态势鲜明

自 2012 年以来，河南省把以手机为重点的智能终端产业集群引进工作作

为产业结构调整、转型升级的战略重点。按照“一区多点”的发展布局，各地加快承接国际国内产业转移，着力构建以智能手机为主的智能终端产业链体系，着力推进“五商”（品牌商、代工商、配套协力商、物流商、运营商）并进，培育“三全一无”（“全链条、全服务、全配套、无障碍”）产业集群，打造智能终端产业基地。目前，河南电子信息产业已经初步形成了以郑州高端新兴智能终端产业为龙头，以新乡、南阳传统特色优势产业为骨干，以鹤壁、信阳、漯河等集群承接为新锐的共同发展格局。

河南自2009年以来主推的产业集聚区发展战略，强化了智能手机产业的集聚发展态势。目前，各区域特色布局初步成形，成为手机或零部件生产基地（见表1）。例如，围绕富士康项目，郑州航空港区内已有73家配套企业办理注册登记手续，上百家协理厂商落户，其余分布周边的配套厂商距离郑州车程均在一个半小时之内。依托本地产业基础，信阳电子工业城、南阳高新技术产业集聚区智能终端产业示范园区、漯河召陵区东兴电子城、洛阳伊川智能终端产业园等积极承接东南沿海的产业转移，纷纷集聚了一批智能终端产业相关项目。

**表1 河南智能手机产业区域特色布局与集聚发展现状**

| 省辖市 | 重点方向 | 空间布局 |
| --- | --- | --- |
| 郑州市 | 智能手机及其配套 | 富士康郑州科技园 |
| 新乡市 | 手机配套 | 红旗区与高新区 |
| 南阳市 | 手机整机与配套 | 卧龙区富士康产业园、南阳高新技术产业集聚区智能终端产业示范园区、内乡产业集聚区内的电子产业园等 |
| 洛阳市 | 手机配套、平板电脑、信息通信与移动互联网产业、软件及信息服务业等 | 伊川智能终端产业园、洛阳科技城、洛阳信息通信产业园、炎黄科技园（中部数谷） |
| 信阳市 | 智能通信终端产业、智能显示终端产业、数码影音终端产业 | 信阳市产业集聚区 |
| 鹤壁市 | 以智能手机为重点的通信电子产业 | 富士康鹤壁科技园、海能达（鹤壁）军工电子产业园、中国鹤壁农业硅谷产业园等 |
| 漯河市 | 手机、电脑配套 | 沿京珠高速公路布局建设的电子信息产业带、东兴电子工业园和临颍电子电器产业园 |
| 开封市 | 手机配套 | 尉氏县产业集聚区、开封新区电子信息产业园 |
| 济源市 | 手机零组件 | 济源虎岭产业集聚区 |
| 许昌市 | 培训基地、智能终端、新型显示器 | 富士康员工培训基地、黄河工业园 |
| 周口市 | 校企合作实训基地 | 校企合作西华实训基地 |

## （三）产业链雏形初步呈现，整机企业供应链逐步完善

河南智能手机产业初步形成了研发、生产、配套、销售相衔接的产业链条，一批富有竞争力的骨干企业相继开工投产。除富士康代工苹果手机，全省已有“东森”“科兴”“喜沃”等多个品牌手机的整机本地化生产制造。形成了机壳、主板、摄像头、麦克、触屏玻璃盖板等配套产品产业链，南阳中光学集团、南阳华祥光学及新乡天光科技的部分零配件产品在行业内具备一定竞争优势。郑州神阳科技集团、南阳鹏翔科技等本地企业的手机研发制造能力逐步提升。郑州、洛阳、鹤壁等地集聚了一批从事智能终端应用软件开发的企业与项目。

整机企业供应链布局逐步完成。以富士康为例，目前，全省富士康项目已按计划全面展开。郑州航空港经济区重点布局手机整机及零组件项目、出口加工区手机零组件项目，中牟 IT 插件及线缆项目等已建成项目产能规模逐步扩大。济源的手机零组件生产基地项目，南阳的投影仪和数码相机项目、LED 项目，周口的西华校企合作项目等在建项目进展顺利。洛阳的精密制造项目、新乡的 3C 电池生产基地项目，鹤壁的镁精深加工项目等后续项目也正在有序对接。

## （四）服务支撑体系日趋完善，要素成本优势依然明显

近年来，河南围绕发展智能手机产业、打造全球智能终端产业基地做了许多努力，围绕智能手机产业构建了覆盖全球的航空物流体系，商贸、研发、检测等服务支撑体系也基本形成。针对智能手机时效性要求高、附加值大的特性，郑州机场已开通至欧洲、北美、日本等地货运航线 10 条，基本形成了覆盖全球的航空物流体系。同时，综合保税区、跨境贸易交易试点等开放平台相继建立，UPS 等全球性的综合物流商进驻郑州，国家移动通信终端（手机）设备重点检测实验室落户综合保税区，与智能手机出口加工、全球采购配送相配套的服务体系逐步完善。

同时，河南交通区位优势明显，人力资源充裕，资源丰富，不仅物流成本相对低廉，而且提供了巨大的市场空间与较低的用工成本。另外，土地、水、

电等要素成本相对较低，铝、镁、钛、玻璃、塑料、锂离子电池正负极材料等传统优势产品为智能手机制造提供了原材料支撑，发展智能手机产业的要素成本优势不断凸显。

## 二　当前河南智能手机产业发展存在的问题

产业转移、政策机遇、资源禀赋、已有的产业基础为河南加快推进智能手机产业提供了机遇和条件，但是由于发展时间较短，还要面临激烈的产业承接竞争，河南智能手机产业发展存在的问题与制约因素也较为突出。

### （一）尚未形成产业发展的良性生态系统，代工企业创新能力有待进一步提升

在富士康项目入豫前，河南基本无手机产业，现有的几家手机制造企业都是“移植”过来的整机项目。智能终端是科技型产业，河南要在薄弱的基础上迅速实现量产，不但需要良好的政策环境，还需要完善的产业配套环境，如产业链上下游企业的集聚、高技术人才集聚、公共研发与服务平台、小微企业创新环境等。目前，河南智能手机产业发展仍处于起步阶段，由于缺少手机发展成长的产业“土壤”，各区域尚未形成全产业链配套的手机产业生态群落。现有不少企业实质上与富士康一样都是代工厂，由于手机组装和生产的市场门槛不断降低，代工厂商受制于全球产业链上的主导企业，发展处境处于尴尬地位，亟待转型升级。同时，全省仍然缺少手机技术培育“土壤”和生态群落，特别是缺乏领军型技术人才和复合型高端人才及高水平的研发机构，代工企业研发设计能力有限，相关小微企业成长的市场环境不优，这些都将限制产业的持续健康发展。

### （二）产业整体发展水平不高，集群竞争优势尚未形成

目前，全球智能手机已经向品牌集中化发展，知名品牌企业不但能够在全球生产链中借助研发能力、品牌垄断高额利润，在高端智能手机市场保持溢价能力，还可以借助其品牌影响力在中低端细分市场得到不小的份额；与

之相反，其他大多数厂商只能在中低端手机市场打价格战。河南智能手机现在主要依靠代工企业富士康实现生产、出口等重要经济指标增长，引进的国内外知名手机品牌商与代工商明显较少。与发达地区相比，河南智能手机产业总体规模相对偏小，缺乏足够数量的能掌握核心技术和知识产权的知名品牌企业，芯片等关键领域还没有重大项目落地，很多区域没有真正意义上的公共研发服务平台，很多相关产业领域还没有形成良好的商业模式或完整的产业链，基础配套能力弱，物流成本高，产品附加值不高，集群竞争优势尚未形成。以发展尚好的郑州市为例，智能手机产业主要以生产整机和配套模组、元器件为主，缺乏中、上游产业链中的核心芯片、系统方案设计、操作系统等关键环节，应用软件、手机动漫游戏、相关高技术服务业也相对较弱，其他省辖市产业链更为薄弱。

### （三）本地配套协作能力偏低，区域产业链整合难度大

在河南智能手机产品制造流程中，手机全产业链零部件本地化供应比重很低，芯片、触摸屏组件存储、传感器等多数核心部件都是“外来货”，缺少关键元器件本地制造企业，一般零部件和辅助材料本地制造配套企业同样较少。仅有的少数本地零部件制造配套企业专业技术实力较弱，提供的元器件技术含量偏低，并处在各自为政的分散发展状态，尚未形成高效率、高水平的本地配套协作能力。同时，虽然河南在电池制造、光学加工、软件设计、信息安全等领域具有一定实力，但是由于引进企业大多原来就有固定的供应链网络，本地企业融入具有一定难度，尚需要政府主导推动构建本地企业与引进企业的沟通、交流与合作平台，实现产业链整合特别是知识整合，形成智能手机产业发展的内生促进。

### （四）本地技术优势尚未充分发挥，人力资本供给不足矛盾突出

河南拥有解放军信息工程大学、郑州大学等一批具备通信、信息技术研发优势的高校及中央驻豫科研机构，但目前在智能终端领域，全省仅有一家省级工程实验室——移动终端自适应处理技术河南省工程实验室，省内高校及科研院所与智能手机企业尚未形成有效对接，已有的技术优势尚未充分发挥，技术

创新成果的产业化有待加速实现。

同时，随着智能手机产业的日益壮大，河南不但缺乏产业快速发展所需的高学历、高素质的电子信息专业人才，就是一般的熟练技术工人也很缺乏，成为影响智能手机企业持续发展的主要因素。手机企业对劳动力需求呈现不断增加的同时，也对劳动力素质提出了更高要求，但大量的一线生产职位属于工作时间长、体力消耗型的岗位，且工资待遇较低，对劳动力吸引力不大，导致了急需一线生产工人的用人单位“用工荒”。

## 三　河南智能手机产业发展面临的机遇与挑战及对2014年展望

智能终端时代的来临与信息消费政策出台，为河南发展智能终端产业提供了千载难逢的历史机遇。但是，由于河南智能手机产业发展仍处于起步阶段，快速形成新的经济增长点尚面临诸多挑战。预计2014年河南智能手机产量仍将保持快速增长态势，区域产业生态环境进一步优化，全产业链布局特征更加明显。

### （一）河南智能手机产业发展面临的机遇

智能手机已经成为互联网业务的关键入口和主要创新平台，目前，中国智能手机市场渗透率基本过半，智能手机也成为第一大上网终端，中国已经成为全球第一大智能手机市场。而随着华为、联想、中兴、酷派等本土智能手机品牌的兴起，中国已成为全球智能手机最大的制造基地。智能手机引领的技术变革和产业模式创新、信息产业政策与信息消费政策出台、产业空间布局加快调整等为河南加快智能手机产业发展提供了重要的历史机遇。

#### 1. 全球市场仍将保持高速增长态势

目前，全球智能手机长达数年的高增长仍未出现放缓迹象，在2010年和2011年连续超过50%的高速增长以后，2012年全球智能手机出货量超过7亿部，同比增长43%。根据美国市场研究公司（IDC）公布的数据，进入2013年以来，全球智能手机出货量已连续3个季度超过功能手机，第三季度，全球智能手机出货量达到2.58亿部，同比增长38.8%；功能手机正在被智能手机逐步挤出市场。预计未来两年，全球智能手机出货量仍将保持25%以上的高速增长势头。

**2. 技术创新与产业融合催生市场需求**

智能手机已被公认为是渗透率最强、普及速度最快、影响最为广泛的智能终端产品。技术创新及产业融合促使智能手机的功能日益丰富、强大，随着智能手机售价逐步下调以及4G网络的普及，智能手机将加速取代PC，彻底从“手持电话机”转变为“手持智能终端”。而基于软屏、超大存储、超大容量电池等更多关键技术的突破，智能手机的产品形态仍将不断演化，新型移动智能终端产品将不断涌现。据预测，仅国内网速提升带来的换机潮，将产生上千亿元的智能终端手机市场需求。

**3. 政策催生投资机遇**

中国庞大的制造业基础以及国内强劲的市场需求，促进了国内智能终端上游零部件和整机生产企业快速增长。芯片、屏组件、摄像模组、连接器、机壳及其他手机配件等领域相继涌现出一批有相当影响力的企业，并掌握了部分本土市场的话语权。以中兴、华为、酷派、联想为代表的一批本土整机企业自2012年以来智能手机出货量也大幅增长，市场占有率大幅提升，国际竞争力日益增强。国家促进信息产业发展和信息消费政策的出台，以及正在启动的4G市场，给国内的智能手机生产企业带来了重大历史机遇。同时，郑州航空港经济综合实验区作为河南智能手机产业发展的核心区域，郑州航空港经济综合实验区战略的实施，将为河南智能手机产业发展在口岸通关、航线航权、土地管理等方面赢得更多政策支持。

**4. 产业空间布局调整加速**

当前，智能终端旧有的产业格局正在逐步瓦解，新一轮全球分工与竞争格局正在加速形成。从国内来看，沿海发达城市综合成本高企不下，成本敏感型的智能终端制造产业加速向低人力资源成本和低运营成本的中西部地区迁移，呈现“西进北上，逢低迁移”的空间演变趋势。富士康已经布局河南、山东、川渝等地，华为、中兴等企业也将研发制造环节向成都、西安、武汉等地转移。伴随芯片制造、模具制造等上下游产业的一同转移，广大中西部地区承接

智能终端制造产业转移的步伐逐渐加快，参与全球分工与竞争的层次不断提升。

## （二）河南智能手机产业发展面临的挑战

国内外智能手机市场发展前景广阔，但对基础薄弱、起步较晚的河南来说，快速完成智能手机产业布局除了要面对自身存在的问题外，还要面临诸多外部挑战。

**1. 国内市场竞争激烈利润微薄**

面对市场需求这块蛋糕，盛大、百度、腾讯、奇虎360等互联网企业纷纷进入这一领域，这些企业凭借其拥有的“掌控软件”和客户优势使得中低端领域的竞争更加激烈，国产智能手机品牌由于品牌知名度和技术等无法与苹果、三星这些国际大品牌相比，国产智能手机生产企业面临竞争加剧、价格下降、利润微薄问题。而对只能分享全球产业链上微薄利润的智能手机代工企业富士康来说，也面临要素成本攀升、定价能力缺失、利润下降等一系列压力。

**2. 产业承接面临诸多竞争对手**

河南承接东南沿海智能手机产业转移，面临中西部众多省市的竞争。河南虽然有区位优势、人力资源优势等，但是与周边竞争对手相比，重庆的笔记本产业基础优势、西安的人才优势与产业链上游存储芯片生产优势、武汉的智能手机产业基础优势以及湖南的手机产业基础优势等还是给河南承接项目带来较大的竞争压力。机遇稍纵即逝，时间很紧迫，能不能抓住这轮手机产业转移机遇，对河南来说是检验承接能力的一个现实考验。

## （三）2014年河南智能手机产业发展展望

目前，河南智能（终端）手机产业规划和扶持政策即将出台，相关省辖市也加快了各自的规划研究，将为河南智能手机产业发展创造良好的政策机遇。这两年通过招商引资承接的产业转移项目，有望推动今后河南智能手机产业产能快速增长。随着整机企业的陆续进驻，以及基础设施和产业配套项目与软件开发项目的陆续跟进，一个集智能手机研发设计、生产制造、零组件配套、软件开发、商贸物流等为一体的产业集聚发展格局将很快形成。预计

2014 年智能手机产能将超过 1.5 亿部，以智能手机带动的全省电子信息制造业主营业务收入将达到 4000 亿元。

在产业的区域空间布局上，随着郑州航空港经济综合实验区研发、零组件交易、商贸、物流等服务支撑体系的完善，以及富士康产业链全省布局的完成，其核心增长极地位将更加突出。信阳、漯河、鹤壁、南阳等地将依托现有产业集聚区内智能手机产业发展基础，做强产业链优势环节，形成特色产业集群。郑州高新区、洛阳、开封、新乡等地将围绕航空港区发展特色配套。

## 四 河南加快发展智能手机产业的重点方向与建议

### （一）掌控好产业发展的重点方向

重点抓好以智能手机整机制造与研发设计这个发展中心，做好零组件制造、应用开发及服务，形成整机带动配套集聚，配套促进整机扩展的“一主两翼”总体发展格局。

**1. 整机制造与研发**

整机制造。依托富士康集团现有的产业基础，积极承接国内外智能手机品牌制造商产业转移，重点瞄准深圳、广州、东莞等地，集群引进整机制造企业，着力引进中兴、华为、酷派、小米、基伍等国内外知名品牌，支持已投产的神阳、东森、博仕达、喜沃等整机品牌提高产能。鼓励移动、电信、联通等运营商在河南合作生产高端定制手机，支持本地智能手机企业通过虚拟制造和服务外包方式提高制造能力，加快发展步伐。支持富士康实施“一主多辅”代工模式，鼓励其代工生产其他国内外强势品牌。把伟创力、比亚迪、华宝通讯等有规模的代工企业作为下一步重点承接对象。

研发设计。在郑州航空港经济综合试验区着力引进方案设计公司和应用设计公司，统筹推进系统设计、硬件设计和软件设计，力争在系统集成、外观创意、颜色搭配和能耗控制等方面有所突破；加快建设郑州航空港移动通信终端（手机）设备重点检测实验室，谋划建立国家级水平的智能终端（手机）产业研究院，成立相应的技术研发中心、数据信息中心、公共服务平台等机构；利用郑州高校专业技术人才比较优势，争取上海、北京等地的高端研发机构设立分支机构，共同打造技术和人才集聚发展态势。

**2. 零组件**

坚持“整机+配套”组团式发展模式，以整机产能扩大吸引配套环节转移。以屏组件、摄像模组、电池和机壳等本地具有基础的配套产业为突破口，积极承接高端品牌企业入驻，支持本地配套企业开发新材料、新产品，共同提升优势配套产业生产制造能力，使其能够嵌入智能手机产业链。在主板和芯片等关键领域加大招商力度，引进台积电、台联电、中芯国际等企业到郑州航空港经济综合实验区建设分支制造机构，与高通、三星电子、德州仪器和博通等知名芯片厂商洽谈，争取其在河南设立区域性研发中心。积极发展原辅料及其他零组件产业，不断增强结构件、功能件、声学器件、移动电源、数据线、连接器、专用胶带等智能手机配套产品制造能力及原辅料供应能力。

**3. 应用开发及服务**

坚持硬软件结合、同步发展原则，发展应用开发及服务。发挥郑州软件产业综合优势，以信息安全、行业信息化应用、媒体软件为重点发展方向，坚持承接产业转移与培育本地企业相结合，加快形成三大特色板块。积极引导和承接各类移动终端软件外包业务，促进智能移动终端软件产业集聚发展。推进大型手机企业、运营商、程序开发者、芯片制造商加强产业链合作，推动传统网络服务向智能移动终端转化应用，重点发展移动电子商务、移动公共服务、移动云服务三大方向，加快形成“硬件+软件+内容+服务”的产业生态系统。

## （二）对河南智能手机产业发展的建议

抢抓智能手机产业转移机遇，通过集群承接和集聚发展、培育骨干和品牌、强化创新和人才支撑、加强基础设施、公共服务平台、综合交易市场等的建设，为河南加快智能手机产业发展创造良好条件。

**1. 开展集群承接，推动产业集聚**

充分发挥河南的区位、资源和市场辐射优势，把握国内外智能手机产业转移机遇，按照集群引进、全产业链配套的要求，继续推进产业承接转移年度行动计划工作。围绕打造区域全产业链，瞄准深圳、韩国、中国台湾等重点区域，建立目标企业引进名录库，积极与产业链龙头企业、知名品牌企业、关键配套企业等开展深入推介、精细对接，实现有序承接、集群承接。通过举办手机产业发展专题报告会、产业招商培训班等活动，增强招商人员对产业发展的认知度和招商引资效率。

加强对产业基地、产业集聚区、专业园区的规划和引导工作，进一步明确各地重点发展方向和重点产业链，有重点地招商引资以推动各地错位发展，避免产业的过度雷同。着力实施智能手机产业“启航工程”，在“一区多点”规划区内建设多个产业启航区，整合政府扶持企业的各种资源，由政府引导并先行投资建设多层标准厂房、基础设施与公共服务机构，以提供一流的基础设施、公共平台和全方位服务，着力解决企业入驻初期的发展瓶颈，降低企业入驻成本，缩短量产时间，助力企业尽早启航，提升产业承接引力。

**2. 培育优势骨干企业，打造本地自主品牌**

实施智能手机企业“成长计划”，在已规划的重点区域和重点发展领域，出台清晰系统的土地供应、税费减免、物流配套、投融资等方面的政策，强力扶持已经落户河南的引进企业，着力打造一批国际先进、国内领先的智能手机优势企业。

积极支持本土企业对沿海地区制造商开展跨区域、跨行业的逆向收购、合资参股、战略投资，借助省外产业技术优势完成企业初期启动，发展一批具有较高知名度、带动力强的本土自主手机品牌。支持本地品牌与三大运营商开展战略合作，以及与省级公司业务合作，依托运营商销售渠道迅速扩大市场份额。

**3. 推进企业自主创新，强化人力资本保障**

加大对企业自主创新的扶持力度，鼓励企业申报国家科技计划和重大科技项目，健全由企业牵头的实施应用性重大科技项目机制。积极推动本土企业与国内外专业科研院所、品牌企业的战略合作，吸引高端研发团队及品牌企业在河南设立科研分支机构。依托解放军信息工程大学、郑州大学在通信、软件等领域的研发优势，探索建立市场化的产业技术创新战略联盟、技术研发中心、产业技术研发实验室，联合开展智能终端（手机）产业基础性和关键核心技术攻关。

坚持外部引进与本地培养相结合，加快制订实施智能手机人才引进培养“梧桐计划”，为产业规模快速扩张和层次提升提供智力支撑。加快引进一批高层次专业人才、领军人才和优秀经营管理人才到河南创业就业。支持省内高等院校加大智能手机产业相关人才的培养力度，重点扩大计算机信息技术、软件开发、电子商务、物流等专业招生规模，根据市场需求及时调整课程设置和教学计划。强化职业教育，引导企业开展订单式人才培养。

**4. 打造公共服务平台，完善信息基础设施**

按照市场化运作模式，整合政府资源和行业资源，建立开放共享的公共服务支撑体系。通过与大学、科研院所、行业协会、专业性中介机构、企业等建立战略合作伙伴关系，集聚优质资源，重点培育一批运作规范、公信度高的示范平台，为中小企业提供创业辅导、信息查询、资本运营、管理咨询、市场开拓和人员培训等服务。

加快完善区域无线网络和数据基础设施，提升智能手机产业发展的支撑能力。全面开展以绿色节能和云计算技术为基础的 IDC（互联网数据中心）改造，加快 4G 基站布局，进一步扩展网络容量、覆盖范围和服务能力。联合三大电信运营商，以“宽带河南”“三网融合”等为重点，加快“无线城市”建设进程。实施“豫云计划”，重点推进中国移动洛阳呼叫中心、中国联通中原数据基地、华强电子信息高端服务基地等一批云计算服务设施项目建设。

**5. 构建综合交易市场，强化专业物流支撑**

构建综合交易市场。加强对河南现有各类智能终端（手机）产品及零部件交易市场的规划整合，建立郑州航空港电子商贸城，打造集终端产品、零部件、周边设备、软件等展示、交易、物流的中西部规模最大、产品种类最全的综合性市场，推动企业开展“厂店互动”发展模式。探索建立智能手机电子商务平台，探索构建中国移动智能终端价格指数，使其成为具有全球影响力的智能终端产品采购风向标。

强化专业物流支撑。依托郑州机场“铁公机”无缝对接的联运优势，以及综合保税区与机场合一的区位优势，进一步完善郑州航空港区基础设施，推动其逐步发展成为集全球智能终端设备价格中心、采购交易中心、展览中心为一体的物流服务中心，为企业提供物流、仓储、保税、通关、电子商务等全要素服务，为智能手机产业构建“大物流、大通关、大服务”的支撑服务体系。

## 参考文献

杨红霞、吕维才、付喜明、郑州海关统计学会：《2012～2013 年河南省对外贸易形势分析与展望》，河南统计网，2013 年 3 月 7 日。

李萧伶：《河南省全球智能手机产业基地建设迈出新步伐》，《河南工人日报》2013 年 4 月 12 日。

陈学桦：《集群引进带来智能终端业突破，河南省电子信息产业日益“丰满”》，《河南日报》2013 年 7 月 14 日。

B.14

# 河南食品工业发展形势分析与展望

周春雨*

**摘　要：**

2013年，河南食品工业平稳较快增长，增速平稳回升，快于全省工业平均增长水平；产业结构调整和转型升级步伐加快；投资情况比较乐观；会展经济效益日益凸显；原料价格波动对产业发展产生重要影响。未来一段时期，河南食品工业发展重点在于提高食品工业化水平，加快市场国际化步伐，高度重视消费品牌化，积极倡导产业一体化，加快推进企业信息化，加强原料标准化建设。最后，提出加快河南食品工业发展的对策建议。

**关键词：**

食品工业　形势分析　发展重点

2013年，在市场需求不足、成本压力上升、转型升级难度增大等多种因素交织、错综复杂的经济形势下，河南省委、省政府紧紧围绕党中央国务院的战略部署，实施一系列稳增长、调结构、促转型的政策措施，努力推动河南经济爬坡过坎、平稳健康发展。那么，作为发展条件优越、产业基础扎实、发展潜力巨大、各方高度重视的高成长性产业的食品工业，在内生动力驱动和外在因素推动的共同作用下，面对各种矛盾和困难，又将实现怎样的发展？呈现哪些发展亮点？为全省经济发展交出一份怎样的答卷？揭开这些答案，将有助于为各方坚定发展信心、明确方向重点、制定

* 周春雨，河南省工业和信息化厅消费品工业处（省食品工业办公室）主任科员。

政策措施等提供有益参考和借鉴，推动食品工业发展取得新的更大的成就。

## 一　2013 年前三季度河南食品工业运行情况分析

2013 年前三季度，全省食品工业平稳较快增长，增速平稳回升，快于全省工业平均增长水平，高于上年食品工业增速，呈现好的发展趋势、态势和气势（见表 1）。

**表 1　2013 年前三季度河南食品工业（规模以上企业）主要经济指标完成情况**

单位：亿元，%

| 行业名称 | 主营业务收入 | | 税金 | | 利润 | | 亏损企业亏损额 | |
|---|---|---|---|---|---|---|---|---|
| | 总额 | 增速 | 总额 | 增速 | 总额 | 增速 | 总额 | 增速 |
| 农副食品加工业 | 3421.18 | 17.2 | 73.21 | 2.8 | 259.62 | 13.3 | 2.21 | 39.9 |
| 食品制造业 | 1359.18 | 20.0 | 35.02 | 5.8 | 131.32 | 17.1 | 0.93 | -13.9 |
| 酒、饮料和精制茶制造业 | 861.95 | 19.3 | 33.83 | 9.1 | 78.40 | 20.1 | 1.39 | -32.9 |
| 烟草制品业 | 353.31 | 9.3 | 202.63 | 7.7 | 64.28 | 18.3 | 0.19 | -17.4 |
| 总　计 | 5995.62 | 17.6 | 344.69 | 6.5 | 533.62 | 15.8 | 4.72 | -4.8 |

### （一）主要经济指标增速高于全省工业平均水平

2013 年前三季度全省规模以上食品工业企业完成主营业务收入 5995.62 亿元，同比增长 17.6%；实现利润 533.62 亿元，同比增长 15.8%。主营业务收入和利润增速分别高于全省工业平均增速 4 个、3.1 个百分点。其中，农副食品加工业，食品制造业，酒、饮料和精制茶制造业主营业务收入增速分别为 17.2%、20.0%、19.3%，分别高出全省工业主营业务收入增速 3.6 个、6.4 个、5.7 个百分点。

### （二）主要经济指标增速逐步回升，总体好于上年

2013 年一季度，全省食品工业主营业务收入 1892.8 亿元，同比增长 14.5%；前二季度主营业务收入 3820.7 亿元，同比增长 17.3%。一、二、三

季度食品工业主营业务收入增速分别为 14.5%、17.3%、17.6%，呈现逐步加快、稳中有升的良好态势。前三季度全省食品工业主营业务收入增速较 2012 年加快 1.5 个百分点。四季度是传统的食品销售旺季，初步判断，全年总体运行情况好于上年。

## （三）行业亏损面缩小，效益增加

在食品工业 4 个子行业中，除农副食品加工业亏损企业亏损额同比增长外，其他 3 个子行业同比均出现降低，食品制造业，酒、饮料和精制茶制造业，烟草制品业亏损企业亏损额同比增长分别为 -13.9%、-32.9%、-17.4%，均好于全省工业亏损企业亏损额增速 -4.8% 的水平。行业亏损面缩小，亏损额下降，直接带动行业经济效益的增加，4 个子行业利润增速分别为 13.3%、17.1%、20.1% 和 18.3%，分别高出全省工业利润增长水平 0.6 个、4.4 个、7.4 个和 5.6 个百分点。

## （四）产业结构调整、转型升级步伐进一步加快

2013 年前三季度，农副食品加工业主营业务收入占食品工业总量 57.1%，较 2012 年占比 58.4%，回落 1.3 个百分点。从表 2 可以看出，食品制造业及酒、饮料和精制茶制造业主营业务收入、税金、利润等指标增速均高于农副食品加工业。种种迹象表明，河南省食品工业产业结构调整取得了一定成效，产业转型升级步伐进一步加快。

## （五）投资情况比较乐观

从河南省公布的 2013 年 1 ~9 月投资前 10 位行业排名看，农副食品加工业、食品制造业位居其中，分别居第 5 位、第 10 位。其中，农副食品加工业投资额 545.75 亿元，同比增长 20.8%；食品制造业投资额 360.79 亿元，同比增长 34.7%。从 2013 年前三季度全省企业投资工业和信息化项目备案情况看，食品行业备案项目 248 个，位居行业前三名，投资概算 195.8 亿元，其中 5000 万元以上备案项目 74 个，占全省 5000 万元以上项目总数的 12.85%，投资概算 163 亿元。

### （六）会展经济效益日益凸显

2013 年 5 月 16～20 日，第十一届中国（漯河）食品博览会召开。本届博览会展览总面积达 5 万平方米，设 2300 个国际标准展位，是历届博览会中规模最大的一届。参展企业 914 家，其中包括全国 27 个省、自治区、直辖市的 815 家境内企业以及 18 个国家和地区的 99 家国（境）外企业；到会大型采购团 46 个，采购企业 2082 家，采购商代表涉及全国 22 个省、自治区、直辖市和新加坡、日本、中国香港等 3 个国家和地区；此外，还有来自 25 个国家和地区，全国 23 个省、自治区、直辖市的 1056 名重要投资商汇聚漯河。博览会上，漯河市共签约各类投资合同项目 66 个，总投资 290 亿元；签订各类贸易采购合同额（不包括现场销售额）320 亿元。另外，在驻马店召开的 2013 年中国农产品加工业投资贸易洽谈会、在永城举办的第七届中国（永城）面粉食品博览会也都收到了良好的效果，取得了很好的经济效益。食品会展已经成为河南省展示食品工业发展成就、吸引外来企业投资兴业的重要渠道和平台，为河南省带来了显著的经济效益和社会效益。

### （七）原料价格波动带给食品行业的影响不容忽视

据河南省地方经济社会调查队对河南省 18 个省辖市 30 种主要食品价格调查监测，9 月以来，由于双节效应，导致蔬菜水果价格和肉蛋禽价格出现不同程度的上涨。与 2012 年 9 月相比，在所监测的 30 个品种中，上涨的有 23 种，占 76.67%；下跌的有 7 种，占 23.33%。其中，与河南省食品工业产品结构密切相关的原料，如面粉、肉类、蔬菜等价格均不同程度上涨，将对河南省面制品、肉制品、速冻食品等优势主导产业产生影响，一方面导致企业生产成本上升，终端产品销售价格上涨难度较大，企业利润降低；另一方面将促使企业加快产品结构调整步伐，提高产品档次，增加中高档产品比重，进一步加快河南省食品工业产业结构调整和转型升级。

2013 年前三季度，虽然河南省食品工业平稳较快增长，增速稳中有升，出现一些好的苗头和发展势头，但和全国平均水平、先进省份以及中部其他一些省份食品工业发展情况相比，依然存在企业规模小、产品档次低、产业链条

短、产业集聚度不高等旧的顽疾，同时也出现发展速度放缓、后劲不足、差距拉大等诸多新问题，面临着“标兵越来越远，追兵越来越近”的严峻形势。未来一个时期，河南省食品工业加快发展和转型升级双重任务并重，国内地区竞相发展和国外企业抢滩登陆双重压力并存，不进则退，发展慢则意味着倒退，需要引起河南省各方高度重视，切实增强紧迫感、责任感和使命感，采取有效措施，推动爬坡过坎，实现“弯道超车”。

## 二　未来一个时期河南省食品工业的发展重点

未来一个时期，食品工业在满足人们基本温饱需求的前提条件下，更要有优质的质量安全保证，迎合人们消费“安全、营养、健康”食品和追求美好生活的愿望。认真研究消费升级带来食品产业发展的新变化，河南省食品工业的发展重点在以下几方面。

### （一）提高食物工业化水平

随着国民经济的发展、人口数量的增加和城镇化步伐的加快推进，居民收入水平稳步提高，消费能力日益提升，工作生活节奏越来越快，食品在满足人们温饱的前提下，带给人们生活的便利与快捷，使人们从繁重的家务劳动中解放出来，年轻消费群体增长，消费观念转变，追求时尚、个性、新颖的方便休闲食品，促使自给型食品消费比重逐步下降，食物工业化水平不断提高。目前，主要发达国家加工食品占饮食消费总量的90%，食品工业总产值与农业总产值的比值为3∶1。河南省是农产品生产大省，小麦产量占全国的1/4，果蔬产量居全国第2位，肉类产量居全国第3位，食物资源非常丰富，但加工率普遍偏低，果蔬加工率不足30%，肉类加工率仅为20%。河南省加工食品占饮食消费总量不足30%，食品工业化水平与发达国家相比，存在较大差距。

### （二）加快市场国际化步伐

全球一体化进程加速推进，现代通信、网络技术迅猛发展，国与国之间经济、文化、信息等交流日益密切，人员往来频繁，饮食文化加快融合，食品市场国际化步伐越来越快。纵观主要发达国家食品工业和世界知名食品企业的发展历史，利用国际、国内两种资源，积极抢占国际市场，走国际化道路是重要的驱动力。近年来，河南省食品企业积极通过资本收购、海外上市、产品出口等多种途径，迈出了河南省食品工业国际化发展的步伐。10月10日，双汇国际控股公司成功收购美国最大的猪肉生产商史密斯菲尔德食品公司，在此之前，三全食品成功收购美国亨氏集团旗下的龙凤食品；众品、思念、杜康等开启了河南省食品企业境外上市的先河；大用、永达鸡肉产品出口日本、韩国、东南亚等国家和地区。然而，和发达国家、先进省市、世界500强食品企业相比，河南省食品工业国际化步伐尚处于起步阶段，食品出口额仅占全省食品工业主营业务收入的1%左右。

### （三）高度重视消费品牌化

品牌是人们对一个企业及其产品、售后服务、文化价值的一种评价和认知，是一种信任。只有当企业品牌被市场认可并接受后，品牌才能产生市场价值。品牌的认可与接受，取决于消费者收入水平高低、商品紧缺程度、产品功能、品牌的知名度与美誉度等多种因素。当前，我国食品企业众多，食品功能相近，产品同质化严重，市场竞争十分激烈。依据消费者由吃饱向吃好消费心态的转变趋势，综合多种因素分析判断，越来越多的消费者将更多地选择品牌知名度、美誉度高的食品，品牌已经取代产品本身的性能属性而成为消费者的首选。根据全球品牌集团 Interbrand 发布的“2012 全球品牌价值排行榜”，可口可乐连续13年蝉联品牌价值榜榜首，其品牌价值达778.4亿美元，较2011年增长8%。日前，在法国巴黎发布的100个2013年（第19届）“中国最有价值品牌”中，河南省6家企业上榜，食品行业双汇、三全、莲花等3家企业榜上有名。其中，双汇品牌价值269.68亿元，居第13位；三全品牌价值23.61亿元，居第83位；莲花品牌价值17.8亿元，居第89位。

### （四）积极倡导产业一体化

在当前的经济环境下，食品企业之间的竞争模式发生深刻变化，已不再是规模、实力、技术等指标的简单对比，由单一领域向多领域、关联性、复合型

转变。未来食品企业的竞争，将逐渐由单一的工业制造领域延伸至第一产业农产品资源及第三产业市场终端服务。基于竞争模式的改变和食品安全因素的考虑，食品企业资源整合、产业链延伸步伐逐步加快。大型加工企业加快建设规模化种养殖基地，积极整合物流、配送、零售等市场终端服务环节资源，构建“市场—制造—种养殖”一体化的产业链条，打造全产业链集团成为新的发展模式。目前，河南省食品企业在产业一体化方面已取得一定进展，肉类企业纷纷建设养殖基地，向产业链前端延伸；双汇集团积极发展连锁、物流等第三产业；众品集团以制造业和服务业联动为依托，建立现代物流服务产业体系，在全国已规划建设 15 个销售地生鲜物流配送中心和 10 个产地生鲜加工配送中心，物流服务和市场网络覆盖全国 26 个省份。

### （五）加快推进企业信息化

党的十八大报告中指出，坚持走中国特色新型工业化、信息化、城镇化、农业现代化道路，推动信息化和工业化深度融合、工业化和城镇化良性互动、城镇化和农业现代化相互协调，促进工业化、信息化、城镇化、农业现代化同步发展。作为快速消费品的食品行业，产品种类多，市场覆盖面广，产业链条长，加快推进食品企业信息化进程，不仅是解决长期困扰食品企业的管理水平低、生产效率低、产品可追溯性差等问题的根本途径，也是改造提升传统产业、加快食品工业转型升级的现实需要，更是破解食品安全难题的治本之策。当前，电子商务迅猛发展，传统的食品销售模式和方式正在发生翻天覆地的变化，面临前所未有的挑战，迫切需要食品企业尽早利用信息化手段，借助电子商务平台，借船出海，尽快实现创新、跨越发展。

### （六）加强原料标准化建设

食品安全问题发生的重要原因是大规模的工业化生产和传统的农业散养散种的生产方式之间的矛盾，生产的标准化与原料标准的不统一之间的矛盾。解决这些矛盾的根本方法，就是要推动优质原料基地建设，保证原料来源的统一和质量的稳定可控。引导有条件的单位或企业以标准化、规模化、专用化、产业化为重点，加快优质农畜产品生产基地建设。加强产销衔接，支持骨干食品企业发展订单农业，将农业作为生产第一车间；鼓励企业采取“公司＋基地”“公司＋基地＋农户”“公司＋农民合作社＋农户”等多种方式，建立自有原料基地。推广现代化的收储、烘干、晾晒技术，提高原料加工水平，降低收获后损失率。

## 三 加快河南省食品工业发展的几点建议

今后一个时期，河南省食品工业总体思路是，坚持“发挥优势、弥补短板、突出特色、重点突破”的原则，以质量安全为前提，以优势产业为重点，以主要区域为依托，以龙头企业为支撑，进一步做大、做优、做强优势产业和主要区域，提高产业配套能力和核心竞争力，努力向建设竞争优势突出、产业带动明显、结构布局合理、发展后劲儿充足的食品工业强省的目标迈进。

### （一）转变思想观念

观念决定思路，思路决定出路。清醒认识河南省食品工业发展处于市场主导向引导消费过渡时期的发展阶段，转变思想观念，以全新的视角和超前的眼光重新审视食品工业，摒弃有什么农产品加工什么食品的传统思维和“资源—产品—市场”的传统发展模式，坚持市场主导，充分发挥企业的主体作用。综合运用各种手段，引导企业研究消费需求变化，以消费需求导向为产品开发方向，以新产品引导消费潮流。充分发挥高等院校、科研院所的作用，加大对企业开发新产品的前期论证、技术服务、市场开拓等方面的支持力度，尽快使一批能够引导消费的新产品实现工业化生产。

### （二）出台发展意见

坚持顶层设计，发挥政府引导和政策环境对于促进食品工业发展的巨大推动作用。以省委、省政府名义出台食品工业发展指导意见，阐明发展食品工业对于加快城镇化建设、调整产业结构、增强经济抗风险能力的重大意

义，提出新时期发展食品工业的指导思想，找准薄弱环节和发展短板，明确发展重点和工作任务，制定政策措施，出台真招实招，合理配置资源要素，引导项目集中布局、产业集群发展、资源集约利用和功能集合构建，勾画食品工业强省建设的宏伟蓝图和发展路线图，激发各方发展食品工业的积极性、主动性和创造性。

### （三）开发特色资源

瞄准消费升级趋势和消费者追求绿色、生态、健康食品的消费诉求，充分发挥河南省豫西及豫西南山珍资源丰富的优势，加大资源产业化开发力度，努力打造豫西及豫西南绿色生态食品产业基地。支持一批产品特色突出、成长势头较好、发展意识较强的中小企业加快市场开拓，加强品牌建设，尽快做大、做强。开展河南省特色食品资源及产业化开发情况调查，引导高等院校及科研院所加大特色食品资源产业化开发的技术研究与人才储备，推动河南省山药、板栗、猕猴桃、菌类等一批特色食品资源尽快实现产业化开发。引导具有地域特色、一定知名度和消费群体的特色食品进行低盐、低糖、低油改造，提升产品档次，迎合现代消费趋势，加快其产业化、规模化、标准化步伐。挖掘传统特色饮食资源，充分利用现代科技、技术和生产手段，实现工业化生产。

### （四）实施品牌战略

加快培育发展本地龙头企业，积极承接食品产业转移，通过引进国内外先进食品大企业，迅速提高食品工业的整体实力和国际化水平，重点发展一批主业突出，特色鲜明，辐射力、竞争力强的知名食品企业。将地域环境、资源优势与产品有机结合，打造一批具有河南特色的和在国内外同类产品中具有较强竞争力的食品工业优势产品和著名品牌。鼓励企业争创中国驰名商标和世界知名品牌，加速形成河南省食品工业名牌产品的群体优势。加强对知名品牌的保护和宣传，增强企业和全社会保护知名品牌的意识和责任。积极组织支持企业参加国内外食品展览会等行业交流活动，推进食品企业对外出口，积极开拓国际市场，提升知名品牌影响力。

# B.15

# 河南钢铁工业发展形势分析与展望

尹汉标*

**摘　要：**

受经济增速持续放缓，市场需求严重不足，产能过剩等影响，2003年以来钢铁行业围绕“转方式、优结构、提质量、增效益”，整体上运行平稳，钢铁产品产量高速增长，经济效益实现了月度盈利，但产能利用率仍然偏低。未来要把稳增长、调结构、化解产能过剩落到实处，着力破解制约发展瓶颈和创新驱动，以谋取钢铁产业的新发展。

**关键词：**

钢铁工业　结构优化　产业升级

受国际金融危机的深层次影响，西方发达国家经济增长低迷，市场需求持续不旺，国内经济发展放缓，市场供大于求的局面难以改变。面对钢铁工业目前的困境，钢铁行业必须要战略反思，把调结构、转型升级放在重要日程上来。不能追求规模扩张，盲目“做大做强”，要严控增量，优化存量。2013年第三季度河南省粗钢产能利用率为67.82%，远低于国际正常水平的75%。产能严重过剩已阻碍钢铁行业调结构和转型升级，加剧市场恶性竞争，造成行业亏损面继续扩大。当前，要采取有效措施化解钢铁产能过剩，加快淘汰落后产能，推进企业实质性兼并重组，提高产业集中度，加快钢铁产业转型升级的步伐。

* 尹汉标，河南省钢铁工业协会秘书长，高级工程师。

# 一　2013 年河南省钢铁产业运行基本情况分析

## （一）河南省钢铁产业运行的总体态势

### 1. 钢铁产品产量保持高速增长，月度粗钢产量创历史最高水平

据河南省统计局提供的数据经省钢协核实，2013 年前三季度全省累计粗钢产量 1766.55 万吨，同比增长 7.45%，比全国低 0.56 个百分点；生铁产量 1829.05 万吨，同比增长 14.27%，比全国高 7.35 个百分点；钢材产量 2987.94 万吨，同比增长 16.19%，比全国高 4.48 个百分点。钢、铁、材分别在全国排名中居第 7 位、第 6 位和第 7 位，在中部地区排名分别为第 3 位、第 2 位和第 3 位。

省 8 家重点钢铁企业 2013 年前三季度粗钢产量 1565.66 万吨，同比增长 15.69%，占全省产量 88.63%（见图 1）；生铁产量 1439.88 万吨，同比增长 14.97%，占全省产量 78.72%（见图 2）；钢材产量 1410.19 万吨，同比增长 15.97%，占全省产量 47.19%。重点企业钢、铁、材增长速度分别比全省增速高 8.24 个、0.7 个百分点和低 0.22 个百分点（见图 3）。

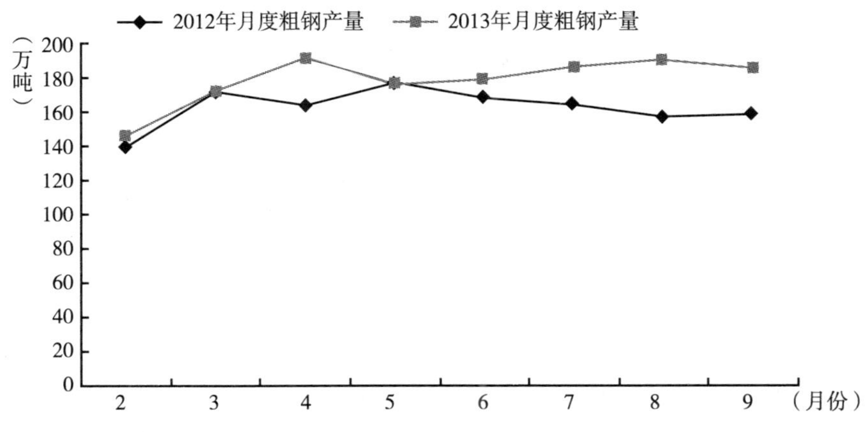


图 1　2012 年和 2013 年河南省重点钢铁企业月度粗钢产量趋势

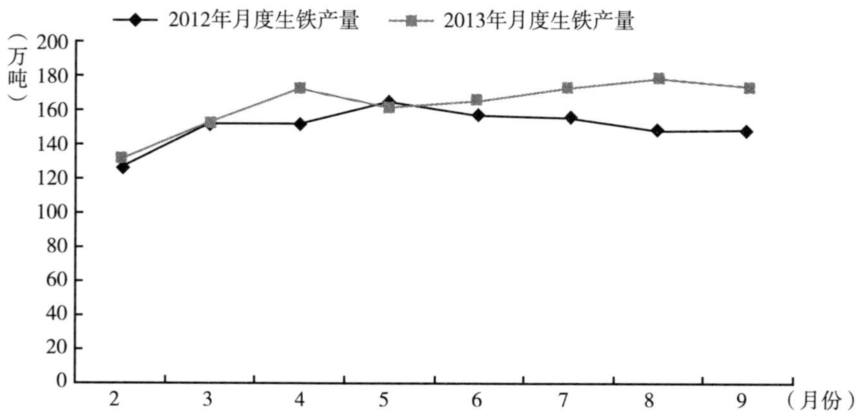


**图 2　2012 年和 2013 年河南省重点钢铁企业月度生铁产量趋势**

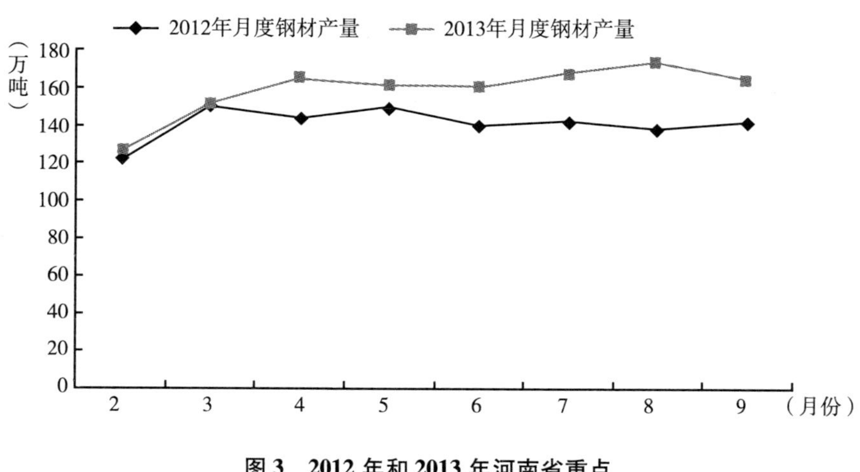


**图 3　2012 年和 2013 年河南省重点钢铁企业月度钢材产量趋势**

分企业看，2013 年 1～9 月粗钢同比增长的有 3 家企业，分别为安阳钢铁同比增长 47.52%、沙钢永兴同比增长 35.9%、济源钢铁同比增长 9.77%；其余 5 家为负增长企业，其中亚新降幅为 19.26%、河南舞钢降幅 9.81%（见表 1）。

2013 年 1～9 月生铁产量同比增长的企业分别是安阳钢铁同比增长 37.49%，沙钢永兴同比增长 32.70%，济源钢铁同比增长 9.98%；其余 4 家为下降企业，亚新同比下降 16.52%、信钢同比下降 5.64%、南阳汉冶同比下降 1.92%，凤宝同比下降 1.06%（见表 2）。

**表1　2013年1~9月全省及重点企业粗钢产量**

单位：万吨，%

| 单　位 | 9月产量 | 上年9月产量 | 比上年同期 |  | 1~9月累计产量 | 上年同期累计产量 | 累计比上年同期 |  |
|---|---|---|---|---|---|---|---|---|
|  |  |  | 增减量 | 增幅 |  |  | 增减量 | 增幅 |
| 全省合计（统计局） | 243.50 | 194.70 | 48.80 | 25.06 | 2034.59 | 1644.00 | 390.59 | 23.76 |
| 全省合计（省钢协核实） | 209.77 | 194.70 | 15.07 | 7.74 | 1766.55 | 1644.00 | 122.55 | 7.45 |
| 重点合计 | 184.71 | 148.13 | 36.58 | 24.69 | 1565.66 | 1353.33 | 212.33 | 15.69 |
| 安阳钢铁集团 | 93.88 | 63.48 | 30.40 | 47.89 | 760.73 | 570.33 | 190.39 | 33.38 |
| 其中:安阳钢铁 | 72.37 | 46.06 | 26.31 | 57.12 | 599.95 | 406.69 | 193.26 | 47.52 |
| 信　钢 | 21.51 | 17.41 | 4.10 | 23.52 | 160.77 | 163.64 | -2.87 | -1.75 |
| 凤　宝 | 12.59 | 11.28 | 1.31 | 11.61 | 96.65 | 97.99 | -1.34 | -1.36 |
| 舞　钢 | 11.93 | 14.22 | -2.29 | -16.13 | 122.94 | 136.31 | -13.37 | -9.81 |
| 济源钢铁 | 29.23 | 26.36 | 2.87 | 10.87 | 257.45 | 234.53 | 22.92 | 9.77 |
| 亚　新 | 7.35 | 7.01 | 0.34 | 4.85 | 69.00 | 85.46 | -16.46 | -19.26 |
| 沙钢永兴 | 14.80 | 11.55 | 3.25 | 28.10 | 122.37 | 90.05 | 32.33 | 35.90 |
| 南阳汉冶 | 14.94 | 14.22 | 0.72 | 5.04 | 136.51 | 138.66 | -2.14 | -1.55 |

**表2　2013年1~9月全省及重点企业生铁产量**

单位：万吨，%

| 单　位 | 9月产量 | 上年9月产量 | 比上年同期 |  | 1~9月累计产量 | 上年同期累计产量 | 累计比上年同期 |  |
|---|---|---|---|---|---|---|---|---|
|  |  |  | 增减量 | 增幅 |  |  | 增减量 | 增幅 |
| 全省合计（统计局） | 230.77 | 187.90 | 42.87 | 22.82 | 1881.74 | 1600.70 | 281.04 | 17.56 |
| 全省合计（省钢协核实） | 222.64 | 187.90 | 34.74 | 18.49 | 1829.05 | 1600.70 | 228.35 | 14.27 |
| 重点合计 | 174.58 | 140.27 | 34.31 | 24.46 | 1439.88 | 1252.42 | 187.46 | 14.97 |
| 安阳钢铁集团 | 94.48 | 66.61 | 27.87 | 41.84 | 745.86 | 595.60 | 150.26 | 25.23 |
| 其中:安阳钢铁 | 74.32 | 48.67 | 25.65 | 52.70 | 586.04 | 426.24 | 159.80 | 37.49 |
| 信　钢 | 20.16 | 17.95 | 2.21 | 12.32 | 159.82 | 169.36 | -9.54 | -5.64 |
| 凤　宝 | 12.67 | 11.15 | 1.52 | 13.63 | 96.63 | 97.66 | -1.04 | -1.06 |
| 济源钢铁 | 30.03 | 29.92 | 0.11 | 0.35 | 264.34 | 240.35 | 23.99 | 9.98 |
| 亚　新 | 8.05 | 7.13 | 0.92 | 12.90 | 72.66 | 87.04 | -14.38 | -16.52 |
| 沙钢永兴 | 14.96 | 12.25 | 2.71 | 22.11 | 126.80 | 95.56 | 31.24 | 32.70 |
| 南阳汉冶 | 14.39 | 13.22 | 1.17 | 8.85 | 133.59 | 136.21 | -2.62 | -1.92 |

钢材同比增长的4家企业分别为安阳钢铁（45.02%）、凤宝特钢（43.05%）、沙钢永兴（26.92%）、济源钢铁（11.03%），其余负增长企业为亚新（-20.57%）、河南舞钢（-8.65%）、南阳汉冶（-5.98%）、信钢（-2.08%）4家（见表3）。

**表3　2013年1～9月全省及重点企业钢材产量**

单位：万吨，%

| 单　位 | 9月产量 | 上年9月产量 | 比上年同期 | | 1～9月累计产量 | 上年同期累计产量 | 累计比上年同期 | |
|---|---|---|---|---|---|---|---|---|
| | | | 增减量 | 增幅 | | | 增减量 | 增幅 |
| 全省合计（统计局） | 375.24 | 309.00 | 66.24 | 21.44 | 3168.86 | 2571.70 | 597.16 | 23.22 |
| 全省合计（省钢协核实） | 348.12 | 309.00 | 39.12 | 12.66 | 2987.94 | 2571.70 | 416.24 | 16.19 |
| 重点合计 | 164.68 | 139.26 | 25.42 | 18.25 | 1410.19 | 1216.01 | 194.18 | 15.97 |
| 安阳钢铁集团 | 87.69 | 66.44 | 21.25 | 31.98 | 731.20 | 557.28 | 173.92 | 31.21 |
| 其中：安阳钢铁 | 66.09 | 46.93 | 19.16 | 40.83 | 571.15 | 393.83 | 177.32 | 45.02 |
| 信　钢 | 21.59 | 19.51 | 2.08 | 10.67 | 160.05 | 163.45 | -3.40 | -2.08 |
| 凤　宝 | 6.94 | 3.74 | 3.20 | 85.38 | 46.39 | 32.43 | 13.96 | 43.05 |
| 舞　钢 | 10.04 | 12.21 | -2.17 | -17.80 | 104.54 | 114.43 | -9.90 | -8.65 |
| 济源钢铁 | 26.78 | 24.66 | 2.12 | 8.58 | 243.97 | 219.72 | 24.24 | 11.03 |
| 亚　新 | 7.15 | 6.99 | 0.16 | 2.26 | 67.23 | 84.63 | -17.41 | -20.57 |
| 南阳汉冶 | 13.45 | 16.55 | -3.10 | -18.72 | 132.91 | 141.36 | -8.45 | -5.98 |
| 沙钢永兴 | 12.64 | 8.66 | 3.98 | 45.96 | 83.95 | 66.15 | 17.81 | 26.92 |

**2. 重点企业经济运行质量继续向好，实现月度盈利**

重点钢铁企业结束了连续18个月亏损，8月实现盈利1.158亿元。2013年前三季度，重点企业实现销售收入598.24亿元，同比增长1.54%；累计亏损额6.6亿元，与上年同期亏损19.32亿元，减亏12.729亿元，亏损面由去年同期62.5%增至75.00%，亏损大户的亏损额由去年的3.41亿元增亏至3.75亿元。8月销售利润率达到1.62%（见图4）。

分企业看，9月盈利企业有安阳钢铁盈利1.02亿元，环比增长19.3%；凤宝特钢盈利0.1619亿元，环比增长10.65%；舞钢盈利8.0万元，环比降了42.85%；济源钢铁盈利808.0万元，环比下降了51.99%；南阳汉冶盈利

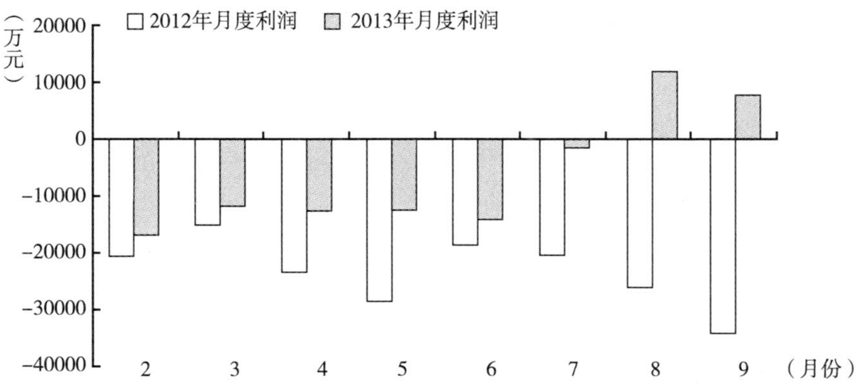


**图 4　2012 年和 2013 年河南省重点钢铁企业月度利润趋势**

181.0 万元，环比增长 30.4%。9 月亏损企业为信钢亏损 144.0 万元，由 8 月盈利转为亏损；亚新亏损 210.0 万元，环比减幅 15.6%；沙钢永兴亏损 4625 万元，环比增长 11.39%（见表 4）。

**表 4　2013 年前三季度全省及重点企业利润**

单位：万元，%

| 单　位 | 9 月利润 | 上年 9 月利润 | 比上年同期 | | 1 ~ 9 月累计利润 | 上年同期累计利润 | 累计比上年同期 | |
|---|---|---|---|---|---|---|---|---|
| | | | 增减量 | 增幅 | | | 增减量 | 增幅 |
| 全省合计 | 7840 | -35233 | 43073 | 122.00 | -66003 | -193205 | 127202 | 65.84 |
| 安阳钢铁集团 | 10059 | -29200 | 39259 | 134.00 | -35393 | -185789 | 150396 | 80.95 |
| 其中：安阳钢铁 | 10203 | -24929 | 35132 | 141.00 | -21658 | -177698 | 156040 | 87.81 |
| 信　　钢 | -144 | -4271 | 4127 | 96.63 | -13735 | -8091 | -5644 | -69.76 |
| 凤　　宝 | 1619 | -971 | 2590 | 267.00 | -1337 | -508 | -829 | -163 |
| 舞　　钢 | 8 | 263 | -255 | -96.96 | 97 | 4842 | -4745 | -98.00 |
| 济源钢铁 | 808 | -1130 | 1938 | 172.00 | 9261 | 10024 | -763 | -7.61 |
| 亚　　新 | -210 | -290 | 80 | 27.59 | -2121 | 7670 | -9791 | -128 |
| 南阳汉冶 | 181 | 136 | 45 | 33.09 | 1026 | 4663 | -3637 | -78.00 |
| 沙钢永兴 | -4625 | -4041 | -584 | -14.25 | -37536 | -34107 | -3429 | -10.05 |

### 3. 对 7 家重点钢铁企业统计显示能耗指标大幅下降

2013 年 1 ~ 9 月主要能耗指标完成情况：吨钢综合能耗 566.47 千克标准煤，去年同期 617.96 千克标准煤，降低了 51.49 千克标准煤，降幅为 8.33%。

吨钢可比能耗 534.16 千克标准煤，去年同期 578.20 千克标准煤；降低了 44.04 千克标准煤，降幅 8.25%。吨钢电耗 385.79 千瓦时，去年同期 385.46 千瓦时，提高 0.33 千瓦时。吨钢耗新水 2.95 立方米，去年同期 3.03 立方米，降低 0.08 立方米。2013 年 1 ~9 月吨钢耗新水 2.95 立方米为国内先进水平。河南济源钢铁吨钢耗新水 1.1 立方米为国内最低水平。

**4. 新产品开发力度加大，产品结构明显优化**

根据下游用钢企业对高强度钢材和钢铁新材料的需求，舞钢、安阳钢铁、济源钢铁、汉冶特钢等企业加大投入研发新产品并实施组织生产。

加快建筑用高强度钢筋的推广应用。根据国家工信部、住房和城乡建设部的要求到 2015 年要淘汰Ⅱ级螺纹钢筋，使用Ⅲ级以上高强度螺纹钢筋。安阳钢铁、济源钢铁、信钢等钢铁企业组织技术工艺开始高强度钢筋试制，至 2013 年 1 ~9 月安阳钢铁钢筋产量 138.0 万吨，其中Ⅲ级以上高强度螺纹钢筋产量 120 万吨，同比增长 29.0%，占钢筋产量的 86.96%，比上年同期提高 21.96 个百分点。信钢钢筋产量 92.21 万吨，其中Ⅲ级钢筋 22.96 万吨，比上年同期增长 82.5%，Ⅳ级钢筋 22.10 万吨，比上年同期增长 346.2%，Ⅴ级钢筋 2.15 万吨，比上年同期增长 299.8%，已停止Ⅱ级钢筋生产。济源钢厂钢筋产量 60.30 万吨，其中Ⅲ级钢筋产量 50.35 万吨，占钢筋产量的 83.5%，比上年同期增长 11.8%。

2013 年 1 ~9 月，河南共开发新钢种 97 个，规模达 200 多个。济源钢铁开发 37 个钢种，产量达 29609 万吨，齿轮钢、轴承钢、弹簧钢填补省内空白，2013 年 1 ~9 月优特钢产量 145.81 万吨，优特钢比例 60%，同比增长 9%。河北钢铁集团舞阳钢铁公司开发新品种 13 个，属高附加值、高技术含量、替代进口产品，并填补国内空白。如：石油化工、煤化工用铬、钼钢、海洋钻井平台齿条用钢，高强度桥梁用钢等在国家重点工程项目中应用。沙钢集团安阳永兴钢厂开发 6 个钢种，5 个规格圆管坯，其中 310mm 圆管坯填补河南省空白。高强度建筑用钢筋成功研发试生产 HRB400（E）、HRB500、HRB500（E）等品种。汉冶特钢淘汰 Q235 系列，新开发 4 个钢种，增加 Q345D/E、Q345R、Q345GJ 等高级别钢种，13MnNiMo 钢成为国内唯一一家实现《GB713 锅炉和压力容器用钢板》标准全钢种、全规格认证的企业。凤宝特钢开发新产品 4

个，新产品产量5.3万吨，同比增长0.3%，优特钢产品比列达95%以上。信钢开发新钢种10个，新产品产量8.7万吨。

## （二）河南钢铁行业运行的主要特点

### 1. 企业利润大幅度下降，亏损额逐月收窄

由于企业经营成本高、产能过剩、产品争相降价，造成大部分重点钢铁企业利润下降。2013年1～9月，舞钢同比下降98.0%、信钢同比下降69.76%、南阳汉冶同比下降78.0%、济源钢铁同比下降7.61%。连续两年增亏的企业有，凤宝比上年增亏829.0万元，沙钢永兴增亏3429.0万元。唯独安阳钢铁亏损额逐月收窄，1～9月共减亏15.6亿元，实现第三季度的3个月盈利，结束了连续18个月的亏损。

### 2. 重点钢铁企业销售收入不增反降

2013年1～8月连续8个月销售收入为负增长。1～9月重点企业钢材比去年同期增产198.18万吨，同比增长15.97%，但销售收入仅增长1.54%。主要是前三季度钢价低于往年而出现这种现象。

### 3. 宽厚板企业订单严重不足，产能利用率低于其他产品

1～9月重点企业宽厚板产能是720万吨，而产量为409.55万吨，产能利用率为56.8%。目前国内宽中厚板产能约1亿吨，实际国内对宽中厚板需求量为6000万～7000万吨，形成产能严重过剩。

### 4. 国有企业粗钢产量增长快于民营企业

粗钢产量大幅度增长，民营企业产量呈下滑趋势，国企产量快速增长，1～9月粗钢产量国企增速47.52%。实现重点企业粗钢增长15.69%，贡献最大，除沙钢永兴、济源钢铁增长外其余5家均为负增长。

### 5. 一季度中小企业停产，重点企业大部分限产

国民经济增速慢，需求严重不足，2013年第一季度省里小型企业都处在停产或半停产状态，重点企业限产且库存增加，进入第二季度小型企业开始恢复生产、实施限产。重点企业恢复正常生产，产销率上升至97%左右。

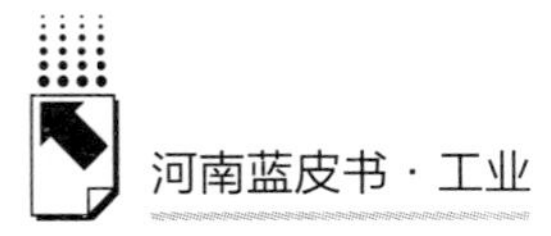


### （三）2013 年河南省钢铁行业的突出亮点

**1. 安阳钢铁公司实现扭亏为盈**

2013 年第三季度安阳钢铁实现扭亏为盈，结束连续 18 个月的连续亏损。扭转了严重亏损局面，安阳钢铁从机制、体制入手进行改革，并不断推进科技创新、管理创新、产品创新和市场创新，从 7 月份开始盈利，利润逐月增长，安阳钢铁盈利提高了行业经济效益。

**2. 河南济源钢铁集团提前实现“十二五”转型升级规划**

“十二五”期间济源钢铁集团投资 40 多亿元，实施升级改造，从以生产普通建筑长材为主转型升级为生产工业用优特钢长材产品。2013 年 7 月，济源钢铁集团完成改造规划，提前两年完成“十二五”改造规划。其工艺装备水平国际先进，国内一流，结束了河南省不能生产优特钢长材产品的历史。

**3. 安阳钢铁 4700 立方米大高炉顺利投产**

安阳钢铁 3#高炉是安阳钢铁“三步走”战略中的重点项目，结合淘汰落后 5 座 350 立方米高炉，建设国内仅有的几座大高炉项目，从投产到达产仅用 6 天的时间，达到了国内先进水平，所有的指标都达到或超过设计水平，其中焦比、利用系数和宝钢同炉型水平相当。

**4. 河南粗钢月产水平首次超过 200 万吨，创历史最高水平**

2013 年 8 月河南粗钢月产首次超过 200 万吨大关，达到 213 万吨。

**5. 2013 年 1 ~ 9 月新产品研发钢种数量超过历年全年数量**

为加快钢铁产业转型升级，扩大市场空间，满足下游用钢企业对中高档钢铁产品需求，2013 年 1 ~ 9 月研发新产品达 117 个，为历年来最高，填补了省内空白，有十几个钢种填补国内空白，替代进口。

## 二　当前河南钢铁产业发展中存在的问题

### （一）钢铁产品结构性矛盾突出

我国钢材消费中建筑用钢材占 50% 左右。河南省 8 家重点钢铁企业粗钢

产能3000万吨左右。其中，安阳钢铁、舞钢、汉冶特钢等中厚板和热轧卷板产能1400万吨左右，占总产能46.67%；凤宝管材产能150万吨左右，占总产能0.05%。安阳钢铁、济源钢铁、沙钢永兴等棒材（机械工业用钢）产能520万吨，占总产能17.33%。安阳钢铁、济源钢铁、信钢盘圆产能240万吨，占总产能0.08%。安阳钢铁、济源钢铁、信钢等钢筋产能690万吨，占总产能23.0%。2013年1～9月，8家重点企业生产钢材1410.19万吨，其中板管材产量占全部产量的56.01%；建筑用钢筋（包括高强度钢筋）占总产量的21.0%左右，产能结构和产品结构配置不合理（见图5）。

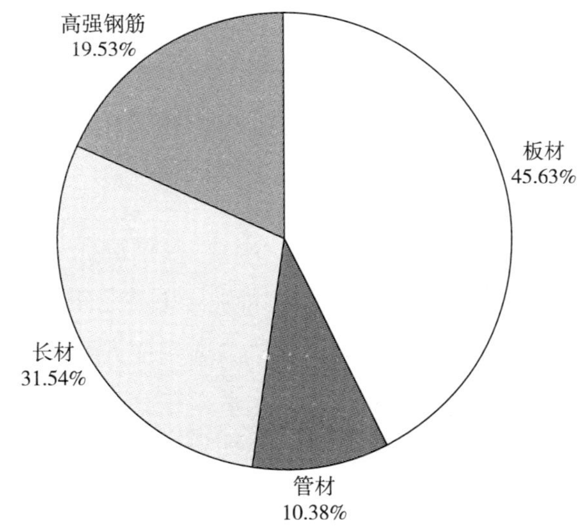


**图5　2013年1～9月河南省重点企业4种钢材产量所占比例**

## （二）市场环境混乱，假冒产品充斥市场

钢贸市场上建筑用钢筋假冒安阳钢铁、济源钢铁等企业钢材随处可见，不但贸易商搞假冒，一些小钢厂产品也打着大企业的牌子生产，打假效果甚微。

## （三）钢铁行业产能严重过剩

国务院关于化解产能严重过剩矛盾的指导意见中，河南省钢铁行业化解产能过剩，重点是要淘汰落后产能，省内现有10多家钢铁企业招商引资项目规模小，炼钢设备采用国家明令淘汰的中频感应电炉。由于对地方 GDP 有贡献，受地方政府保护，要淘汰它们困难重重。

### （四）企业经营成本居高不下，行业微利成为常态

受银行贷款利率提高、燃料价格保持高位、钢铁产品供大于求的影响，一些企业采取不正当的竞争手段，造成行业在盈亏平衡点间运行，钢铁行业微利已成为常态。

## 三 2013 年及 2014 年钢铁产业发展展望

### （一）河南钢铁产业发展面临机遇与挑战

#### 1. 河南钢铁产业发展面临机遇

一是钢铁产品需求潜力大。河南省对钢铁产品供给小于需求，钢铁产品数量自给率不足 60%，不能满足用户需要，特别是下游用钢行业的装备制造业，城市基础设施建设的需求。河南省是人口大省，目前人均粗钢拥有量约为 220 公斤，远低于全国人均拥有量 550 公斤的水平，有发展空间。二是龙头企业转型升级步伐加快。安阳钢铁、舞钢、济源钢铁和汉冶等企业技术装备实现了大型化、自动化和现代化。从硬件看，具备了生产高强度钢材和优特钢长材的能力。如河南省济源钢铁提前两年实现“十二五”转型升级改造，从生产建筑长材为主转为生产优特钢长材；安阳钢铁加快产业延伸，投资 30 亿元、年产 100 万吨酸洗冷轧机投产，非钢产业发展深加工，铁渣、钢渣微粉等项目相继建设；鑫金汇不锈钢集团延伸不锈钢制品等加快了行业转型升级步伐。河南省目前即使把产能全部发挥出来也达不到全国人均拥有量的水平。因此，河南省钢铁有消费市场，有需求空间。

#### 2. 河南钢铁产业发展面临挑战

一是周边钢铁大省给河南省钢铁产业带来竞争压力。从成本看，河南是内陆省份，进口铁矿石单从物流成本差，就比沿海城市如河北、山东、江苏高出 200 元/吨，是为成本劣势；从人才看，新产品研发人才引进难度大，内陆省

份环境条件不如经济发达的山东、江苏，省内除舞钢外其他几家重点企业人才十分短缺；从技术装备看，河南省中小型钢铁企业技术装备水平，多数装备相对落后、能耗高，同样产品质量竞争不过周边省份钢铁企业。二是省内钢铁企业互相竞争加剧。省内中特厚板有 3 家企业，产品同质化竞争激烈。应当差异化发展，不能互相残杀。三是环保压力加大。钢铁行业是高能耗、高排放行业，国家将出台严厉的环保排放标准，环保成本加大，每吨钢材环保投入约 100 元，中小型钢铁企业面临严峻的生存压力。

### （二）2013 年及 2014 年主要经济指标预测

2013 年全省预计粗钢产量 2340 万吨，预计增长 6.31%；生铁产量 2496 万吨，预计增长 8.47%；钢材产量 4000 万吨，预计增长 13.67%。

2013 年重点企业预计粗钢产量 2000 万吨，预计增长 6.96%；生铁产量 1960 万吨，预计增长 8.53%；钢材产量 1900 万吨，预计增长 12.16%。销售收入预计 819.66 亿元，预计增长 2.98%，全年预计亏损额 10 亿～11 亿元，亏损为 62.5%。

2014 年全省预计粗钢产量 2400 万吨，增长 2.56%；生铁产量 2500 万吨，增长 0.16%；钢材产量 4100 万吨，增长 2.5%。

2014 年重点企业预计粗钢产量 2100 万吨，增长 5.05%；生铁产量 2000 万吨，增长 2.56%；钢材产量 2000 万吨，增长 5.2%。销售收入增长 2.0%，利润实现盈亏平衡，亏损面下降 40%。

## 四　推进河南钢铁产业转型升级的举措与建议

为保持河南省钢铁产业可持续发展，钢铁企业要转变传统发展模式，加快实施企业创新驱动发展战略，加快转型升级。

### （一）钢铁制造向钢铁服务转型

制造业与服务业相融合是提升制造业核心竞争的必然趋势，日本等发达国家的成功经验，为我们钢铁产业转型升级提供了借鉴之路。

## （二）钢铁制造向绿色转型

钢铁制造业是能源、资源消耗大户，也是废气、废水、固体废弃污染源排放大户。欧盟国家对钢铁产品进口要求必须是绿色产品，就是对进口产品实施能耗标准。我们许多中小型钢铁企业对环保不重视，国家环保部将要出台钢铁企业环保准入标准，迫使企业走清洁生产绿色产品道路。

## （三）规模扩张粗放型发展向质量、效益型转变

传统钢铁企业发展都是规模扩张，造成今天钢铁产能严重过剩，以规模为指导思想，企业亏损严重。而提高产品质量不容易，涉及管理水平、人员素质、工艺装备等因素。目前，河南省钢铁产品质量问题比较突出，特别是保证质量稳定更难做到，企业的老板必须增强质量意识，把质量放在第一位，让用户认可。

## （四）推进创新驱动发展模式，加快转型升级

企业创新驱动包括管理创新、技术创新、产品创新、经营模式创新、人才创新等，这是企业发展生存的唯一出路，企业如果不能跟上创新的步伐，可能就会被淘汰出局。

## （五）钢铁产业要发展产品加工配送，提高企业经济效益

当前，鉴于钢铁产品价格低，盈利能力差等情况，企业要把产品延伸加工，增加附加值，这是国外钢铁企业成功的经验。如把无缝管加工成半成品，既增加了附加值，也会受到下游用户的欢迎。国家推行建筑钢材建立加工配送体系，钢铁企业有优势，抓住机遇，赶快实施。

## （六）中小型企业发展向产品精、专、特转型

省内以 50 万吨以下规模中小企业为主，这些企业在目前市场竞争中没有优势，这些企业要生存，必须把产品定格为向精、专、特等有特色的产品转型升级。

### （七）兼并重组，提高产品集中度

河南省内有32家粗钢生产企业（不含中频炉炼钢企业），其中规模达100万吨以上企业有10家，占全部企业数量的31.3%，还有60%的企业规模在50万吨以下，应着力用以下方式推动兼并重组：一是以龙头企业为龙头实施实质性重组；二是在政府指导下挑选一家规模相对大的企业挑头，把中小型企业重组，实施等量或减量升级改造，减少企业数量，提高产业集中度。

B.16

# 河南服装行业运行态势分析与展望

李 刚 高雅爽*

**摘 要：**

2013年，面临着需求趋缓、成本上升的巨大压力，河南服装行业负重前进，持续创新，大力实施“五大工程”，行业运行企稳回升，品牌意识持续提升，电商营销模式快速渗透，核心竞争力明显提升，预计2014年河南服装行业仍将保持稳中有升、持续增长的态势。

**关键词：**

服装行业 产业升级 电子商务

2013年以来，受到外需不振、内需增长趋缓、生产要素成本持续上升、汇率调整等因素的影响，中国服装行业进入调整转型期，增速放缓，企业面临着转型升级的巨大压力。但是，河南服装行业通过努力创新，大力实施“五大工程”，依然实现了平稳较快增长，一季度盈利空间缩小，亏损面有所扩大，两极分化趋于明显，中小企业抗风险能力较弱；二、三季度销售回升，各主要经济指标都有较明显上升。

## 一 2013年河南服装行业经济运行的基本情况与主要特点

2013年以来，在宏观经济继续回暖向好和市场刚性需求的带动下，河南

* 李刚，河南省服装行业协会会长；高雅爽，河南省服装行业协会办公室主任。

省服装企业根据自身发展的实际情况，积极调整战略思路，纷纷由单品女裤转为系列化产品、上衣搭配女裤的销售模式已基本转型到位，提高了技术创新能力、拓展市场影响力、增加产品附加值等一系列应对措施成效明显。2013 年 1～8 月，河南省服装行业经济运行呈现以下主要特点。

## （一）继续保持平稳增长态势

2013 年 1～8 月，河南服装行业仍然延续了上年末销售增长的态势，规模以上工业增加值同比增长 9.5%，外贸出口回暖，市场内需扩大，品牌服装持续旺销，企业效益提高，同比增幅达 15% 以上。据统计，1～8 月，全省规模以上服装企业生产服装 5.5 亿件，同比增加 37%，居全国增幅排名第 10 位。仅 8 月当月，河南省规模以上企业服装产量为 0.77 亿件，与 7 月相比有小幅增长，其中针织服装 0.45 亿件，梭织服装 0.32 亿件；截至 8 月，全省纺织服装工业完成出口额 12.11 亿美元，同比增长 0.97%；服装出口额 5.8 亿美元，同比增长 14.16%；服装进口额 0.02 亿美元，同比增长 112.51%。1～8 月，全省规模以上服装企业已经增加到 2000 多家，体现了河南省服装行业在市场风云变幻中，已锤炼得更加成熟。

## （二）品牌培育意识持续提升

品牌问题一直是制约河南省服装业快速发展的瓶颈问题。目前，梦舒雅、渡森、娅丽达、太可思、雪鸟已获得“中国驰名商标”称号。自 2005 年起，河南省服装龙头企业品牌领秀·梦舒雅连续 9 年携河南服装军团参加北京服博会（CHIC）。其中，郑州领秀·梦舒雅依靠过硬的质量体系，荣获 2013 年第九届中国服装品牌年度大奖“品质大奖”。此项大奖是中国服装界最高奖项，是众多服装品牌认可和追逐的最高荣誉。这一切都预示着河南服装业将由品牌时代向品质时代过渡。

## （三）电商营销模式快速渗透

近年来，人们消费习惯的改变，电子商务的发展对线下门店的业绩造成一定影响。根据易观智库（enfodesk™）发布的《2013 年第 2 季度中国 B2C 市场监测报告》数据显示，2013年第二季度，B2C市场服装交易规模达494.1亿元，占B2C总体交易额31%，较2012年同期增长130%，季环比增长19.6%。9月初，天猫服装城总经理俞巍在某公开场合披露，2013年上半年天猫服饰行业销售额近500亿元，下半年销售额预计占全年的40%以上。中国电子商务研究中心预计，2013年网购服装交易额将达4076.1亿元。近几年，河南省服装企业变堵为疏，做到新旧零售模式的有机融合，品牌企业纷纷触网，电商营销模式快速渗透，女装品牌尝鲜“微信购物”；梦舒雅、娅丽达、逸阳，男裤领军企业渡森，女装品牌平野、快乐屋等都在网上开出了旗舰店，其中郑州逸阳服饰有限公司最具代表性，2013年“双11”期间，天猫销售前200名的店铺中，逸阳以1180万元的日销售额居排行榜第181位，是唯一一家上榜的河南企业，刷新了河南服装电子商务的历史纪录；2013年1～8月，逸阳线上销售额已突破亿元大关，2013年“双11”当天逸阳旗舰店销售额突破2500万元，比上年同日增长90%，在淘宝女装类目排名第28位，逸阳再次刷新了中国女裤电商销量的纪录。

## 二　2013年河南服装产业转型升级的举措与经验

2013年，全省服装产业以实施“巧媳妇工程”“安家工程”“品质提升工程”“新兴市场拓展工程”“信用合作融资工程”为重点，继续围绕“‘炒’行业、推品牌、造环境、赢政策”开展工作，促进科技创新、品牌提升、品质升级、商贸繁荣，行业转型升级步伐加快。

### （一）实施“巧媳妇工程”，破解“用工难”

目前，在产业转移大势下，河南省服装行业协会适时提出在全省范围内开展“巧媳妇工程”。此工程经历了前期调研、专家论证、试点实施、经验推广；先后得到省工信厅、省扶贫办、省妇联等多家政府部门的大力支持和称赞，得到西安标准工业股份全程冠名支持，至今已形成较为完善的理论和实践体系。

“巧媳妇工程”是破解当前及今后河南省服装企业“用工难”的重要手

段。据调研，河南省农民工“就业难”与“招工难”并存，这与河南经济快速发展，承接产业转移力度不断加大有很大关系。仅富士康项目就为河南提供8万个就业岗位。但是，广大农村还有一大批年龄在25～50岁的青壮年女性，约800万人，挖掘潜力巨大。动员这一群体从“一产转向二产”，真正使其转变为服装产业大军，需要各级政府、行业协会、企业家的不懈努力。产业转移的根本是订单的转移，把更多的订单、更大的市场份额吸引到河南来，帮助企业把服装厂建在各乡镇或产业集聚区，实施“有限集中，适度分散”“两头在公司，中间进农家”“能人挑头、骨干组阁”“跟单督导，规范运营”的运作方法，形成星罗棋布的生产班组、流水线工段。

实施“巧媳妇工程”是行业担当社会责任的重大举措，是解决数百万农村“巧媳妇”在家门口实现就业的民生工程、富民工程、稳定工程。安置“巧媳妇”就业，实现农村剩余劳动力转移，创造出数千亿元的生产总值；帮助“巧媳妇”实现就近就地就业，就可以实现用5年时间把河南打造成为中国服装加工大省的目标。

2013年在全省有条件的地、市，各选择两个县作为首期示范点，同时在当地选定两家服装企业，授予标准杯“巧媳妇工程”示范企业称号，并由两家示范企业与两个县的妇联在各个乡选定数十个村，组织示范服装加工点，每村加工点组织（100～150人）“巧媳妇”进行小型流水作业。这样每个乡（镇）就可解决约2000人就业。根据运行情况逐步全面推广，全年力争推进“巧媳妇工程”项目50个，安排就业10万人。

### （二）实施“安家工程”，让企业安居乐业

随着新兴城镇化、城中村改造步伐的加快，河南省服装面临的发展机遇和挑战前所未有，如何保持稳中求进，是全省服装界共同关注的问题。为此，河南省服装行业协会在全省范围内启动“安家工程”，以保障河南省服装产业持续健康发展。

当前全省服装企业已有上万家，但90%的企业居无定所，随着城中村改造步伐的加快，致使众多蜗居在都市村庄与城郊周边的生产企业一年一搬家，两年三搬家。因经常搬家导致众多工人流失，损失惨重，为他们安个稳定的

家，已成为行业责任和河南省众多企业家的期盼。

2012 年 11 月，河南省服装行业协会启动以“河南省服装行业安家工程”为主题调研活动，截至 2012 年，共计走访企业 1000 多家，收回调研表 800 余份，需求面积近 400 万平方米，意向投资额 100 多亿元。调研显示，河南省服装企业多为小微企业，80% 的企业在 200 人以下，厂房需求面积在 3000 平方米左右，单户投资额度不具规模，单独要地不可能。因此，协会有责任将他们组织起来，帮他们安家，形成集聚效应，抱团发展。

2013 年，把“安家工程”作为协会的头等大事来抓。成立“安家工程”办公室，首先从业内寻求有公益心、有能力的公司投资（锦荣、豫发、和合等），同时争取政府的政策支持，共同为服装企业建设切合实际的生产加工基地。2013 年，协会以郑州为试点，安置 300 家发展意愿强、资金充足、生产上规模的企业，使其安居乐业。

同时，要为企业家打造高端社交平台。成立企业家俱乐部，为河南省服装业建立一个高端社交网络，把企业家俱乐部办成服装业企业家会商交友的“客厅”，信息共享的平台，学习提高的课堂，融商、融政、融资的阵地，形成企业家生活的向往之地、创业干事之地。拟选址在西四环纺织服装产业园附近。

### （三）实施“品质提升工程”，助推产业升级

当前河南省企业家的观念、劳动者素质、设施装备等都有了提升，但产品定位、产品研发、产品品质、制作工艺、管理水平、效率效益等有待同步提升。

要健全质量检测体系，提高产品质量意识。2013 年协会积极配合质量行政部门，在整个行业内加大宣传和引导力度，包括采取打击假冒伪劣，加强行业自律等，使更多企业认识到质量的重要性；加大对产品质量的监督检验，加强对服装面辅料监督、检测，使监督手段前移，从源头抓起；通过引导企业建立健全质量检测体系，加强生产过程的管控，控制不良产品流入市场，在保证提高产品质量的基础上，实现产品附加值的提高，从而达到品牌效益的最大化。

要优化产品结构，完善品质提升体系。2013年，首先以女裤为载体，引导企业深入研究全球女裤市场，深度开发各大洲、各种族、各阶层女士裤装产品，深入研究女性各种生活场景、不同年龄段的体型特征，运用各种材质，把质量做到最全、最好，做到同等品质价格优，同样价格品质优。

要继续实施品牌战略，鼓励并引导、帮助更多有实力、有潜力的企业申报"河南名牌产品"和"河南著名商标"，重点推介优质服装企业和品牌申报"中国驰名商标"；继续邀请沿海发达地区设计研发机构到河南来进行讲座、培训；组织骨干企业到发达地区、发达国家、时尚前沿参观学习；同大专院校相结合，搭起校企合作交流的桥梁，加大对人才的培训与引进力度。

通过具体措施，促使企业生产方式得以转变，推动低端生产企业从20%做起向中端发展，中端企业从20%做起向高端品牌跨进。用3～5年的时间，通过品质提升工程，使河南省服装产品进入一线城市的一线百货商场，实现河南服装业的整体提升。

### （四）实施"信用合作融资工程"，降低融资成本

针对河南省中小型服装企业融资难、融资贵的问题，河南开展"信用合作融资工程"成立银企合作融资服务部。现已推出"民生银行河南省服装行业协会商户城市商业合作社""民生银行河南省服装行业协会（贸易）商户城市商业合作社""河南省服装行业（贸易）小微企业互助基金会"，累计为150家会员单位从民生银行贷款2.3亿元。目前已与民生银行、光大银行、洛阳银行等8家银行签订战略合作意向协议，授信金额30亿元。通过信用合作社贷款，具有"无须担保、不用联保、利率低廉、手续简便、成本很小"等特点和优势，帮助企业缓解融资难、融资贵的问题。

2013年银企合作暨融资服务部计划从全省2.8万家服装生产、流通企业中优选3000家企业，实现30亿元低成本融资目标。要充分发挥中服担保公司、银根担保公司等大型融资担保机构功能，为企业解决担保难的问题。

### （五）实施"新兴市场拓展工程"，抢占终端市场先机

市场是企业生存的基础。当前，新兴城镇化和城中村改造、新兴农村社区

建设，涌现出大量的新兴市场、专业街区。这为服装产品提供了新的销售渠道和机遇，服装行业拥有诸多的先天优势，也迎来新的发展契机。

要组织专业人才，采取主动出击占领市场，为河南省服装产品实现终端网点全面覆盖捕捉契机；要鼓励引导品牌服装企业开辟更多的直营店，减少营销环节，延长利润链条，获得利润的最大化；要积极配合房地产商，建立专业服装市场、专业服装街区、服装门店等。

要实施“走出去，请进来”战略。带领企业抱团出击，抢占全国新兴市场高地；组织企业参与国内和国际交流，及时了解服装、面料、色彩等流行趋势。

要引导企业关注电子商务带来的无限商机，鼓励帮助企业开辟网络销售渠道，实现营销成本的降低和营销质量的提高，最终提高企业竞争力。

## 三　河南服装行业运行中存在的问题

### （一）“用工难”日益突出

春节过后，各地不同程度地出现了“用工荒”，倒逼企业跟风加薪。与往年不同的是，2013 年用工吃紧的不仅是长三角，像河南这样的传统劳务输出地区也开始出现工人紧缺现象，“用工紧张”似乎正成为全国性的问题。河南省不少企业纷纷上调工资，调低学历、年龄等限制，以解决用工紧张的问题。从表面上看，经济回暖、订单回升是招工难的导火索，但背后的根本原因，是廉价劳动力时代已经一去不复返。与劳动强度不成正比的低廉工资，对“农民工”越来越没有吸引力，是导致“招工难”最直接的原因。纺织服装行业是传统的劳动密集型产业，“用工紧张”俨然成为众多纺织服装企业现在及今后的一大瓶颈。

### （二）生产成本持续上涨

国内棉花产量连续 4 年供过于求，由于消费需求疲软和产量的提高，价格继续走低。2013 年随着棉纱、棉布市场行情转好，国内棉花需求出现回升，价格持续小幅上涨。在外需不振的情况下，原料价格的上涨和终端市场降价形

成强烈反差，同时，因用工困难而增加的劳动力成本约 20%。特别是羽绒服行业，由于 2013 年上半年禽流感的传播和影响，羽绒成本增幅较高。成本的增加使服装企业面临考验，如何应对学习能力升级、市场整合营销能力升级、提高生产效率能力升级、产品研发能力升级、价值链组合能力升级、执行能力升级等将是企业面临的新一轮问题。

### （三）高端设计人才匮乏

服装设计人才是服装企业的核心，尤其是伴随着消费升级，服装市场日益呈现“快时尚”潮流，设计的重要性更加凸显。河南省在设计师人才储备方面明显不足，设计师紧缺是河南众多服装企业共同的“心病”。了解国际服装市场潮流的高级服装设计师大多集中在沿海服装发达省份城市，高薪已经不再是唯一目标，良好的企业文化、能够体现个人价值、具有强烈的归属感和认同感等已经成为设计类人才新的需求。河南地处内陆，区位与环境对高端设计人才的吸引力不强，导致河南服装行业缺乏设计环节强力支撑。

### （四）配套体系尚不完善

产业链不完整尤其是核心配套能力弱，已经成为制约河南省服装产业快速发展的绊脚石。河南长久以来的纯加工型生产以及与纺织工业的脱节，使河南省服装产业一直无法正常驶入快车道。目前，河南省 85% 的服装生产企业要靠外省厂家进行布料生产、产品印染等。染整、后整理方面是河南省服装产业链中最薄弱的环节。本地纺织工业生产出的白坯布经过南方印染厂加工成面料后，再被本地服装企业买回加工，不仅增加了生产成本，而且延长了产品周转期。辅料供应方面，比如在深圳，生产一套女装 10 分钟内就可以把所有辅料搞定，但是河南还做不到，链条产业还不完善。随着河南省这几年的发展，像绣花、辅料、水洗等工序基本具备，但是一些比较时尚、先进的链条还有待完善。

## 四　河南服装行业发展趋势判断

未来一段时期，国际经济仍将在困难中前行。受此影响，国内服装行业将持续面临国际市场需求下降，国内市场需求乏力等复杂多变的形势，总体产销趋势趋于平稳上升。2014 年及未来一段时期，河南省服装行业也将面临诸多困难，市场冲击是不可避免的。经过业内专家分析认为，2013 年四季度，虽然受益于节日因素和传统旺季，但还要综合考虑气候等因素尚存在不确定变数。整体来看，河南省服装内销仍难有较大增长幅度。但是，由于企业综合实力的不断提高，应对市场困难措施、对策的不断调整，新产品的不断开发等，加之河南省服装行业协会“巧媳妇工程”的大力推进，“安家工程”的破土动工，“信用合作融资工程”的持续深入，“品质提升工程”“新兴市场拓展工程”的逐步实施，以及河南省在生产成本、交通物流、劳动力资源、产业基础等方面的优势，以及经济回暖和促进消费刺激政策出台的逐步显现，预计 2014 年河南服装行业仍将保持稳中有升、持续增长的态势。

## 五 推进河南服装行业转型升级的对策建议

### （一）继续加大政策支持力度

服装产业是河南省重要支柱产业之一。是解决河南数百万“农民工”实现就业的民生工程、富民工程、稳定工程。安置河南省农民工就业，实现农村剩余劳动力转移，不仅每年可以创造出数千亿元的生产总值，也是新兴城镇化和新型农村社区建设的重要支撑。把河南打造成为“中国服装加工大省”的目标已成为行业组织和河南省众多企业家的期盼。因此，政府应在融资贷款、土地出让、国内外参展观展、搭建公共服务平台等方面给予企业大力支持，在建立产品研发机构、主办中原国际时装周等方面给予支持。

### （二）实施本土服装品牌培育工程

河南省服装行业由于起步较晚，因此在品牌培育方面存在较大差距，目前全行业中国驰名商标 5 家，河南名牌 25 家，河南著名商标 9 家。政府应加快实施本土服装品牌培育工程，尽快出台奖励企业获得国家、省级知名品牌实施办法，继续强化郑州女裤的品牌优势。

### （三）切实解决行业发展中的问题

服装行业是河南传统优势产业之一，上中下游产业链解决了河南 1000 万人的就业，当前，面临着转型升级的重要时期，企业在研发投入、技术改造、设计师培养、品牌塑造、市场拓展、渠道建设等方面纷纷调整战略思路，谋求新的发展机遇，迫切需要政府有关部门给予更大的支持，建议有关部门深入行业进行实地调研，切实解决发展中的问题，理清行业发展思路，明确产业支持政策，在人才培养、研发创新、设备更新、电商平台建设等方面加大支持力度，主推服装企业顺利实现升级。

### （四）更加重视发挥行业协会的作用

随着政府机构改革的不断深化，以前由政府对行业实施领导的多项职能将逐步转移到协会。河南省服装行业协会作为全省服装行业唯一的专业工作机构，必将担负起对行业的宏观引导、承接产业转移，与地方政府一起筹划产业园区，加大对设计师队伍的培育，全面提高企业家综合素质，注重培育国内知名品牌，组织企业进行国内及国外的交流，规范行业行为，制定行业标准等方面发挥越来越大的作用。希望政府能从人、财、物等方面给予具体支持，建立政府购买服务的长效机制。

# B.17

# 南阳市能源装备制造业发展形势分析与展望

河南省社会科学院工业经济研究所课题组*

**摘 要：**

经过多年来的发展，南阳市初步形成了以防爆装备、油气装备、输变电装备和生物质能源装备等为主的能源装备制造业发展格局，能源装备制造业成为其特色优势产业。近年来，通过推进能源装备制造业加快发展，南阳市能源装备制造业保持了较快的发展态势。展望未来，既面临加快发展的机遇与有利条件，也存在一系列转型升级的挑战与制约因素，应继续以四大优势行业的转型发展为战略重点，同时采取切实有效的策略加快南阳市能源装备制造业的转型升级步伐。

**关键词：**

能源装备制造业　发展现状　转型升级

能源装备制造业是保障能源供给和建设生态文明的重要支撑，大力发展能源装备，是构建清洁、高效、安全、稳定能源体系的需要，是促进能源行业生产力发展的关键举措。近年来，依托产业基础和技术优势，南阳市初步形成了以防爆装备、油气装备、输变电装备和生物质能源装备等为主的能源装备制造业发展格局，在南阳防爆集团、南阳二机石油装备集团、河南天冠企业集团、南阳金冠电气公司等骨干企业的带动下，南阳市的能源装备制造业保持着较快的发展态势，总产值在全市工业中的比重日益提

* 课题组负责人：龚绍东；课题组成员：宋歌、赵西三、林风霞、唐海峰、刘晓萍、王中亚。

升。作为南阳市的特色优势产业，加快推进能源装备制造业转型升级，对优化区域产业结构和提高区域竞争力具有十分重要的战略意义。2012 年，为进一步强化南阳市能源装备制造业优势，南阳市政府出台了《关于加快南阳能源装备制造业发展的指导意见》，做出了打造中国领先、国际知名的能源装备研发与制造基地的战略部署，南阳市能源装备制造业的发展也迎来新的发展机遇。

## 一　南阳市能源装备制造业发展现状

进入 21 世纪以来，南阳能源装备制造业保持较快的发展态势，产业规模和经济效益稳步提升，防爆装备、油气装备、生物质能源装备和输变电装备等四大特色装备制造业优势日益凸显，产品结构逐步优化，创新能力持续提升，一批龙头企业不断发展壮大。

### （一）规模效益稳步提升

2000 年以来，南阳能源装备制造业规模以上工业增加值快速增长，年均增速超过 28%；2007 年以来，虽然受到国际金融危机的冲击，增速出现了下降，但总体上仍然保持着良好的发展势头（见图 1）。尤其在 2012 年，南阳能源装备制造业规模以上企业工业增加值较 2008 年增长了 208.55%，占全市规模以上工业增加值比重达到 6.2%；主营业务收入、利税总额较 2008 年分别增长了 156.85% 和 280.85%。2013 年以来，南阳能源装备制造业保持稳步增长势头，截至 2013 年第三季度，全市能源装备制造业规模以上企业实现工业增加值 43.2 亿元，较上年同期增长了 9.2%；完成主营业务收入 126.4 亿元，较上年同期增长了 8.6%。其中，防爆装备制造业实现规模以上工业增加值 13.1 亿元，同比增长 8.2%；完成主营业务收入 38.4 亿元，同比增长 7.7%。油气装备制造业实现规模以上工业增加值 8.9 亿元，同比增长 11.2%；完成主营业务收入 24.8 亿元，同比增长 12%。输变电装备制造业实现规模以上工业增加值 5.34 亿元，同比增长 13.5%；完成主营业务收入 18.3 亿元，同比增长 14.6%。

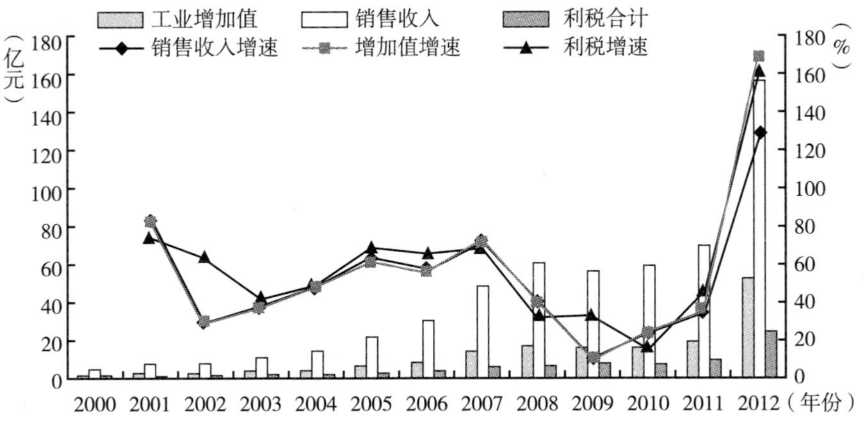


**图1　2001～2012年南阳市能源装备制造业发展情况**

## （二）特色产业优势突出

通过推进能源装备制造业快速发展，南阳市初步形成了以防爆电气、石油钻采、输变电设备和生物质能源装备等为主的特色优势产业发展格局，在高效电机、石油机械、纤维乙醇、避雷器等领域具有国际领先水平，燃料乙醇、防爆电机、石油钻采设备等优势产品市场占有率国内领先。四大特色产业领域优势突出，防爆电气装备领域以南阳防爆集团为核心，依托南阳防爆电气研究所，已发展规模以上防爆装备制造企业13家、配套协作企业50家，基本形成了包括8大类、129个系列、5400余种产品的防爆电机、电气两大基础产业体系，成为我国最大的防爆电气产品生产基地；石油钻采装备领域依托南阳二机集团形成了包括12大系列200多个品种在内的主导产品，培育了“华石”和“RG”两大行业产品品牌，已经成为石油轻便钻井装备国产化基地。生物能源装备领域，基于天冠集团在生物能源行业中纤维乙醇生产及技术的领先地位，自主设计建设了国内最大的万吨级秸秆纤维乙醇生产装置，为大规模秸秆乙醇产业化提供了全面的技术装备支撑。输变电装备领域依托金冠电气、天力电气两大龙头企业，形成了输变电保护装备与变电装备两大优势产业，在河南省处于先进行列。

## （三）产品结构明显优化

近年来，抓住国家新能源、高端装备发展的战略机遇，南阳积极向新兴和

高端装备领域拓展，高端产品比重有所提升，过度依赖传统低端产品的格局初步扭转，产品结构明显优化，一批高附加值产品逐步占领国内外高端市场。南阳防爆集团研制生产的大型电机、高效节能防爆电机和核级电机等产品的质量技术标准已经达到或接近国际先进水平。南阳二机集团多项产品占领国际市场，7000 米电驱动撬装钻机、－45℃低温钻机、斜直井钻机等高新技术产品出口到欧洲、中东、南美、俄罗斯、中亚等 30 多个国家和地区。金冠电气 1000kV 避雷器技术水平达到国际先进水平，一批高端产品多次在国家重点工程中中标。天冠集团年产 1 万吨秸秆乙醇成套装备成功试运行，3 万～10 万吨级秸秆乙醇装置具有完全的自主知识产权，形成了独具中国特色的纤维乙醇工艺及成套装备，达到国际领先水平。

### （四）创新能力持续增强

紧跟行业前沿技术的发展方向，南阳市能源装备制造领域的优势企业相继打造了一批国家级、省级、市级的技术创新平台，培养了一批科研人才，储备了一批新技术和新产品，自主创新能力持续提升。防爆电气装备领域研发人才队伍持续壮大，拥有国内知名防爆专家 1 人，高级工程师 34 人，取得国家专利 10 项，国家、省级创新产品 4 个，省级研发基地 1 个。油气装备产业研发能力大幅提升，设有行业唯一的国家级企业技术中心和院士工作站，各类产品取得几十项“中国第一”，多项产品填补国内空白。生物能源装备产业化示范装置日渐成熟，整体技术达到国内领先水平。输变电装备产业产品不断实现自主创新，建立了 1000 千伏特高压试验室和 750 千伏超高压试验室，自主研发了多项新产品，成功通过了国家权威机构的型式试验和国家级产品鉴定，技术水平处于国际领先地位。

### （五）龙头企业实力彰显

南阳积极发挥龙头带动效应，打造了河南天冠企业集团、南阳防爆集团、南阳防爆研究所、南阳二机石油装备集团、南阳金冠电气公司等一批拥有核心技术、具有较强市场竞争力和带动作用的龙头企业。在 2012 年度河南“双百”企业评选中，天冠集团跻身河南省“百强”重点企业，防爆集团、二机集团、金冠电气等3家企业进入河南省“百高”企业行列，龙头企业实力不断增强。2012年，全市主营业务收入超过亿元的能源装备制造企业达到20余家，其中，天冠集团、防爆集团、二机集团3家企业主营业务收入超过10亿元，龙头企业规模优势进一步得到彰显。

## 二　南阳市能源装备制造业发展环境分析

综合国内外宏观经济形势变化及产业发展现状，南阳市能源装备制造业当前既面临加快发展的机遇与有利条件，也存在转型升级的挑战与制约因素。

### （一）加快发展的机遇与有利条件

**1. 全球能源革命拓展了能源装备制造业发展空间**

世界能源发展已经进入新一轮战略调整期，页岩气、海洋油气等非常规能源以及太阳能、风能、水能、生物质能、核能等新能源快速发展，伴随着全球能源发展由化石能源向可再生能源的结构性转变，能源装备制造业也将面临产品结构的重构，这将有利于能源装备制造业拓展发展空间。

**2. 我国能源需求增长与结构转型带来新机遇**

我国人均能源消费量仍低于全球平均水平，伴随着工业化、城镇化中期加速发展，未来我国能源消费需求将持续增长。同时，随着能源资源和环境问题日益突出，我国能源结构正面临深刻转型，能源装备必须向自动化、智能化、信息化、精益化、绿色化升级，新一轮能源装备市场需求快速扩张。

**3. 政府对高端装备制造业发展的支持力度持续加大**

高端装备制造业处于价值链高端和产业链核心环节，决定着整个产业链的综合竞争力，是中国参与全球产业竞争的核心力量，但我国能源装备制造自主化程度不高，因此政府陆续出台多项政策措施不断加大对高端装备制造业的扶持力度，这就为能源装备制造业发展营造了有利的政策环境。

**4. 中原经济区规划全面实施释放政策红利**

《中原经济区规划（2012～2020年）》中明确提出，推进电网智能化和输配协调发展，加强石油、天然气、煤层气、页岩气等勘探开发和利用，发展大

中型沼气工程和沼气发电，推进纤维乙醇产业化，建设全国重要的能源基地，培育防爆、高效节能变压器等特色装备产业集群，发展壮大生物质能源、新能源装备等产业，大力发展高效节能、先进环保和资源循环利用的新装备和产品，不断提升新能源产业竞争力，这些政策红利的逐步释放将为南阳能源装备制造业创造更加有利的发展环境。

**5. 南阳能源装备制造业比较优势明显**

通过持续推进能源装备制造业快速发展，南阳初步形成以防爆、石油钻采、输变电和生物质能源装备等为主的特色优势产业发展格局，已经发展成为石油轻便钻井装备国产化基地、我国最大的防爆产品生产基地和国家先进生物质能源化工产业示范基地，在防爆装备、钻采装备、生物质能源装备、避雷器等产业领域具有较强的国际竞争力，拥有了一批高素质的研发团队和产业工人。

## （二）转型升级的挑战与制约因素

**1. 全球经济放缓导致装备制造业增长乏力**

受国际金融危机长期化趋势影响，近年来全球装备制造业增长乏力，德国、美国、日本等国家装备制造业订单持续下滑，我国装备制造业也面临下行压力，据国家统计局统计，2012 年，装备制造业增加值同比增长 8.2%，明显低于全部规模以上工业，增速比上年同期大幅回落 7.2 个百分点。同时受市场需求增速放缓影响，装备制造业新增订单数量明显萎缩，2012 年累计已呈现负增长局面。2013 年以来，我国装备制造业总体运行情况好于上年，但形势仍不容乐观，三季度，市场需求增长仍低于预期，继续呈放缓的态势。

**2. 国内外新能源装备产业竞争日趋激烈**

全球新能源产业革命全面启动，欧盟出台《能源 2020》、日本修订“能源基本计划”以及美国加快新能源立法，各国抢占新能源装备制造业制高点的竞争更加激烈，新能源革命对技术创新的高要求更加彰显西方国家在技术垄断、营销渠道等方面的传统优势，国内一些省市较早布局能源装备产业发展，行业同质化竞争日趋激烈，如大庆、东营、宝鸡等地纷纷将打造石油装备制造基地作为自身发展的战略目标，油气装备制造业的发展壮大面临激烈的市

场竞争。

**3. 南阳能源装备制造业发展的内在矛盾更加凸显**

产业规模相对偏小，低端产品同质化严重，常规产品制造能力过剩，新兴产品和高端产品占比小，产业集聚度不高，产业链本地配套能力偏低，现代产业分工协作网络尚未形成，技术研发与新产品开发能力薄弱，成套产品的关键系统和核心零部件仍旧依赖外地采购，成套集成与工程服务发展缓慢，均严重制约了南阳能源装备制造业的进一步发展。

**4. 南阳地处内陆区位，承接高端环节转移优势不明显**

相比大型产业集群集聚的沿海城市而言，南阳在区位、交通、环境等方面处于劣势，人才引进、技术合作、招商引资等难度较大，本地企业对外合作的认识和层次不高，资金、技术、人才等高端要素积累比较薄弱。

**5. 南阳能源装备转型升级的落后观念与体制障碍依然存在**

南阳针对能源装备制造业发展的高层谋划处在起步阶段，一些重要领域的体制机制障碍尚需破除，发展理念相对滞后，借势、借智、借力发展不足，产业分割发展严重，不同区域良性互动渠道尚未畅通，企业之间、企业与研发机构之间、产业链上下游之间缺乏战略合作，难以形成发展合力。

## 三　南阳市能源装备制造业发展的战略重点与展望

结合未来一个时期国内外能源装备制造业的发展趋势和南阳能源装备制造业的基础条件，南阳能源装备制造业将着力推进防爆装备、油气装备、生物质能源装备、输变电装备等四大行业转型发展，全力打造特色鲜明、技术领先、竞争力强的能源装备研发和制造基地，力争到2015年实现规模效益持续提升、产业结构明显优化、创新能力显著增强、配套体系更加完善，到2020年初步建成千亿元级能源装备制造业产业集群。

### （一）防爆装备制造业

未来一个时期，南阳市防爆装备制造业将以整合资源为主线，以研制高技术防爆装备为突破口，以防爆电机产品为主体，以外延成套和环保、高效

产品为两翼，重点发展防爆电机、防爆成套装备、特殊防爆设备、防爆电器、发电机和移动电站、矿用和隧道防爆通风设备、新型防爆材料、防爆工具等产品，推动防爆技术和产品向系统化、集成化、智能化方向发展。通过努力，打造以防爆装备产业链为纽带，以南阳防爆集团和南阳防爆电气研究所为核心，整合科研、制造和服务等资源，从重点以防爆电动机风机、发电机产业链为主，发展为涵盖新材料与技术研发、加工制造、技术集成、工程总包的全产业链，实现研发设计、产品制造、集成服务和技术检测的四轮驱动模式。

我国正处于新型工业化、城镇化快速发展时期，各项基础设施、重点工程以及城市建设和住宅建设等项目均为防爆装备产品创造了广阔的市场空间。预计到 2015 年末，南阳市防爆装备制造业的产品质量和技术水平将迈上新台阶，国内外市场占有率显著提高，产业组织结构进一步优化，产业集聚水平进一步提高，防爆装备产业年主营业务收入达到 100 亿元。到 2020 年，产业整体水平进入国际先进行列，形成全球范围内创新能力最强的科技创新体系和产业链最为完整的产业体系，基本实现把南阳防爆装备制造产业集群建设成世界规模最大、实力最强的防爆装备科研生产基地、防爆装备产品出口基地和产品认证检测中心的战略目标。

### （二）油气装备制造业

南阳市油气装备制造业将以国际油气工程发展和市场需求为导向，以技术创新为动力，以主机制造为核心，重点发展陆上钻井装备、采油采气装备、海洋油气勘探开发装备、非常规油气资源勘探开发装备、石油特种车辆、油气集输装备、社会通用性装备等产品。此外，加快开拓工程技术服务领域，支持企业组建油气工程技术服务子公司，着力打造集成服务商、工程承包服务商，加快承接海洋及非常规油气资源勘探和开采业务，逐步形成从油气勘探开发规划、方案设计、开采到油气井的生产维护一体化的综合、总包服务体系。通过整合全市油气装备制造资源，围绕油气资源的勘探、开采与生产，拓展涵盖勘探开发、钻井、采油、油气处理输送、工程服务等领域的产品体系，形成集油气装备研发、制造、服务以及内外贸于一体的完整产业体系，推动骨干企业实现由传统制造业向制造服务业的转型。

当前，全球石油、天然气需求旺盛，国内外油气勘探开发投资仍将稳步增长，为深海海洋及非常规油气勘探与开采带来新市场，各级政府对油气等高端装备制造业发展和重大技术装备自主创新的扶持力度也在加大，有利于油气装备制造业保持持续较快发展。预计到2015年末，南阳油气装备制造业将形成以主机为核心，海油装备、非常规油气资源勘探开发装备、钻机电控系统、井口井控设备及工具、修井机和工程车辆等协同发展的多元化产品体系，油气技术装备成套和系统集成能力显著增强，油气装备制造业主营业务收入达到100亿元。到2020年，油气装备产业集群形成，产业步入以技术服务带动装备制造发展、装备制造再加速技术服务发展的良性循环轨道，建成国内先进、国际知名的油气成套装备系统集成与服务基地。

### （三）生物质能源装备制造业

南阳市将紧紧围绕生物质能源加工转化装备，充分发挥南阳生物质能源装备制造业优势，立足于生物质能源的加工转化装备开发，重点发展秸秆原料收储运、纤维乙醇生产、纤维素酶生产、污水处理、沼气生产提纯、沼气发电等全产业链的关键设备制造和成套装备的配套及设计、交付、开车等总包工程，推进纤维乙醇成套装备产业化。同时，围绕生物质能源加工转化装备制造与研发，通过积极引入战略合作者，建立南阳市生物质能源装备技术研究院，组建生物质能源装备安装服务公司，形成研发、制造、安装以及服务一体化的完整产业体系，进一步完善产业布局。

生物质能源已成为近年来国内外大力推动发展的新能源之一，南阳市的生物质能源和生物化工产业得到了各级政府的大力支持，生物质能源装备制造业也将在现有的基础上获得更大的推动和发展，预计到2015年年末，基本建成南阳生物质能源装备产业园，形成年产10套3万~5万吨纤维素乙醇装备能力，产业年主营业务收入达到40亿元。到2020年，纤维素乙醇装备生产效率稳步提高，形成年产30套3万~10万吨纤维素乙醇装备能力，国际和国内市场进一步拓展，有望将南阳建设成为闻名中外的世界级生物质能源装备产业制造与研发基地。

### （四）输变电装备制造业

南阳市将以自主化、高端化、智能化、成套化、集群化发展为目标，深入实施创新驱动发展战略，重点发展变配电设备、输变电控制设备、输电设备、输变电保护与监控装备、特高压交直流输变电成套装备、新能源并网设备及相关配套产品，延伸优化变压器、高压开关、避雷器等优势产业链，引导上下游产业间紧密对接，形成“原材料—基础零部件—模块零部件—成品制造—应用”产业链上的上下游产业间水平分工体系，推动输变电装备制造业企业走差异化产品分工道路，降低同质化竞争风险。同时，推动区域内输变电装备制造企业的产业链整合和资源整合，推动骨干企业以设备制造为中心向以研发、设计、营销、售后服务为核心的服务增值环节转型，形成“研发设计—生产制造—营销”的输变电装备产业链垂直分工体系。

近年来国内外新一轮电网投资带来了输变电装备市场需求的稳定增长，国家和地方又相继出台智能电网、电线电缆质量提升等一系列政策，加之城镇化、信息化的加速推进，为南阳市输变电装备制造业的进一步发展提供了有利机遇。预计到2015年，南阳市输变电装备制造业特色产业集群形成，产业年销售产值超过60亿元，国内市场占有率达到8%以上，年均增长达到35%以上。到2020年，形成完善的、具有持续创新能力的技术创新体系，主要产品达到国际领先水平，形成一批国际知名品牌和专利，标准及认证体系与国际全面接轨，造就一批具有国际竞争力的大企业，南阳市输变电装备产业整体竞争力水平进入国际先进行列。

## 四 加快南阳市能源装备制造业发展的策略选择

当前，南阳市要抓住我国能源生产和利用方式变革、装备制造业转型升级和战略性新兴产业发展的战略机遇，以抢占世界能源装备制造业发展制高点为目标，采取切实可行的策略推动能源装备制造业应对挑战、加快实现转型升级、形成完整的能源装备制造产业体系，全力打造国内外知名的能源装备研发和制造基地。

## （一）实施创新驱动发展战略

重点围绕四大特色能源装备行业，积极推动本地龙头企业与国内外研发机构和高等院校联合建立产学研创新基地，发展产业技术创新联盟，鼓励企业与国外大型企业集团和研究机构开展合作研发，创建节能电机、智能钻机、非常规油气资源勘探开发装备、深水油气装备、纤维乙醇成套装备工程技术中心和工程实验室等创新技术平台。鼓励企业建立技术人才培养和引进激励机制，重点在非常规油气装备、防爆装备、生物质能源装备、电网安全装备等领域打造若干支国内一流的科研团队。加快实施“技术创新平台建设工程”，着力打造国家级创新平台、省级创新平台、技术创新联盟以及域外研发中心。

## （二）着力打造龙形产业体系

围绕四大特色产业，依托这些领域的大型骨干企业，进一步强化这些企业的龙头带动作用，增强中小企业的产业配套协作能力，在能源装备制造领域打造以大型骨干企业为龙头、产业链基本齐全、产业配套本地化较完善的“龙形产业”体系。着力支持龙头企业强化成套集成、总承包和服务增值能力，推动大中小企业间形成现代产业分工合作网络，加快实施“聚链、强链、延链、补链”的产业链拓展工程。所谓“聚链”就是依托四大产业园区建设实现产业链无缝对接，“强链”就是要强化关键优势环节占据产业链高端，“延链”就是要积极向上下游配套环节延伸提高模块化供货和系统集成能力，“补链”就是要围绕产业链缺失环节实现产业链本地化。

## （三）加快制造业服务化转型

顺应能源领域客户综合服务需求，支持企业在工程承包、系统集成和提供解决方案等方面开展增值服务，支持龙头企业组建工程服务队伍与专业服务公司，支持企业在国内外设立综合服务网络（4S 店），构建产品全生命周期的服务体系和服务网络，推进技术服务增值，推动骨干企业由“生产与设备供应型”向“装备与服务协同型”转变，提高服务板块收入在主营业务收入中所

占比重。加快实施“企业服务化转型推进工程”，着力推进集成与服务商培育工程以及综合服务网络建设工程。

### （四）大力推进两化深度融合

推进信息技术与研发、生产、经营、管理4个环节的深度融合，鼓励骨干企业推广应用信息化控制和管理技术，支持企业围绕研发信息化、产品智能化、生产信息化、管理信息化、服务网络化等环节，实现研发、生产、销售、服务全流程信息化，提升企业运营质量和效率。加快实施“两化融合示范工程”，打造一批两化融合示范园区、“两化融合”示范企业，建设一批“两化融合”示范项目。

### （五）突出抓好质量品牌建设

加快实施名牌战略，选定符合争创名牌条件的企业进行重点扶持，做到培育一批、申报一批、创建一批。鼓励引导企业建立完善的标准体系；加强质量技术基础建设；制订和实施品牌培育计划；加大知识产权和品牌保护力度。加快实施“品牌建设工程”，着力进行“品牌培育工程”建设的同时，做好“品牌保护工程”。

### （六）提高开放合作发展水平

坚持“引进来”和“走出去”相结合，实施更加积极主动的开放合作战略，紧紧抓住国内外装备制造产业转移的有利时机，拓展对外开放与合作领域，提升南阳能源装备知名度，提高承接产业转移层次。支持企业国际化发展，支持龙头企业引入战略投资者，支持龙头企业在国外和沿海地区设立研发中心和区域性总部。全力推进“开放合作深化工程”，有序开展“外贸孵化成长工程”“上市公司培育工程”以及“承接产业转移行动计划”。

### （七）提高人才队伍整体素质

实施企业家素质提升工程，制定能源装备企业高层经营管理人才素质提升工程总体规划，加快建立完善企业经营管理者研修平台。每年选拔一批优秀中

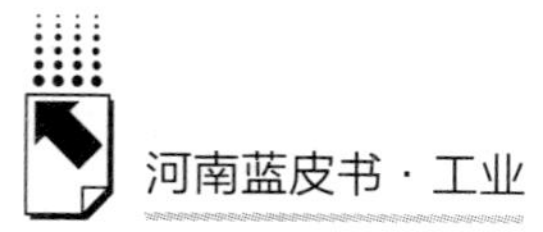


青年企业骨干到国内外知名高校和相关企业接受管理创新等培训。推动企业智库建设，集中一批国内外知名专家、学者，定期举办专题论坛，为相关企业高层经营管理者“集中充智”，实施中小企业聘请技术专家支持计划。以以上三项工程为依托，打造“人才建设专项工程”。

### （八）完善产业发展支撑体系

加快完善四大产业园区供电、供水、污水处理等基础设施及路网建设；完善服务体系，推进公共研发、质量检测、信息网络等公共服务平台建设；推进专业孵化器建设；建立专业化资源共享的能源产业和能源装备产业数据库和信息网；组建能源装备产业联盟。通过打造“公共技术服务平台”“公共信息服务平台”“管理咨询服务平台”以及“孵化器与创业平台”，全面推动南阳能源装备制造业的公共服务平台建设工程。

# 企业发展

Enterprise Development

## B.18 河南省“双百”企业发展研究报告

河南省工业发展研究中心“双百”企业发展研究课题组*

**摘　要：**

2013年度“双百”企业营业收入再创历史新高，入围门槛有所提高，内部结构明显优化，“双百”企业已经成为河南产业转型升级的核心动力，对全省工业经济的支撑作用进一步强化，但也面临着增速持续放缓、投资意愿降低、税收贡献下滑等问题，面对日趋严峻的经济形势和错综复杂的外部环境，河南要更加重视“双百”企业培育工作，加大支持力度。

**关键词：**

双百企业　产业升级　资源整合

---

* 课题组组长：龚绍东（河南省社会科学院工业经济研究所所长，研究员）、孙永民（河南省工业与信息化厅运行监测协调局局长）。成员：赵西三、李翔、林风霞、宋歌、王中亚、袁博。执笔：袁博，赵西三（河南省社会科学院工业经济研究所副研究员）。

企业是区域经济竞争力的重要支撑，尤其是大型企业集团的发展规模与成长速度，反映了区域经济的发展态势和市场竞争的战略格局，大型龙头企业数量少、实力弱一直是河南经济发展的短板。为加快形成一批有较强辐射力、影响力和带动力的竞争主体，提高河南产业核心竞争力，2011 年以来，河南省连续三年评选出年度百强和百高企业，即 100 家规模效益强的企业和 100 家高成长性企业，并出台了《关于支持百强和百高企业加快发展的意见》（豫政办〔2011〕51 号），重点支持“双百”企业做大做强。三年来，“双百”企业规模与效益明显扩大和提高，技术与产品结构持续升级，为河南加快产业转型升级、构建现代产业体系提供了强大支撑，是河南稳增长、调结构的核心动力。本文主要根据河南省 2013 年度“双百”企业名单，结合相关部门的数据，并通过与 2012 年度“双百”企业进行比较分析，对河南“双百”企业发展现状与趋势进行深入分析，并提出相应建议和对策。

## 一 河南省 2013 年度“双百”企业总体发展态势分析

河南 2013 年度的百强企业与百高企业在 2012 年共实现营业收入 21522.89 亿元[①]，占 2012 年河南企业营业总收入 52276.38 亿元的 41.17%，对河南经济的支撑作用进一步强化。

### （一）河南省 2013 年度百强企业总体发展态势

河南省 2013 年度的百强企业在 2012 年共完成营业总收入 20085.43 亿元，相较 2011 年的 17986.64 亿元增长 11.7%；占 2012 年河南省企业营业总收入 52276.38 亿元的 38.42%，较 2011 年的 37.74% 的比重提高了 0.68 个百分点，说明百强企业在全省经济发展当中的主体地位和作用得到进一步的加强和巩固。

河南省 2013 年度百强企业在 2012 年纳税总额为 936.15 亿元，较 2011 年的 1097.4 亿元下降 14.7%；百强企业纳税总额占 2012 年河南省地方财政总收

① 每一年度的百强或百高企业的评选根据均为上一年度的经营状况，因而文中所使用的数据均为上一年度的数据，如 2013 年度的百强或百高企业的数据均为 2012 年的数据。

入的28.15%，较2011年（38.49%）下降10.34个百分点（见图1），说明百强企业对全社会的贡献度在持续下降。

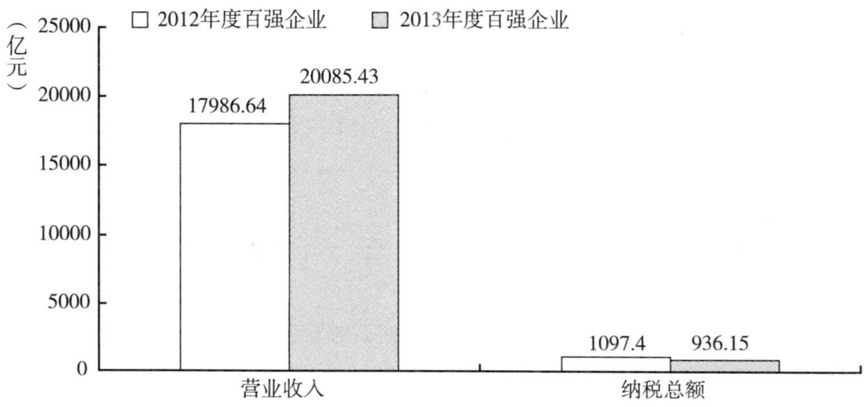


**图1　2012年度与2013年度百强企业营业收入与纳税总额**

在百强企业当中有4家企业在2012年的营业收入超过1000亿元，数量较2011年增加1家；营业收入超过500亿元的企业共有8家，数量与上年持平；营业收入超过100亿元的企业50家，数量与上年持平。百强企业中有1家企业（河南能化）跻身世界500强（排名第404位），数量与上年持平；14家企业入围中国500强，数量较上年增加1家。① 百强企业入围门槛营业收入为39.43亿元，较上年提高0.41亿元。

## （二）河南省2013年度百高企业总体发展态势

河南省2013年度百高企业在2012年共完成营业总收入1437.46亿元，百高企业营业收入增速平均值达到71.64%，较上年同期70.43%的增速提高1.21个百分点；税收增速平均值达到48.75%，较上年同期61.68%的增速下降12.93个百分点；百高企业总投资额为278.5亿元，较上年同期408.41亿元下降31.81%；投资额增速平均值达到53.09%，较上年同期下降22.28个百分点。百高企业在2012年共获得专利6999项，较上年同期5108项增长37.02%（见图2）。

① 注：分属母公司的子公司由所属母公司申报参与中国500强评选，子公司不参与评选；另有部分企业如河南中烟、郑州铁路局没有申报或不符合申报条件，故不在名单中。

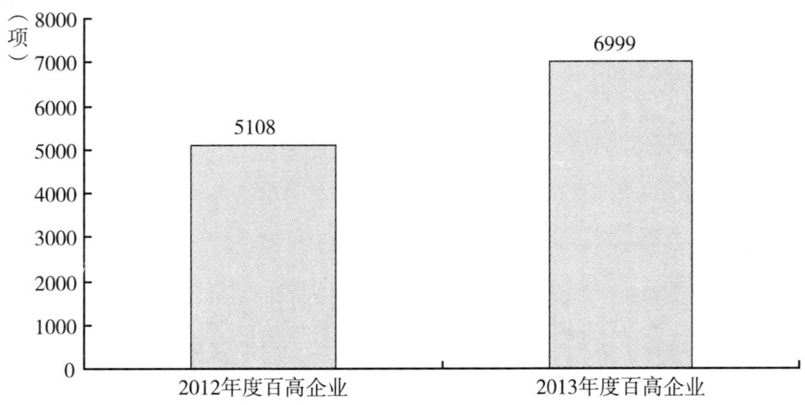


**图2　2012 年度与 2013 年度百高企业专利授权量情况**

百高企业代表河南经济发展的方向，其中高技术企业比较多，河南省 2013 年度百高企业中省级以上认定的高新技术企业有 83 家，较上年 71 家增加 12 家，表明高技术企业正在成为河南经济发展的生力军、结构调整的动力源，另有 1 家入围中国 10 佳物流企业，1 家入围中国物流 500 强。

## 二　河南省 2013 年度“双百”企业发展的主要特点

从总体发展态势分析可以看出，受市场需求不足和经济下行压力加大的影响，河南省 2013 年度双百企业虽然仍保持稳定增长，但增速明显放缓，税收贡献大幅下滑，投资强度普遍降低，而同期专利量大幅上升，说明企业更加重视研发投入，呈现出稳中有进的新格局。具体分析，河南省 2013 年度双百企业发展呈现出以下主要特点。

### （一）百强企业保持稳定，百高企业成长明显

2013 年入围的百强企业在 2012 年的营业收入平均值为 200.85 亿元，较 2012 年度的百强企业增加 20.98 亿元，同比提高 11.7%。百强名单总体保持了较高的延续性，2013 年度百强企业排名前 10 位的企业中有 8 家排在 2012 年度百强企业名单前 10 位，营业收入排名前 35 位的企业均为 2012 年度百强企

业，100 家企业中有 91 家为 2012 年度百强企业。

河南省 2013 年度百高企业在 2012 年的营业收入平均值为 14.37 亿元，较 2012 年度的百高企业提高 1.03 亿元，百高企业营业收入增速平均值、税收增速平均值、投资额增速平均值分别达到 71.64%、48.75%、53.09%，其中 12 家企业营业收入同比增速超过 100%（见表 1），2012 年度百高企业中凤宝特钢、永达食业、信阳毛尖、金丹乳酸等 4 家企业经过培育进入 2013 年度百强企业。

**表 1　百高企业营业收入增速超 100% 的企业**

单位：%

| 企　　业 | 增　速 |
|---|---|
| 郑州旭飞光电科技有限公司 | 1286.0 |
| 河南省矿山起重机有限公司 | 805.0 |
| 河南开祥精细化工有限公司 | 492.0 |
| 奇瑞汽车河南有限公司 | 451.0 |
| 河南瑞创通用机械制造有限公司 | 355.8 |
| 河南明业食品有限责任公司 | 185.2 |
| 河南福森药业有限公司 | 179.0 |
| 濮阳市盛源石油化工有限公司 | 173.0 |
| 信阳天意节能技术有限公司 | 158.0 |
| 洛阳单晶硅有限责任公司 | 115.0 |
| 洛阳杜康控股有限公司 | 110.0 |
| 河南仕佳光子科技有限公司 | 100.0 |

## （二）百强企业以传统产业为主，百高企业以新兴产业为主导

从 2013 年“双百”企业的产业结构分布看（见表 2），2013 年度百强企业传统产业占比继续提高，其中工业企业 84 家，较 2012 年度的数量减少 1 家；服务业 12 家；建筑业 4 家；服务业企业比重偏低。在工业行业中，2013 年度高成长性产业 29 家（食品 13 家、装备制造 8 家、汽车 5 家、电子信息 1 家、轻工 1 家、建材 1 家），较 2012 年度的数量减少 6 家，占百强工业企业总数的 34.52%，较 2012 年度的百强企业下降 6.66 个百分点；先导产业 6 家（生物医药 3 家，新材料 2 家，新能源 1 家），较 2012 年度的数量增加 1

家，占百强工业企业总数的7.14%，较2012年度的百强企业提高1.26个百分点；传统产业39家（有色19家、石油化工11家、钢铁8家、纺织服装1家），较2012年度的数量增加3家，占百强工业企业总数的46.43%，较2012年度提高4.08个百分点，说明百强企业产业结构依然偏传统，并且份额逐年提高；煤炭电力企业入围10家，较2012年度的数量增加1家，占百强企业总数的10%，其中，排名前2位的企业均为煤炭企业，5家煤炭企业全部进入排名前20位，说明传统产业无论是从企业数量上还是权重上占全部百强企业总体规模的比重偏高。

**表2 “双百”企业行业分布情况**

| 行业类别 | 百强企业 | | 百高企业 | |
|---|---|---|---|---|
| | 2012年度 | 2013年度 | 2012年度 | 2013年度 |
| 高成长性产业 | 35 | 29 | 60 | 62 |
| 传统优势产业 | 36 | 39 | 13 | 8 |
| 煤炭电力 | 9 | 10 | 0 | 0 |
| 先导产业 | 5 | 6 | 27 | 25 |
| 服务业 | 12 | 12 | 0 | 4 |
| 建筑业 | 3 | 4 | 0 | 0 |
| 金融业 | 0 | 0 | 0 | 1 |

而新兴产业在百高企业中占据主导地位，传统产业持续减少。河南省2013年度百高企业中，工业企业95家，较2012年度的数量减少5家，服务业4家，金融业1家。工业行业中，高成长性产业62家（装备制造25家、电子信息12家、汽车9家、轻工8家、食品7家、建材1家），较2012年度的数量增加2家，占百高工业企业总数的65.26%，较2012年度的百高企业提高5.26个百分点；先导产业25家（新材料10家、生物医药10家、新能源5家），较2012年度的数量减少2家，占百高工业企业总数的26.32%，较2012年度的百高企业减少0.68个百分点；传统产业8家（化工7家、钢铁1家），较2012年度的数量减少5家，占百高工业企业总数的8.42%，较2012年度的百高企业下降4.58%。从整体上看，高能耗、高污染的传统产业在数量上和占百高企业总数的比重方面双双下降，而高成长性产业和先导产业企业总数达87家，占百高工业企业总数的91.58%，较2012年度的百高企业提高4.58个百分点，已经占据百

高工业企业数量的绝对主体，环保、低能耗的新兴产业比重的逐年提高说明河南省的产业正在加速转型，产业结构日趋合理，向着更加科学、健康的方向发展。

## （三）百强企业区域分布极不均衡，百高企业区域分布相对平衡

百强企业区域分布方面，虽然全省18省辖市均有企业入围，但在分布数量和质量上极不均衡、差距巨大（见表3）。从细分区域看，豫中地区（郑州、许昌、漯河）共入围40家企业，数量与上年持平；豫北地区（新乡、安阳、焦作、濮阳、鹤壁、济源）共入围24家企业，数量较上年增加1家；豫西地区（洛阳、三门峡、平顶山）共入围21家企业，数量较上年减少1家。三大区域共入围企业85家，占全省百强企业总数的85%，共完成营业收入18625.99亿元，较上年同比增长12.4%，占百强企业营业总收入的92.73%，较上年同期提高0.57个百分点。而人口占全省总人口36%的豫东南4市（商丘、周口、驻马店、信阳）共入围企业9家，数量与上年持平，只占全省百强企业总数的9%，不及郑州市入围企业数量的1/3；共完成营业收入829.69亿元，较上年同比仅增长2.49%，仅占百强企业营业总收入的4.13%，较上年同期下降0.37个百分点。豫东南地区不仅在数量、营业收入和比重3项指标远远落后于其他地区，发展速度也较其他地区缓慢，差距持续拉大，而郑州、洛阳、安阳3市入围企业数量总计占到百强企业总数的将近一半。说明以传统产业为主的百强企业主要受资源、产业基础等传统要素积累影响较大。

**表3　百强企业区域分布情况**

| 区　域 | 企业数量 | | 区　域 | 企业数量 | |
|---|---|---|---|---|---|
| | 2013年度 | 2012年度 | | 2013年度 | 2012年度 |
| 郑　州 | 30 | 30 | 济　源 | 4 | 2 |
| 洛　阳 | 10 | 11 | 漯　河 | 4 | 4 |
| 安　阳 | 7 | 5 | 周　口 | 4 | 4 |
| 许　昌 | 6 | 6 | 商　丘 | 2 | 2 |
| 三门峡 | 6 | 6 | 信　阳 | 2 | 1 |
| 平顶山 | 5 | 5 | 鹤　壁 | 2 | 1 |
| 新　乡 | 5 | 10 | 开　封 | 1 | 1 |
| 焦　作 | 5 | 4 | 濮　阳 | 1 | 1 |
| 南　阳 | 5 | 5 | 驻马店 | 1 | 2 |

百高企业区域分布方面，全省18省辖市均有企业入围，与百强企业区域分布相比更加均衡（见表4）。从细分区域看，豫中地区（郑州、许昌、漯河）共入围30家企业，数量较上年增加2家；豫北地区（新乡、安阳、焦作、濮阳、鹤壁、济源）共入围25家企业，数量较上年减少3家；豫西地区（洛阳、三门峡、平顶山）共入围20家企业，数量与上年持平。三大区域共入围企业75家，占全省百高企业总数的75%，2012年共完成营业收入996.32亿元，较上年同比增长7.7%，占百高企业营业总收入的69.31%，较上年同期提高仅0.02个百分点；营业收入增速平均值达到57.68%，较上年同期提高18.26个百分点；税收增速平均值达到36.38%，较上年同期回落31.29个百分点；共完成投资额175.23亿元，较上年同比下降30.05%，占百高企业总投资额的62.92%，较上年同期回落7.48个百分点，增速平均值达到53.62%，较上年同期回落24.52个百分点；共获得专利5869项，较上年同比增长38.9%，占百高企业专利总数的83.85%，较上年同期提高1.12个百分点。三大区域百高企业中省级以上认定的高新技术企业有63家，数量较上年增加7家，占百高企业中省级以上认定的高新技术企业总数的75.9%，较上年同期回落2.97个百分点。

产业基础较为薄弱的豫东南4市（商丘、周口、驻马店、信阳）在企业数量、税收增速平均值、专利数量和高新企业数量等方面都较上年有所提高，正在逐步缩小与省内三大发达地区的差距。4市共入围企业14家，数量较上年增加1家，占全省百高企业总数的14%，在2012年共完成营业收入221.48亿元，较上年同比下降8.51%，占百高企业营业总收入的15.41%，较上年同期回落2.73个百分点；营业收入增速平均值达到43.09%，较上年同期回落217.08个百分点；税收增速平均值达到59.43%，较上年同期提高15.07个百分点；共完成投资额33.09亿元，较上年同比下降61.98%，占百高企业总投资额的11.88%，较上年同期回落10.61个百分点，增速平均值达到64.31%，较上年同期回落27.5个百分点；共获得专利393项，较上年同比增长112.43%，占百高企业专利总数的5.62%，较上年同期提高2个百分点；豫东南百高企业中省级以上认定的高新技术企业有11家，数量较上年增加5家，占百高企业中省级以上认定的高新技术企业总数的13.25%，较上年同期提高4.8个百分点。

**表 4　百高企业区域分布情况**

| 区　域 | 企业数量 | | 区　域 | 企业数量 | |
|---|---|---|---|---|---|
| | 2013 年度 | 2012 年度 | | 2013 年度 | 2012 年度 |
| 郑　州 | 21 | 19 | 平顶山 | 4 | 4 |
| 洛　阳 | 12 | 13 | 漯　河 | 4 | 4 |
| 南　阳 | 8 | 8 | 濮　阳 | 3 | 3 |
| 安　阳 | 7 | 8 | 商　丘 | 3 | 3 |
| 焦　作 | 7 | 7 | 信　阳 | 3 | 3 |
| 周　口 | 6 | 5 | 开　封 | 3 | 3 |
| 许　昌 | 5 | 5 | 鹤　壁 | 2 | 3 |
| 新　乡 | 5 | 5 | 驻马店 | 2 | 2 |
| 三门峡 | 4 | 3 | 济　源 | 1 | 2 |

## （四）百强企业国有经济主导，百高企业民营企业占优

河南省 2013 年度百强企业名单中，国有企业入围 50 家（见图 3），数量与上年持平，占百强企业的半壁江山，实力较强，其中排名前 10 位的企业中有 8 家国有企业，排名前 50 位的企业中有 29 家国有企业。一是营业收入和纳税额方面依然占据主导地位，50 家国有企业于 2012 年共完成营业收入 13535.91 亿元，较上年同比增长 7.2%；占百强企业营业总收入的 67.39%，较上年同期回落 2.83 个百分点，虽然国有经济所占比重有所下降，但仍然占据百强企业营业总收入的 2/3 以上。50 家国有企业营业在 2012 年收入平均值为 270.72 亿元，是百强企业营业收入平均值的 1.35 倍，较上年 1.4 倍略有回落。50 家国有企业共完成纳税 759.56 亿元，较上年同比下降 19.1%；占百强企业纳税总额的 81.14%，较上年同期下降 4.47 个百分点。营业总收入的增加和纳税总额的下降说明国有企业对全社会的贡献度持续下降。二是中央直属企业影响力增强，共有中央直属企业 24 家，数量较上年增加 1 家，占国有企业总数的 48%，在 2012 年完成营业收入 5530.66 亿元，较上年同比增长 15.3%；占百强国有企业营业总收入的 40.86%，较上年同期提高 2.89 个百分点。中央直属企业的营业总收入和比重的双双提高表明中央直属经济在国有经济中的作用日趋重要。24 家央属企业在 2012 年纳税总额为 368.74 亿元，

较上年同比增长 2.9%；占百强企业纳税总额的 39.39%，较上年同期提高 6.72 个百分点。说明中央直属企业对全社会的贡献度在持续增加。三是民营企业在 2012 年贡献率稳步提升，民营企业在 2012 年完成营业收入 6549.53 亿元，较上年同比增长 12.3%；占百强企业营业总收入的 32.61%，较上年同期提高 2.83 个百分点。营业收入和所占比重的双双提高说明民营经济的重要性日益显现。民营企业纳税总额为 176.6 亿元，较上年同比增长 11.8%，占百强企业纳税总额的 18.86%，较上年同期提高 4.47 个百分点。纳税总额和所占比重的双双提高说明民营企业对全社会的贡献度持续提高。

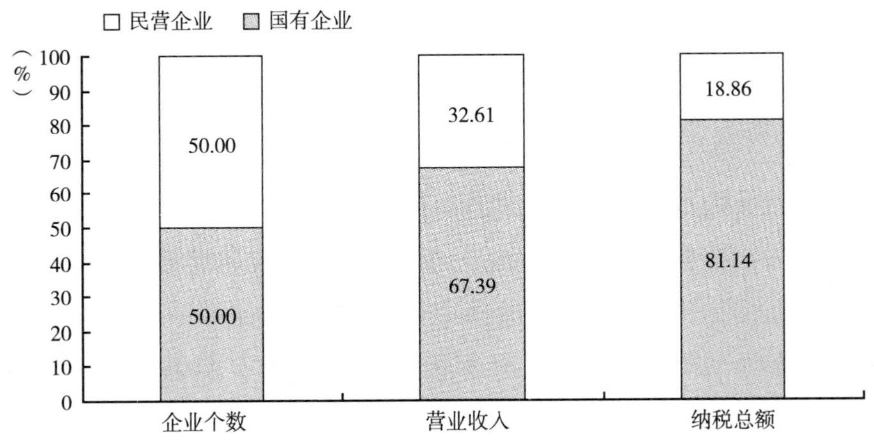


**图 3　2013 年度百强企业所有制分布**

河南省 2013 年度百高企业中，民营企业 86 家，数量上占据百高企业总数的绝对主体（见图 4）。86 家民营企业在 2012 年共完成营业收入 1179.31 亿元，占百高企业营业总收入的 82.04%，增速平均值达到 65.87%，高于上年同期百高企业营业收入增速平均值 5.64 个百分点；税收增速平均值达到 48.45%，低于上年同期百高企业税收增速平均值 0.3 个百分点；总投资额为 266.78 亿元，占百高企业总投资额的 95.79%，投资增速平均值达到 47.29%，低于上年同期百高企业投资额增速平均值 5.8 个百分点；民营企业共获得专利 4900 项，占百高企业获得专利总数的 70.01%；百高民营企业中省级以上认定的高新技术企业有 73 家，占百高企业省级以上认定的高新技术企业总数的

87.95%。百高民营企业在数量、所占比重、增速平均值、获得专利总数等各项数据指标上均占据绝对主体，说明民营企业已经成为百高企业当中的主力军，是河南省高成长和先导产业成长发展的中坚力量。

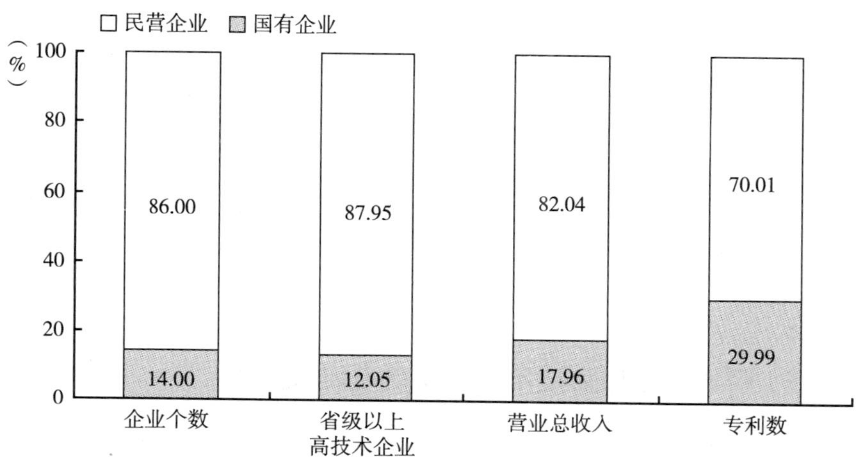


**图 4　2013 年度百高企业所有制分布**

## 三　推进河南省“双百”企业健康发展的建议与对策

“双百”企业作为河南省稳增长、调结构的核心动力，需要在转型升级上更进一步，积极培育新的业务支撑，提高企业核心竞争力。

### （一）继续完善支持政策措施

当前对于双百企业的支撑政策并没有真正落实到位，企业参评积极性不高，建议设立“双百”企业发展专项基金，将信贷资金优先向“双百”企业投放，积极推动银企合作，鼓励企业开展直接融资，支持企业拓宽融资途径，多渠道缓解企业融资难、融资少的问题。建立奖励机制，对当年有重大技术革新和发明的企业进行现金奖励，充分提高企业技术改造、自主创新和信息化建设的积极性和活力。建立相应保障制度，保证“双百”企业用地、环保、煤电油气运输保险等方面的需求。为“双百”企业提供更多鼓励和优惠政策，建立健全人才培养机制，优化企业发展环境，引导企业走出去，促进企业更好更快的发展。

### （二）构建“双百”企业运行指数

参照 PMI 与企业家信心指数，编制“双百”企业运行指数，与统计局提供的数据相比这是一个更加微观的指标，更能反映出企业运行情况。“双百”企业运行指数需要搭建一个数据平台，对“双百”企业经营情况进行月度调查，并与上月相比得出变化趋势，给政府部门掌握全省工业运行态势提供一个更加科学、合理的数据指标，形成月度指标和分析报告并提交省政府有关部门作为决策依据。

### （三）引导企业加大技术改造与研发投入力度

从前文分析可以看出，企业在研发投入、专利申请、技术革新等方面还要继续加大投入，要引导企业持续加大投入力度，设立引导资金等。面对经济指标持续走低的局面，百高企业要率先进行产业升级，淘汰高能耗、低附加值的产品，采用效率更高、更加环保的生产方式，减少中间制造环节，加大产品研发和售后服务环节，使内部生产流程更加高效、科学、合理，在当前已经放缓的经济形势下仍能保持高增长率。“百强”企业在保证传统产业优势的基础上，大力进行技术改造，提高产品技术含量，同时积极发展高附加值的制造服务业，在售后和软件方面提高用户黏性，形成全产业链，增强现有产业的竞争力。

### （四）加大对民营企业的扶持

虽然在 2013 年的百强企业名单中，民营企业的数量已经达到半数，但营业总收入不到国有企业的一半，纳税总额不到国有企业的 1/4，这充分说明民营企业的经营质量还不够高，对全社会的贡献还比较小。国有企业的发展关乎国计，民营企业的发展关乎民生，民营经济在国民经济当中占有不可替代的地位。它的走势关系着国家的前途和命运，政府需要进一步加大力度推出鼓励和扶持民营企业发展的政策，设立民营企业发展专项基金，减少民营企业立项审批环节，建立民营企业奖励制度，建设专业培训机构对民营企业管理者和技术

人员进行专业培训，减免民营企业税收，尽力满足民营企业在用地、设备投入和研发方面的诉求，提高民营企业发展的信心和积极性，最终使民营企业不仅在量而且在质上真正成为拉动经济增长的中坚力量。

## （五）搭建“双百”企业合作平台

建议设立“双百”企业家年度论坛，搭建交流合作平台，使“双百”企业能够互相利用各自优势：百强企业可以利用百高企业的专利和技术优势，而百高企业可以学习百强企业先进的管理制度。双方可以定期举行年度论坛、小范围座谈，以及互相参观、互派人员交流学习等活动，行业领域相同或相近的企业之间可以进行合作，优势互补，使百强和百高企业共成长。

## （六）支持“双百”企业整合资源

支持“双百”企业抓住当前经济下行机遇，加大行业整合力度，支持企业跨行业、跨区域整合，到沿海地区招商引资，吸引更多优秀和知名企业投资，加强合作。支持企业到上海、北京等一线城市设立研发中心与区域总部。支持企业走出去，积极参与到国际贸易当中，开拓海外市场，与全球行业巨头进行合作。

B BLUE BOOK.19

# 战略重组中的企业航母

## ——河南能源化工集团发展态势分析展望

河南能源化工集团课题研究组*

**摘　要：**

2013年9月，原河南煤业化工集团与义煤集团实施战略重组，成立河南能源化工集团有限公司，面对复杂严峻的宏观经济形势和持续增大的安全与经营压力，河南能源化工集团坚持一手抓战略重组促转型、一手抓稳定增长促回升，企业战略整合顺利推进。展望未来，集团将围绕“坚持一个前提，完成两大任务，建好三大体系，抓住一个关键”，持续提升经济运行质量和效益，在河南经济社会发展中起到更大作用。

**关键词：**

战略重组　深度融合　转型升级

2013年9月，根据河南省委、省政府加快推进省管大型煤炭企业战略重组的工作部署，原河南煤业化工集团与义煤集团实施战略重组。河南省政府将持有义煤集团的65.79%国有股权以划转方式出资到河南煤业化工集团，并将河南煤业化工集团更名为河南能源化工集团有限公司（简称“河南能源化工集团”），形成以河南能源化工集团为母公司、义煤集团和河南煤业化工集团所属一级子企业为子公司、按照现代企业制度运作的有限公司。2013年9月12日，河南能源化工集团正式挂牌成立。新组建的河南能源化工集团正按照河南省委、省政府的决策部署，积极有序地推进深度融合工作。

---

* 课题组成员：周建峰（集团政策研究室主任，高级经济师）、王广伟、刘润涛。

# 一　2013 年河南能源化工集团基本情况

重组后的河南能源化工集团，是一家集煤炭、化工、有色金属、装备制造、物流贸易、建筑矿建、金融服务业等产业相关多元发展的国有特大型能源化工企业集团。下设 490 个控参股子公司，分布在河南、贵州、新疆、内蒙古、安徽、青海、上海等省份，以及澳大利亚等国家，其子公司大有能源（股票代码：600403）、银鸽投资（股票代码：600069）两家在沪市主板上市，九天化工（股票代码：JIUTIANC）在新加坡主板上市。

## （一）2013 年前三季度主要经济指标完成情况

面对复杂严峻的宏观经济形势和持续增大的安全与经营压力，河南能源化工集团果断采取系列举措，为持续稳运行、保增长、促回升的态势奠定了基础。特别是战略重组期间，该集团坚持一手抓战略重组促转型、一手抓稳定增长促回升，较好地做到了相互协同、相互促进。该集团 2013 年前三季度主要经济指标完成情况如下：

——安全：集团公司持续保持了安全、环保、稳定的良好局面。

——煤炭产量：累计完成 8165.87 万吨，同比增加 439.33 万吨，增长 5.69%。

——营业收入：累计完成 1677.28 亿元，同比增加 90.49 亿元，增幅 5.7%。

——利税总额：完成 83.35 亿元，同比减少 11.73 亿元，降幅 12.34%。

——利润总额：完成 12.91 亿元，同比减少 8.83 亿元，降幅 40.62%。

——项目建设：累计完成投资 80.92 亿元，同比减少 15.05 亿元，降幅 15.68%。

## （二）基本发展情况和最新动态

2013 年以来，国际经济低速增长态势持续，国内经济发展进入增长速度换档期、结构调整阵痛期、前期刺激政策消化期。河南省经济进入爬坡过坎、攻坚转型的关键期，经济发展瓶颈制约依然存在。在这样复杂严峻的大环境下，河南能源化工集团生产的煤炭、化工、有色金属、装备制造等产品均受到产能过剩、需求不足、价格下滑的冲击，企业经营困难较大。作为全省最大的工业企业，河南能源化工集团始终坚持主题主线，内抓管理，外拓市场，全力稳运行、保增长、促回升，整体实现了安全平稳运行。

**1. 坚持把抓好企业的安全、环保和稳定作为各项工作的前提和基础**

不断优化管理体制和工作机制，保障资金投入，注重隐患排查和风险防控，狠抓责任落实，强化作风转变，严格责任追究，从根本上夯实基础管理，切实为推进企业科学发展提供坚强保障。

**2. 切实把稳增长、调结构、促回升放在更加突出的位置**

持续强化生产组织，提升生产效率和效益；着力强化产供销高效对接，围绕需求强化市场营销。同时，贴近市场调整产品结构，确保以产定销、以质保销、以符合市场需求的产品结构实现经济效益最大化。

**3. 坚持统筹运作、分类搞活、分别施策**

按照“盘活存量、扩大增量、提升质量”的发展思路，通过强化各产业板块造血功能，引导企业整体实现优化升级。结合各产业板块的市场形势和自身实际，分别推动煤炭板块做精做细、提质增效，推动化工板块转型升级、扭亏增盈，推动有色金属、装备制造等板块发挥正效能，推动金融服务、现代物流、商业地产等产业盘活存量、做实做强。积极培育新的经济增长点，积极运作电子商务等新型产业项目。

**4. 不断加强经营管理**

持续优化管控模式，规范权力运行和企业运作，注重各要素高效配置，实施全过程、全要素、全员成本管理。2013 年前三季度在安全投入等刚性支出不断增加的情况下，原煤单位制造成本同比下降 7.77%，甲醇、乙二醇等产品生产成本均实现了大幅下降。

**5. 坚持深化改革，创新体制机制**

采取承包、租赁等多种形式，在确保国有资产不流失的情况下，积极稳妥推进国有体制民营机制管理模式试点。集团公司所属的安化公司、中原大化公司、洛阳 LYC 轴承等单位通过转换经营机制，效率效益大幅提升，实现了企业与员工的双赢。

## 二 结构调整与转型升级态势分析

近年来，河南能源化工集团坚持以科学发展观为主题，立足当前，着眼长远，坚决把加快调结构促转型作为推动企业实现全面协调可持续发展的核心和关键，大力实施以“调整优化产业和产品结构，全面提高经济运行的质量和效益；调整优化人力资源结构，全面提高员工综合素质；科技创新和管理创新；项目带动和品牌带动”为主要内容的“两调整、两提高，两创新、两带动”战略举措，坚持在调整中提升、在发展中转变，努力推动企业做大做强、做优做久。

### （一）坚持安全绿色开采、低碳高效利用发展模式不动摇

始终秉承“让有限的资源通过我们的努力更好地、充分地利用起来，最大限度为社会造福”的发展理念，努力实现高碳资源、低碳利用，积极发展循环经济、生态经济、绿色经济，建设资源节约型、环境友好型现代能源企业集团。科学制定发展战略，统筹设置产业布局，使各个产业板块、各个产业基地之间，在技术、市场、人才、研发、管理等方面相辅相成、互为依托，整体形成了一个系统完整、上下契合、有机互补的产业链，确保产业体系清晰、产业布局科学，努力做到谋定而后动。

### （二）针对产业发展实际拉伸产业链条

在煤炭、有色金属等现代采矿业方面，依托丰富的矿产资源优势，以及矿产资源开发、洗选加工、销售一体化产业体系，加快老矿技术改造、新井建设和优质矿产资源的兼并重组步伐，倾力打造以“安全绿色开采、低碳高效利用”为特色的现代采矿业。在现代煤化工产业发展方面，以“高端化、精品化”为发展方向，加快矿产资源由“燃料”向“材料”转化、产品从大众化向精品化发展、产业链从低端向高端延伸，倾力打造技术国际领先、资源合理配置、能源梯级应用、产品深度耦合的集约化、大型化、多联产的现代煤化工高科

技工业体系。在现代制造业发展方面，坚持“一靠机制、二靠创新”的工作方针，不断创新体制机制，加快合资合作、项目建设和新产品研发步伐，着力实现规模效应和核心竞争力的立体化升级。在现代服务业发展方面，强力推动现代物流、金融等产业做大做强，努力培育新的经济增长点，实现资源运营和资本运营一体化共赢发展，形成相互支持、相互补充、较为完备的现代服务业体系。

### （三）加快优质项目建设

始终以此为结构调整的重要抓手，坚持“优”字当头、效益优先，切实做到有进有退、有扶有控、有快有慢，确保新上项目符合国家产业政策、国内外市场形势、河南省产业发展战略和企业发展实际，通过产业结构的持续优化促进发展质量的持续提升。近年来，本着“快、好、省”的原则，先后投入近30亿元实施了9个矿井扩产改造项目，新增产能177万吨；新建或者改扩建洗（选）煤厂11座，新增洗选能力1115万吨；投资70亿元新建赵固一矿、赵固二矿等9座矿井，新增产能1248万吨；在充分调研论证的基础上，在新疆、陕西、贵州等地整合优势煤炭资源150多亿吨；在做好产业加法的同时，积极推进主辅分离辅业改制；严格按照国家产业发展政策，及时关闭、淘汰年产30万吨以下矿井50余座，累计淘汰落后产能793万吨。

### （四）大力实施创新驱动发展战略

坚持把技术创新和管理创新融入企业生产经营和改革发展的全过程，持续推动企业由依靠要素投入向创新驱动、内生增长转变。在技术创新方面，近年来，成立了集团研究院，拥有包括2个国家级企业技术中心、4个院士工作站、3个博士后科研工作站等35个经政府部门认定的研发机构，形成了以企业为主体、以市场为导向、产学研相结合的自主创新体系；建立了内部科技市场运行机制，最大限度发挥科技和工程技术人员优势，加快推进科技成果向现实生产力转化。年均科技投入占营业收入的3%以上，几年来累计推出新产品近200种，新增效益超过5亿元。生产的轴承产品已在国家的“神舟”系列飞船、载人航天工程等方面得到了广泛应用，煤制乙二醇产品已达到石油路线优等品质量，创世界煤制乙二醇最好水平；高性能碳纤维质量已达到宇航级标准。在管理创新方面，抓住影响和制约企业科学发展的关键环节集中突破，创造了独具特色并被国家安监总局认可的“012345”主动预防型安全管理模式，以及标煤计量、“三化”管理、进销存管理和对标管理等先进经验，有力推进了管理效率提升和发展方式转变。

### （五）强力推进人力资源结构与薪酬结构调整

在人力资源调整方面，坚持“精干高效”原则和市场化导向，以构建内部人力资源大市场、创建标准化队伍为抓手，加大人力资源结构调整力度。近年来累计调剂管理技术骨干近6000人、技能工人2万余名，实现了余缺互补和优势共享，积极适应当前宏观形势变化和企业新项目发展的需要。在薪酬结构调整方面，坚持以业绩和效率、效益为导向，着力优化分配结构，引导工资投放向基层一线倾斜，向安全高效、科技创新和管理创新倾斜，倾力构建和谐分配格局，有效发挥了薪酬的激励导向作用。

### （六）坚持项目带动和品牌带动

把安全生产、经营管理、人力资源和党建群团等各项工作逐一分解，成立项目工作组，制订计划和目标，明确人员和责任，依据后评估效果严格兑现奖罚，以项目运作方式确保各项工作目标实现。同时坚持把品牌当成一种无形资产精心经营，大力推广实施集团统一标志，打造煤炭、化工、装备制造等各行业明星产品、知名品牌，“中永一号”、“豫珠”、“LYC”等品牌享誉全球，知名度和美誉度持续提升。经过近几年发展，企业综合实力显著增强，连续3年成为世界500强企业，位居2013年世界企业500强第404位。

## 三　当前面临形势和存在问题分析

### （一）发展机遇及企业优势

#### 1. 释放改革红利创造出大好机遇

2013年，党的十八大、全国两会胜利召开后，党和国家新一届领导集体团结带领全国人民，用更大气力释放改革红利，全力打造中国经济“升级版”，引领全国人民奋力追寻“中国梦”。河南省正深入实施粮食生产核心区、中原经济区、郑州航空港经济综合实验区三大战略规划，随着一系列政策措施效应的逐步显现，全省经济持续健康发展基础不断夯实。特别是把产业集聚区和郑州航空港区建设作为打造中原经济区的有力抓手，着力推动产业结构整体升级。面对复杂严峻的经济形势，河南尤其把保煤炭产业放在保民生的高度出台了一系列政策举措。面对这些机遇，河南能源化工集团经过深入分析认为，研判市场时不仅要关注宏观，更重要的是盯紧微观，只要有一点利好消息，就要迅速出击，细分市场并不断提高市场份额。

**2. 战略重组凸显发展优势**

河南能源化工集团绝不是原河南煤化集团和义煤集团的“1+1”拼盘组合，而是河南省委、省政府综合考虑两家企业的地域分布、产品结构、市场布局、资源储备及人才、技术等因素而做出的战略决策，是强强联合、互补联合。

（1）规模优势更加突出。煤炭产量将迅速形成规模优势，2013 年年底将突破 1 亿吨，跻身全国亿吨级煤炭企业行列。同时，煤炭资源占有量将达到 560 亿吨。

（2）产业布局更加科学。无论是采选业、化工业还是铝工业，都能够迅速围绕利益和利润最大化拓展生产链条，迅速提升市场掌控力。

（3）资源配置更加优化。一切优势资源都将实现流通、共享和互补，实现资源配置最优化和效益最大化。

（4）资金保障更加有力。拥有更加充足的现金流，为推动企业调整产业结构、加快转型升级等方面提供强大的资金支持。

（5）市场布局更加合理。形成一个统一的、更广阔的市场，迅速占领市场制高点。

（6）品牌溢价能力更强。河南煤化集团作为世界 500 强企业，品牌优势也比较明显；义煤集团经过 55 年的不断沉淀，树立了良好的品牌形象。战略重组将有利于提升企业形象和在对外合作方面的话语权。

## （二）严峻挑战及突出问题

### 1. 宏观经济形势和政策对能源市场形成压力

世界经济处于结构性弱势增长阶段，新兴市场经济体增长明显减缓，欧元区持续衰退，增长动力不足，下行压力加大；我国经济陷入深度疲软，面临系统性风险，呈现低速增长态势。在这种情况下，尤其是随着2013年煤炭“黄金十年”告一段落，形势要复杂得多、严峻得多，波及范围更广、持续时间更长。

（1）产能过剩加剧。据预测国内煤炭过剩近5亿吨，需求不足、进口煤增多、环保约束增加等因素的影响日趋严重。就河南而言，哈郑特高压输电工程2013年内全线贯通，可使省内煤炭使用量每年减少2000万吨；山西、陕西、蒙西“三西”主要铁路运煤通道运输能力进一步释放，河南电煤基本从湖北、湖南、江西“两湖一江”市场退出，煤炭市场竞争更加激烈。甲醇、尿素、聚甲醛、氧化铝等，也都面临产能过剩的困局。

（2）大企业竞争激烈。随着产业集中度提高和市场形势变化，我国已进入大企业引领行业发展时代。2013年世界500强榜单显示，中国以煤为主的企业有11家上榜，大型煤炭企业间的竞争异常激烈和残酷。虽然原河南煤化集团在世界500强企业入围门槛较2012年提高39亿元的情况下再次顺利入选，但营业收入的增速，与世界500强企业户均2.71%的增速相比，还有一定差距。

（3）国际形势形成制约。在国内煤炭市场供求宽松、煤价不具备大幅回升基础的情况下，未来国内煤价走势在一定程度上仍将取决于国际煤价，而国际煤价走势很大程度上取决于美联储短期内是否退出量化宽松政策（QE）。如果美联储明确短期内不会退出量化宽松政策（QE），而国际煤价继续上升的空间将被大大限制，此轮国内煤价回升幅度或将非常有限。

### 2. 企业生产经营压力随形势变化不断增大

河南能源化工集团由于历史原因造成的产业产品结构、管理体制机制、改革创新等方面问题，还有待进一步深入研究和着力解决。

（1）安全压力持续增大。拥有193对矿井、27家化工企业，再加上有色金属、装备制造和矿山建设等众多地面生产单位，涉及行业多、战线长、安全管理难易程度不一，重大危险源治理、安全监察监管、应急救援体系建设等面临许多新的课题和挑战。

（2）市场销售压力持续增大。因国内煤炭市场形势异常严峻，稳住煤炭产品销售价格的难度越来越大，再加上下游用户资金周转困难，导致货款回收压力较大。主要化工、装备制造、有色金属等产品的销售工作一直面临不小的压力。

（3）经营压力持续增大。受安全投入等因素影响，煤炭企业经营成本刚性增加因素较多，成本下降空间有限。部分企业由基建转入生产，已面临经营活动现金流入少、还本付息资金压力大等困难。另外，安全稳定环保、资本运作和法律事务等方面风险也需要合理规避。

（4）财务压力持续增大。承担政策性投资、为外部企业提供财务资助借款以及缴纳深部资源价款这三项支出，使企业对外借款增加144.6亿元，每年还本付息压力较大。

（5）兼并重组小煤矿压力大。兼并重组省内小煤矿资金投入来源几乎全部为借款，每年仅利息支出增加约5亿元。兼并重组矿井大多不具备安全生产条件，如果复工复产需要大量技改投入且效益也不乐观。

## 四　应对形势的策略和工作思路

战略重组后的河南能源化工集团，应以一个什么样的形象展现在世人面前，应在中原崛起、河南振兴中实现什么样的担当和作为，下一步方向怎么走、目标怎么定、体制怎么建、工作怎么干等方方面面，都需要在充分调研和广泛论证基础上，认真慎重研究。鉴于此，河南能源化工集团将认真落实省委、省政府各项决策部署，扎实做好深度融合和经济运行等各项工作，持续提升经济运行质量和效益，努力为全省经济社会发展做出新的更大贡献。关于下一步工作思路，概括起来讲主要是“坚持一个前提，完成两大任务，建好三大体系，抓住一个关键”。

### （一）“坚持一个前提”，即坚决把确保安全态势作为推动企业发展的前提

这个安全态势，是包括安全生产、环境保护、和谐稳定在内的大安全态势。河南能源面临的各种自然灾害、安全隐患和环保隐患，时刻影响和制约着企业发展；拥有20多万名员工、10多万名离退休职工，上百年和数十年的老矿区的历史遗留问题也需要研究解决，维护和谐稳定的任务异常艰巨。将始终保持清醒头脑和务实作风，站位全局，顾全大局，务必从提高认识、强化组织、落实责任、转变作风、严格监督等方面，把这个大安全管理作为集团公司的“一号工程”，切实抓好，确保万无一失。

### （二）“完成两大任务”，即一手抓深度融合稳增长，一手抓结构调整促发展

这两大任务是河南能源化工集团今后一段时期的重要工作，必须坚持两手抓、两手都要硬，不折不扣地坚决完成。

**1. 在战略重组方面，严格按照河南省政府“五个有利于”和“六统一”的要求积极稳妥地做好深度融合工作**

（1）加快完善管理体制。厘清集团公司总部和各级子公司之间的管理边界，找准各自的职责定位，分别发挥好决策中心、利润中心和成本控制中心的作用。集团公司重点是履行好“战略发展、投资管理、监督考核、文化引领、班子建设”等职能，当好河南能源的战略决策中心。按照公司法、公司章程和现代企业制度的有关要求，完善法人治理结构，履行相关法律程序。按照“区域化和专业化管理相结合”的思路，本着整体效率、效益最大化的原则，理顺产权关系，优化治理结构，压缩管理层级，加快建立现代企业制度。按照“统一管理、分级负责、资源共享、规范运作、控制风险”的原则，研究和制定符合河南能源化工集团实际的管理制度体系，逐步实现扁平化管理，做到管得住、放得开、搞得活，激发内生动力。

（2）加快研究制定河南能源化工集团的发展战略和规划。坚持“脚踏实地、胸怀全国、放眼世界”的原则，找准战略定位，明确战略目标和战略举

措，真正制定出一个既符合河南发展战略和集团公司实际，又具有前瞻性和先进性的战略发展规划，引导集团公司不仅把企业做大，更在做强、做优、做久方面见实效。

（3）加快推进企业文化融合，按照“兼收并蓄、提升优化”的原则，加快建设独具特色、理念先进和品牌影响力较强的企业文化体系，逐步通过文化的“软融合”促进产业板块的“硬融合”。

**2. 在结构调整优化方面，做好产业和人力资源双调整**

（1）在认真研究原有产业板块基础上，按照整合资源、循环链接、协同发展的要求，积极推进产业板块梳理优化，重点发展煤炭、化工和有色金属产业，促进装备制造、矿山建设、物流贸易和金融服务业的协同发展。

（2）立足当前、着眼长远，把调结构促转型融入企业改革发展全过程，坚持改革创新，实施资本运作，认真做好产业加减乘除四则运算，进一步整合优势资源，拉长产业链条，提高产品附加值，在盘存量、扩增量、提质量上求突破，实现产业的集约循环高效发展，持续提升企业的核心竞争力和市场话语权。

（3）大力实施人力资源结构调整优化，坚持以业绩和效率、效益为导向，深入推进三项制度改革，实现人力资源价值最大化。

## （三）“建好三大体系”，即建立高效的生产运营体系、科学的管理控制体系和有效的监督考核体系

对制度体系、管理流程和具体方式方法等进行全面梳理、完善和优化，切实解决好由于制度交叉、管理粗放导致的检查考核多、执行落实不到位、基层疲于应付等问题。

**1. 加快建立高效的生产运营体系**

强化生产经营调度的统筹运作和指挥协调，实现产供销的高效对接，最终达到产销组织平衡、产品结构最优、经济效益最大化。

**2. 加快建立科学的管理控制体系**

通过对照行业先进企业管理经验，以改革创新为手段，以优化体制机制为动力，强化各事业部和职能部室管理职能，切实在各个产业板块、专业系统方

面发挥科学有效的指导服务作用，达到精细化管理的目的。

**3. 加快建立有效的监督考核体系**

通过强化组织、人事、审计和纪检监察与经营业绩的信息共享和高效对接，加强绩效考核在薪酬分配和干部调整中的应用，以有效的监督考核推动工作质量和效率的提升。

## （四）“抓住一个关键”，即加强领导班子建设

按照国有企业建立“政治素质好、作风形象好、团结协作好、工作业绩好”“四好”领导班子的工作要求，坚决做到以下方面：坚持先进文化导向、坚持正确用人导向、坚持工作业绩导向，营造干事创业的良好氛围；坚持依法办事，运用法治思维和法治方式维护稳定、深化改革、推动发展；坚持规范运作，严格执行“三重一大”等决策制度，切实做到科学决策、民主决策、阳光决策；坚持团结协作，不断增强凝聚力、战斗力和向心力；坚持廉洁从业，始终保持领导干部的良好形象；坚持务实重干，把开展工作的成效、广大职工群众的评判作为检验工作质量的唯一标准。

# B.20

# 印刷行业的领先者

## ——乐凯华光印刷科技有限公司发展态势分析与展望

张 涛　门红伟　邢晓坤*

**摘　要：**

作为国内唯一一家同时具有胶印版材、印刷胶片、柔性树脂版等产品生产能力、能够全方位为印刷业提供服务的国有大型企业，乐凯华光为我国印刷工业告别“铅与火”进入“光与电”和实现数字化作出了突出贡献。面对信息化对印刷业带来的挑战，乐凯华光多年来坚持以市场为导向，持续进行新产品开发和结构调整。2013 年，乐凯华光以印刷数字化和绿色环保化为主线，努力向以印刷光电信息材料为主的系统服务商的转变，保持了较好的增长势头，预计全年销售收入将超过 20 亿元，出口超过 1 亿美元。在充满挑战和机遇的 2014 年，乐凯华光仍将保持稳定增长势头。

**关键词：**

乐凯华光　结构调整　趋势分析　印刷数字化　绿色环保化

乐凯华光印刷科技有限公司（以下简称乐凯华光）是隶属于中国航天科技集团公司的三级全资子公司，位于河南省南阳市。公司前身为化工部第二胶片厂，1977 年建成投产，2010 年改制为乐凯华光印刷科技有限公司。经过近

---

* 张涛，乐凯华光印刷科技有限公司总经理，高级工程师；门红伟，乐凯华光印刷科技有限公司发展计划部经理兼总经理助理，教授级高级工程师；邢晓坤，乐凯华光印刷科技有限公司发展计划部经理助理，高级工程师。

40 年的建设和发展，已成为拥有资产 18.5 亿元、员工近 3000 人，综合实力国内行业最强、全球第四的印刷影像信息材料行业龙头企业。多年来，乐凯华光坚持以市场为导向，以技术创新为支撑，以质量成本为保证，不断推出新产品，为我国印刷工业告别“铅与火”，进入“光与电”和实现数字化作出了突出贡献。特别是“十一五”以来，乐凯华光进一步实施产业结构调整，加大印刷数字化、数字印刷和绿色印刷技术开发力度，不但有助于公司优化产品结构、加快转变发展方式，也为推动中国印刷工业走绿色可持续发展之路提供了一些有益的经验和启示。

## 一　乐凯华光基本情况及 2013 年发展态势

### （一）公司基本情况

乐凯华光是国内唯一一家同时具有胶印版材、印刷胶片、柔性树脂版等产品生产能力、能够全方位为印刷业提供增值服务的国有大型企业。公司目前的主导产品主要有 CTP 版、PS 版、印刷胶片、PCB 胶片、柔性树脂版、CTP 制版机、涂层材料、数字印刷机及配套耗材等系列产品，广泛应用于印刷、包装、印染、电子等行业。“华光”系列产品畅销全球 100 多个国家和地区。过硬的技术和品质，保证了华光主导产品国内市场近 30% 的占有率。

目前公司已经先后获得全国工业重点行业效益 10 佳企业、全国环境保护先进企业、2011 ~2012 年度全国文化产品出口重点支持目录企业、河南省工业综合实力百强企业、河南省 50 家高成长性企业、河南省创新型企业、河南省首批“文化产品出口示范基地”，中国印刷行业“国内十大品牌”、“十大民族制造商”、“十大创新之星”等荣誉称号。2011 年“华光”商标被国家工商总局认定为中国驰名商标。2007 年 4 月 30 日，胡锦涛总书记亲临乐凯华光视察工作，充分肯定了乐凯华光的技术创新工作，作出了“把华光品牌在国际市场上叫响!”的重要指示。2009 年以来，贾庆林、李克强、刘云山等中央领导同志相继视察乐凯华光。

2012 年，公司在国家和地方各级政府的支持下，克服需求不足导致的各种困难，经济保持了一定的增长。全年营业收入达到18.5亿元，其中主营收入达到17.5亿元，同比增长5.8%；出口创汇8711万美元，同比增长7.9%；实现利润总额7243万元，同比增长24%。其中，感光材料产销量分别完成6118万平方米和6688万平方米，同比增长3.4%和8.4%；其中重点新产品实现快速增长，CTP版销量完成3104万平方米，同比增长27.9%；柔性树脂版销量完成11万平方米，同比增长127.6%；PCB胶片销量完成86.7万平方米，同比增长715.2%。

## （二）2013年公司发展态势分析

2013年全球经济低位徘徊，国内经济增速回落，印刷行业仍不景气，市场需求不足与行业产能过剩凸显，乐凯华光经营和发展面临的压力很大。在此严峻形势下，公司领导班子带领全公司职工坚持以结构调整为主线，加大市场和新产品推进力度，积极推进对外合作，开拓进取，使得1～10月份公司经营同比保持了较好的增长势头。

**1. 经营业绩实现平稳增长，企业实力持续提升**

2013年前10个月，乐凯华光保持了自“九五”末以来快速发展的良好态势，企业实力持续提升。实现营业收入15.99亿元，同比增长4.39%，其中出口收入5.07亿元（合8344万美元），同比增长12.08%；完成工业总产值13.20亿元，同比增长4.34%；完成工业增加值3.28亿元，同比增长12.88%；1～10月累计实现利润总额7775万元，同比增长31.56%。

**2. 产品结构不断优化，创新驱动明显**

近年来公司加强技术创新能力建设，实施标准先行，专利跟进的技术创新战略，促进了新产品开发，加快新产品上市速度，为企业持续增长提供了保障。其中，开发的CTP版2012年的销售收入已占公司收入的39%，柔性树脂版销售收入也快速增长，预计2013年将超过1亿元。近期开发成功的TP－U性热敏UV油墨版、TD－G型免化学处理CTP版、PPVG型紫激光低化学处理CTP版、柔版CTP版等绿色印刷产品也逐步进入市场。随着相关新产品和新项目的不断投入经营，CTP版、柔性树脂版等主导新产品呈现快速增长势头，带动新一轮产品结构调整取得了明显成效。2013 年 1 ~ 10 月主要产品产销量保持了较好的增长，其中重点新产品销量保持了良好的增长势头，CTP 版完成销售 3350 万平方米，同比增长 33.7%；柔性树脂版完成销售 18.9 万平方米，同比增长 124.4%；PCB 胶片完成销售 152.5 万平方米，同比增长 143.1%。

## 二　企业发展的经验、做法和存在问题

### （一）企业发展的长期经验

总结乐凯华光近 40 年的发展史，企业之所以在激烈的市场竞争中日益发展壮大，最重要的经验有 3 点。

**1. 企业具有强烈的危机意识和市场意识**

企业一直处于竞争性行业，生存和发展是摆在面前的首要问题。多年来，强烈的危机意识驱使企业始终坚持以市场为中心，以产品创新满足抓住市场需求，抢占市场的制高点，才使企业在竞争中处于主动地位。

**2. 高度重视技术创新工作**

技术创新始终伴随着企业成长一刻也没有停止，正是创新推动企业产品结构不断调整优化，为企业的持续发展注入了强大动力。公司发展经历了 4 个阶段，建厂初期企业主要以电影胶片和军工胶片为主，企业连年亏损；20 世纪 80 年代初开始，企业成功研究开发了印刷胶片，实现扭亏为盈；80 年代中后期成功开发了 PS 版，形成了两个拳头产品，使企业发展进入良性循环；“十五”后期开始至整个“十一五”期间，为适应印刷数字化和绿色环保化的发展，陆续开发成功了系列 CTP 版、系列柔性树脂版为主的绿色印刷新产品，推动企业发展进入快车道；进入“十二五”时期，企业除进一步巩固“十一五”产品结构调整成果，加大系列化开发之外，加大了对数字印刷装备、数字印刷材料等数字绿色印刷产品的开发并成功进入市场，还开发了 PCB 胶片并成功进入印刷电子行业（见图 1 ~ 图 4）。

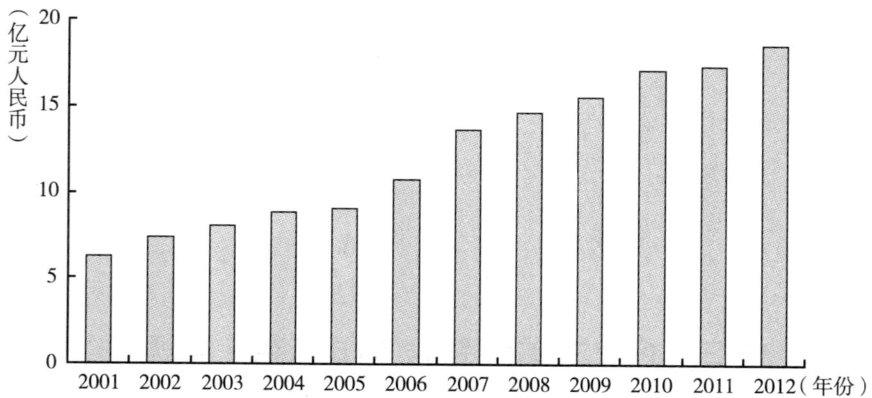


**图 1　2001～2012 年乐凯华光销售收入变化趋势**

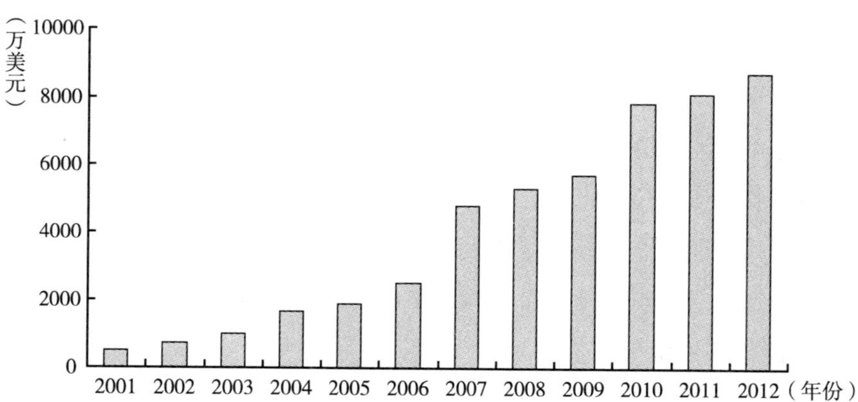


**图 2　2001～2012 年乐凯华光出口收入变化趋势**

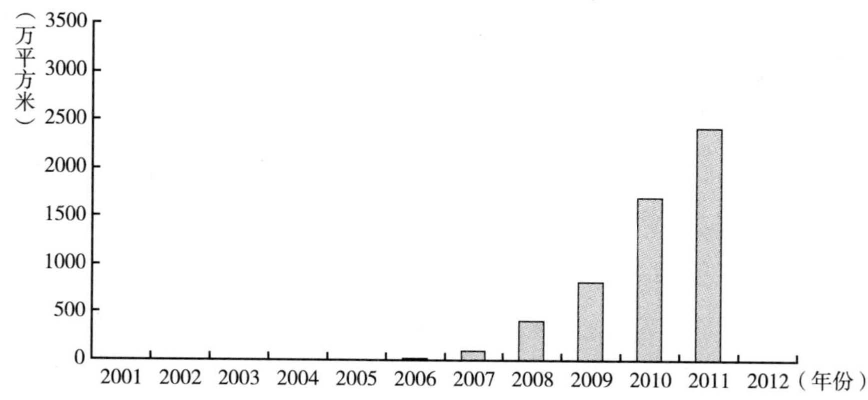


**图 3　2001～2012 年乐凯华光 CTP 版销量变化趋势**

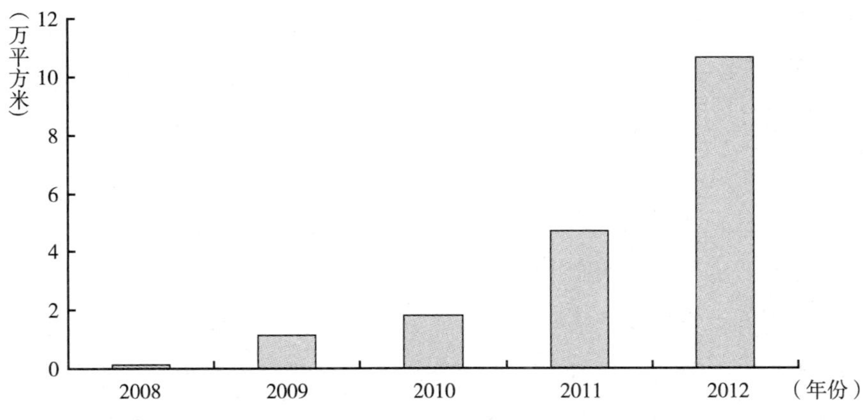


**图4　2008～2012年乐凯华光柔性版销量变化趋势**

**3. 多年来形成的独具特色的“华光”企业文化体系**

“艰苦奋斗，团结进取”的企业精神，激励着一代又一代的华光人。“打造华光精品，真诚服务印刷”的质量方针，使企业始终和市场、用户站在一起，实现共赢。“规范管理，诚信经营，持续创新，协调发展”的经营管理理念使得这样一个大型国企保持、巩固和发展了多年来行业的龙头地位。

### （二）近年来企业的主要做法

近年来，受全球经济不景气，印刷行业持续低迷的影响，企业经营发展压力巨大。之所以能够保持持续增长，主要采取了以下几点做法。

**1. 坚持聚集合力，强劲拓展国内外市场**

以市场开发为龙头，乐凯华光坚持内外并举两条腿走路。乐凯华光组合企业的产品、渠道、机制等优势，实施了细分市场及客户群体实施差异化营销策略，加大大客户开发服务力度，全力实现了CTP版等新产品增量和市场占有的新突破，行业领先地位也得到了巩固。

**2. 加强技术创新能力建设，为市场开发提供有力支撑**

乐凯华光是国家高新技术企业，全国创新能力行业十强企业。公司的研发中心是国家级企业技术中心组成单位，2008年建立了博士后科研工作站，承担多项国家“863”项目和多项国家、省重点科研项目。近年来共申请专利81项，居国内行业之首。企业是全国数码影像材料与数字印刷材料标准化技术委员会秘书处承担单位，也是国家标准化良好行为 AAAA 试点企业，制定了 23 项国家和行业标准，800 余项企业标准。企业的印刷胶片、胶印版材和柔性版检验室是行业唯一获中国实验室国家认可委员会（CNAS）认可的检测室。

**3. 强化生产过程控制和成本控制，为市场拓展提供全面保障**

受需求不足影响，印刷市场供大于求的矛盾突出，价格竞争非常激烈。面对激烈的竞争，乐凯华光采取了提高质量、降低成本的竞争策略，力争在提升产品的高性价比和高附加值方面比竞争对手做得更好。为此，企业一方面着力强化生产过程中管理和控制以提升产品质量，另一方面加强成本管理，提高成本控制能力。

**4. 加快项目建设速度和兼并重组，为企业发展提供了强大后劲**

按照公司中长期发展规划，近年来企业一直稳步推进对外经营合作及兼并重组工作。一方面加大新项目建设力度，实现高端产品的快速产业化，为公司持续发展提供支持。自 2006 年年底占地 1000 亩的华光新园区正式开建，企业的数字化胶印版材、柔性树脂版、PCB 胶片为主的 4 条现代化新生产线先后于 2009 ~2011 年建成并投入运营。另一方面发挥企业的品牌、规模、市场、技术等优势，积极稳妥推进对外合作和兼并重组。兼并重组推动了企业规模快速增长，最终为企业发展提供了强大后劲。

**5. 全面开展管理提升活动，为企业发展奠定坚实基础**

一是健全企业内部控制体系建设，夯实企业基础管理。目前 2013 版的企业内控手册已进入全面实施阶段。二是坚持和完善经济活动分析制度，加强预算管理，强化产品毛利、资金占用、应收账款、现金流量等经营指标的分析，及时发现问题并制定相应的解决措施。三是高度重视安全生产和环境保护工作。企业实现了安全生产零事故的目标和污染达标排放，被河南省环保厅、工信厅评为“环保绿色企业”。

## （三）存在问题分析

2013 年，虽然乐凯华光基本实现了预期的增长目标。但是，当前企业发展也面临着许多问题亟待解决：一是从企业发展环境上看，受经济不景气、市场需求不足影响，市场价格竞争激烈，导致价格下降，应收账款占用增加，进一步导致企业利润略下降，融资成本增加，对企业研发创新、项目建设和经营资金压力增大。二是从自身角度看，近些年企业发展思路还不够开阔，尤其是没有利用好资本市场配置资源的优势助推公司快速发展，或者是想过但没有很好地落实到实际行动中。

## 三 2014 年产业形势和企业发展展望

### （一）2014 年面临的产业形势分析

#### 1. 全球行业“三足鼎立”市场竞争格局仍将存在

目前乐凯华光主导产品所处的行业是印刷光电信息材料行业。印刷业是国民经济的重要组成部分，目前印刷业约占全球 GDP 的 2.5%，欧美发达国家印刷业占其 GDP 的 2.8% ~3.0%，我国印刷业约占国内 GDP 的 1.8%。2012 年全球已形成了以亚洲（31%）、欧洲（29%）、北美（28%）三大区域为中心的市场格局，未来这一竞争格局仍将存在。

#### 2. 中国区域空间布局不均衡局面仍将存在

2012 年，中国印刷业实现总产值 9510.13 亿元，按照印刷业“十二五”发展规划，到“十二五”末，中国印刷业总产值将超过 11000 亿元，中国将从印刷大国跨入印刷强国。但值得关注的是，在经济发展较快的珠三角、长三角和环渤海地区，已经形成了三大印刷产业集聚区，其实现的印刷产业总产值占全国 3/4 以上。而经济发展相对落后的西部内陆地区，市场占有率明显不高。我们预测，未来区域经济发展的不平衡造成我国印刷企业分布不均衡的局面虽然有所缓和，但仍然长期存在。

#### 3. 产品应用领域和细分市场进一步分化

目前印刷应用中四大主要领域的包装标签、商业、书刊、报纸所占份额分别为 55%、18%、15%、9%。从未来发展看，包装、商业印刷所占份额仍将稳定增长，而报纸、书刊会出现下降。同时，四种主要印刷方式发展趋势也表现不同，目前胶印、柔印、凹印和数字印刷的全球/国内占份额分别为 46%/

66%、22%/11%、15%/13%、15%/7%。从未来发展趋势看，胶印市场份额将出现滞涨甚至缓慢下降，但其印刷市场主导地位预计2020年前不会动摇；柔版印刷市场份额将进一步扩大（尤其是中国市场）；数字印刷将呈快速增长趋势；凹版印刷将出现明显下降趋势。从市场发展看，提供系统集成服务已成为产业主要的赢利模式之一。

**4. 数字印刷和绿色环保化为产业发展带来机遇**

从印刷行业技术走向看，数字化和绿色环保化是主流发展方向。数字印刷和印刷数字化简化了印刷工艺，能够大幅度提高印刷速度，减少库存，降低印制成本。同时还能够适应瞬息多变的包装市场，为客户提供快速、多样化、个性化需求。而印刷业走绿色环保之路是社会发展的大势所趋。

## （二）2013年全年和2014年公司主要经济指标预测

展望2014年，乐凯华光面临的国内外经营发展环境依然严峻。印刷是国民经济的晴雨表，而且受经济回升影响有滞后效应，预计2014年国际经济环境仍将处于低谷，绝大多数业界人士对经济回升预期不高，尤其是制造业仍将面临市场需求不足的影响。目前推行的廉政建设，使贺卡、商业宣传单印量明显降低，这对印刷业特别是商品零售业产生了一定的影响，鉴于此，印刷行业2014年竞争环境依然严峻。

尽管乐凯华光面临严峻的经营发展环境，但也有有利的方面，党的十八届三中全会为我国经济的长远发展指明了方向，印刷新材料行业将面临新的发展机遇，一方面国家对自主创新高端新材料的研发和项目建设会给予大力支持，另一方面鼓励民企参与国企投资将对企业合作发展产生重大影响。

综合各种有利条件和不利因素的影响，结合企业的竞争实力，预测乐凯华光2013年将实现营业收入20.05亿元，实现主营业务收入18.95亿元，其中出口创汇1.02亿美元，利润总额达到0.83亿元。2014年预计实现营业收入24.55亿元，实现主营业务收入22.65亿元，其中出口创汇1.35亿美元，利润总额达到1.05亿元（见表1）。

表 1　2013～2014 年企业主要经营指标预测

| 指　标 | 2013 年预计 | 2014 年计划 | 同比增减(%) |
|---|---|---|---|
| 营业收入(亿元) | 20.050 | 24.55 | 9.02 |
| 主营收入(亿元) | 18.950 | 22.65 | 19.52 |
| 其中出口创汇(亿美元) | 1.015 | 1.35 | 33.00 |
| 利润总额(亿元) | 0.830 | 1.05 | 26.51 |

## 四　乐凯华光下一步重点举措

受全球经济大环境影响，以及受全球贸易保护主义、汇率波动影响，制造业整体上出口困难，汇兑损失增加，利润下降。目前印刷业利润率低致多数企业经营困难，资金紧张。面对严峻的经营发展环境，乐凯华光应抢抓机遇，顺势而为，以保持企业稳定发展。

### （一）利用核心优势加快规模扩张

以“调结构、转方式”为主线，通过发挥核心竞争优势，实现印刷主业产业链纵向拉长、横向扩宽；同时，抓住并入航天科技的有利机遇，充分利用外部政策、资金、技术、市场和人才等资源，通过合资合作、兼并重组，优化主业全球布局，实现“把华光品牌在国际市场上叫响”的战略目标。

### （二）着力做大做强主业

乐凯华光应立足印刷主业，重点围绕数字化和绿色环保的行业发展方向，加快五大重点产品领域发展。一是做大、做强、做优胶印版块。二是做大、做强、做优柔印版块。三是加大数字印刷设备、配套软件及流程、配套绿色印刷材料等业务的推进力度。四是做大做强 PCB 胶片及光电信息材料领域相关业务。五是发挥乐凯华光在感光技术、涂层技术、配方技术、涂布工艺技术及精细化工制造技术等方面的核心优势，积极在光电信息新材料领域探索进行合作开发。

## （三）积极争取国家政策和资金支持

积极利用国家和省市相关部门对先进材料制造业支持的政策，特别是利用地方政府对行业骨干龙头企业的支持政策，在企业优势领域，如印刷领域的柔性树脂版、免处理 CTP 版等数字化绿色印刷材料的研发和项目建设方面，通过申报课题、申请项目建设补贴、申请产品市场推广资金等方式获得政府支持。另外，争取获得省市相关部门给予数字绿色印刷产品出口政策支持。

B.21

# 信息安全领域的“隐形冠军”

## ——郑州信大捷安信息技术股份有限公司发展态势分析与展望

何 骏 石淑英 刘长河*

**摘 要：**

当前，信息安全产业已上升至国家战略层面，一系列优惠政策鼓励企业做强做大。经过近10年的发展，信大捷安在移动安全智能终端等信息安全产品研发领域成果丰硕，解决了信息传输、存储、交流、再现过程中关键的安全问题，对保障国家及公民信息安全具有重要的战略意义。信大捷安秉承“让信息传递更安全”的产品开发理念，在国家相关产业政策的支持、引导下，不断自主创新，推出新产品，拓展营销渠道，提高服务水平，抓住机遇加快企业发展。

**关键词：**

信息安全 智能终端 品牌价值

郑州信大捷安信息技术股份有限公司（以下简称“信大捷安”）成立于2004年，是专业从事移动信息安全产品研究与开发、移动电子政务/商务安全接入及应用系统集成的高新技术企业，拥有国家地方联合工程实验室，是国家密码管理局批准的商用密码产品生产定点单位，以核心成员单位参与发起成立了中国可信计算联盟；是河南省唯一一家获国家工信部认定的集成电路设计企业；是公安部公安移动安全接入技术规范起草者，是国家保密局涉

* 何骏，郑州信大捷安信息技术股份有限公司副总经理，高级工程师；石淑英，总经办主任，工程师；刘长河，公司研发中心副总经理，工程师。

密终端配置标准起草者，是国家电网移动安全接入平台技术规范起草单位之一；信大捷安基于我国商用密码技术研发的具有完全自主知识产权的各类安全产品已广泛用于公安、消防、电力、卫生、金融、海关、税务等多个行业，对保障我国信息安全，促进国家信息通信业务的健康发展具有重要的战略意义。

## 一　信大捷安2013年延续自主创新良好发展态势

在国内外经济大环境持续低迷的背景下，信大捷安始终坚持“移动引领、安全筑基”的发展理念，致力于移动信息传输安全方面的研究与开发，持续推出新产品，继续延续公司自主创新的良好发展态势。

### （一）坚持传统优势业务，挖掘新兴市场潜力，保持业绩持续提升

信大捷安创立之初就确立了技术创新、管理创新、经营创新的发展道路。由信大捷安开发的“公网移动安全接入系统”（SQY42）被列入2009年国家高新技术产业化专项，经国家密码管理局批准生产和公安部授权后，为全国公安移动警务提供安全保障，对社会综合治理构建和谐社会起到了积极作用。

信大捷安针对国内外信息安全产业发展新态势，制定了以变化求生存，下大力气在“安全”这个金字招牌上做好文章的基调，继续加大研发投入，争取在“终端”、“服务”上出特点、出亮点，丰富产品种类，增强产品竞争力。其中“基于云安全服务的电子商务平台”以较大优势荣获“第一届河南省十优电子商务平台”称号。在该平台基础之上研发的面向移动互联网的安全服务云平台，可向政府部门用户、企业用户及个人用户提供安全基础设施、移动安全接入、安全智能终端、身份认证等增值服务，构建安全可信的信息消费环境，具有广阔的市场发展前景。

### （二）持续保障研发投入力度，坚持自主创新，支撑企业可持续发展

作为高新技术企业，创新就是企业生命，拥有一大批核心自主知识产权是

企业发展壮大的根基。信大捷安深知自主创新战略的重要性，多年来，不断增加对研发项目的投入，持续保障研发经费投入力度，引进、吸收各类专业技术人才和行业精英，完善人才梯队建设和后续培养机制。信大捷安与中国人民解放军信息工程大学、郑州大学等科研院所建立了紧密的校企合作关系，大大加快了科研向生产力的转化速度，探索出了一条适合企业快速发展的新路。为加强企业科技创新能力，信大捷安组建了移动信息安全关键技术国家地方联合工程实验室、河南省移动信息安全工程技术研究中心、移动信息安全河南省工程实验室和河南省企业技术中心等一批高水平技术开发机构。2013 年，信大捷安在自主创新、产业结构升级、新产品开发等方面取得累累硕果。截至 2013 年 10 月，信大捷安已获批准商用密码产品 16 项、软件产品 29 项、计算机信息系统安全专用产品 6 项、军用信息安全产品 1 项、国家信息安全测评信息技术产品安全测评证书 EAL4 + 证书 1 项、软件著作权 36 项、注册商标 3 项、发明专利 10 项、实用新型专利 34 项。另外，还有 38 项发明专利、3 项实用新型专利已获专利受理通知书。在行业企业中，信大捷安的科技优势愈加明显，为企业的可持续健康发展提供了坚实基础。

### （三）着眼长远，着力打造安全智能终端，构建安全服务体系与特色产业群落

2013 年，信大捷安准确把握国内外信息安全发展趋势，立足“河南地”、采用“中国芯”、基于“中国情”，结合市场需求不断推出新技术、新产品，迅速实现了技术升级和产品革新。公司以自主可控的安全芯片为基础，陆续推出面向移动互联网的安全服务云平台、面向电子政务的安全智能终端及支撑体系等软硬件产品与服务平台，提供了一套体系完整、安全保护能力强的安全基础设施和信息安全服务。具备技术领先，特色优势明显等特点，能够解决移动电子政务、移动办公、移动电子商务、信息服务等移动互联网应用面临的数据泄密、身份欺诈、非法拦截等诸多安全问题，提升移动化应用的信息安全保障能力，改善信息消费环境，进而高安全、低成本地推动移动互联网应用的快速发展。

安全服务云平台及安全智能终端研发生产最终能够建设为“立足河南，

面向全国”的移动互联网安全基地，吸引更多的集成电路、智能终端研发及代工生产厂商落户河南，吸引更多的移动互联网应用开发商与服务提供商及代理机构落户河南，形成具有产业优势的信息安全生态群落，为发展河南智能终端产业集群，促进信息消费作出巨大的贡献。

### （四）运用现代企业管理手段，构建良好企业文化，持续提升发展原动力

市场经济的快速发展必然要求参与主体——企业经营的市场化、管理的科学化和运转的规范化，建立现代企业管理制度是保障企业充分参与市场竞争，获得快速发展的必要手段。信大捷安 2011 年实现股份制改造，建立、健全了符合自身发展的一整套科学管理制度。一是建立和完善了符合现代企业管理要求的公司法人治理结构和内部组织结构，形成了科学高效的决策机制、敏锐的执行机制和制衡的监督机制，保证公司经营管理目标的实现。二是建立了行之有效的内部控制系统，确保各项经营管理活动的健康和谐运行与公司财产的安全。信大捷安注重企业文化建设，以“以人为本、追求卓越、自主创新、科技立业”为宗旨；以“服务客户、品质第一、创新高效、诚信负责”为公司核心价值观。着力将公司打造成受员工热爱、受客户信赖、受社会尊敬的高新技术企业。

## 二　企业发展的基本经验和需要改善的方面

经过近 10 年的发展，信大捷安规模从小到大，技术由弱到强，产品门类不断丰富，应用领域不断拓展。作为一家白手起家的民营企业，信大捷安在行业中的综合实力虽然不是最强的，但却能在激烈的市场竞争中取得不断发展，以至于引领产业变革，其企业经营、发展之道值得认真总结。

### （一）始终专注于信息安全领域，为企业持续发展奠定基石

信大捷安从进入信息安全领域，便执著、专注于这项事业，有精彩，有坎

坷，但矢志不渝。信息安全作为电子信息领域细分产业，具有准入门槛高，技术难度大等特点。当时，我国开展信息安全产品研发的企业很少，且多数企业拥有"国字号"背景，作为一家民营企业——信大捷安一步步成长起来必有其独到经验。信大捷安发展到今天，不能不提及公司在公安业务方面取得的成功。信大捷安集中优势科研力量，攻克多项技术难题，研发了"公网移动安全接入系统"（SQY42），解决了移动终端利用公共移动通信网络接入政府、企业信息网的安全接入问题，为移动应用提供了安全支撑平台。公安部以该安全接入系统为原型，制定了公安移动安全接入技术规范，在全国公安行业内推广应用。信大捷安获得了公安部授权，为全国公安移动警务提供安全保障，推出的"移动警务通"产品已在全国200多个地市级公安系统成功应用。公安移动警务通业务取得的巨大成就为信大捷安赢得了发展的契机。

市场经济具有逐利性的特点，信大捷安完全可以跟其他电子信息企业一样生产普通的存储U盘、移动电源等电子产品赚取高利，但是信大捷安选择了继续执著、深耕于少有人涉足的信息安全领域，不断开发个性丰富的产品。信大捷安借助在公安移动警务通业务取得的巨大成功，赢得了政府和业界的普遍赞誉，树立了良好的公司品牌形象。信大捷安经过近几年持续的投入和积累，陆续推出了移动电子政务、移动电子商务安全接入整体解决方案，初步形成了移动应用产品、移动安全接入产品、移动终端安全产品、专用密码芯片等系列安全产品，企业产品门类进一步丰富，发展规模进一步扩大，综合实力显著增强。

### （二）重视科研，尊重人才，坚持自主创新发展战略

高新技术企业的竞争，归根结底是技术人才的竞争，谁能掌握核心技术，谁就能站在行业发展的制高点。信大捷安深知人才储备的重要性，在公司设立初期即与中国人民解放军信息工程大学建立了长期、稳定的科研合作关系。信大捷安坚持"尊重与发展"的人才观，重视人才的智慧，发展人才的潜能。坚持"独具慧眼、鼓励创新"的人才引进策略，以优秀的专业人才去发现人才，以创新土壤和创新机制吸引人才。坚持"环境配套、长期投入"的人才发展策略，以先进设备和丰富项目为人才创造发展环境，以不间断的支持、培

养促进人才成长。

人才战略的实施为信大捷安的可持续发展注入了生命力和发展力。信息行业发展日新月异，信大捷安以用户需求为导向，以用户满意为宗旨，不断优化、更新、升级相关产品和技术，坚持依靠人才、尊重人才和自主创新是信大捷安继续前进的基本经验和有力保障。

### （三）紧贴市场，全面布局，多领域共进，打造品牌价值

信息全球化所凸显的信息安全问题为信大捷安的进一步发展带来了契机。信大捷安及时洞察市场需求，快速推出了适用于不同客户的个性化安全产品和安全解决方案，实现了产品和技术多元化。信大捷安基于云安全服务的电子商务平台具有很大的市场开发潜力，可广泛应用于政府、税务、中小企业及高端个人客户，市场前景广阔。信大捷安已着手成立北京、上海、深圳、长春、成都5家分公司以拓展在一线城市的业务。

## 三　2014年行业发展形势分析及企业发展战略规划

### （一）2014年行业发展形势分析

信息安全产业不同于传统的机械制造、化工等产业，虽然在我国产业格局中所占比例不高，但却是保障国家信息安全的战略性核心产业。近年来，全球信息安全威胁持续增长，各类网络攻击、窃取、倒卖商业秘密及个人信息等犯罪现象日益突出，并呈现出：攻击工具趋于专业化、目的趋于商业化、行为趋于组织化、手段趋于多样化等特点。随着棱镜门事件激化国产软硬件与国外产品的矛盾，信息安全上升到国家安全的高度，并随着移动互联网技术的快速发展和海量数据的应用，也将我国本土信息安全技术创新和产业化推向飞速发展的前沿。国家制定了一系列政策对信息安全产业的发展予以规划和重点支持。《信息安全产业“十二五”发展规划》从战略的高度提出：“十二五”时期，我国信息安全产业要努力完成促进信息安全产业做大做强、提升对国家信息安全保障的支撑能力这两大历史任务。2013年8月《国务院关于促进信息消费

扩大内需的若干意见》着重强调，要改善信息消费环境，加强信息基础设施建设，建立公共信息服务平台，构建安全可信的信息消费环境，提高网络信息安全保障能力。9月，国家发改委下发了《关于组织实施2013年国家信息安全专项有关事项的通知》，这是继2012年实施国家信息安全专项后的又一次“政策红包”，给予相关企业引导和支持。国家信息安全专项重点支持领域，包括金融信息安全、云计算与大数据信息安全、信息安全分级保护、工业控制信息安全四大领域。11月，党的十八届三中全会提出，设立国家安全委员会，完善国家安全体制和国家安全战略，确保国家安全，对信息安全提出更高的要求。

当前信息安全已上升至国家战略层面，这便从国家高度给予信息安全产业强大的政策引导与支持；国外设备安全漏洞频出以及棱镜门敲响的警钟，激发起我国信息安全厂商提高自主创新能力，去思科化情绪的高涨；移动互联网和大数据的深入发展，信息安全需求与日俱增，从而也刺激着信息安全市场快速发展。

### （二）信大捷安2014年发展战略规划

在激烈的市场竞争和严峻挑战下，信大捷安也面临难得的发展机遇。信大捷安将紧紧抓住这一战略机遇期，顺势而为，针对不同客户的多种需求开发新产品。2014年，信大捷安将以打造移动安全智能终端为重点，着力推广面向移动互联网的安全服务云平台项目建设。

面向移动互联网的信息安全服务云平台是信大捷安响应国家加速信息惠民工程，加快智慧城市发展政策，投资建设的公共信息安全服务平台。该平台旨在运用云计算模式，通过集约化的安全服务平台和安全信息共享，提供一套体系完整、安全保护能力强的安全基础设施和安全接入方案。为全省、全国范围内的移动互联网用户提供服务，从多个维度解决移动互联网领域面临的安全问题，构建安全可信的移动互联网信息消费环境。该平台将建设国内首创的集移动互联网应用研发运营、安全智能终端研发生产为一体的信息安全产业生态群落，构建我国自主可控的信息安全新体系。

**1. 建设面向全国的公共安全服务云平台**

以“安全即服务”的创新模式，通过集约化的服务平台建设和安全信息共享，提供一套完善的安全基础设施和信息安全服务，为全国范围内的移动互联网应用提供服务。

**2. 构建移动安全接入服务体系**

建设移动安全接入服务，针对移动互联网应用使用过程中移动终端的移动性、使用场景的开放性、无线传输安全脆弱性和网络环境的复杂性等安全需求，对移动终端进行强身份认证，同时采用国密算法对移动互联网传输信息进行加密处理，从而为移动化应用提供安全通信服务，在满足安全要求的前提下，实现电子政务专网、企业内网应用向移动互联网应用的延伸。

**3. 健全安全智能终端研发、生产及服务支撑体系**

安全智能终端基于我国自主密码模块，可确保系统能够安全地运行新的业务和应用系统，为政府、军工、企事业等信息安全敏感部门/单位及个人用户提供安全可信、自主可控的移动智能终端。安全服务云平台具备完善的安全智能终端服务体系，提供 MDM（智能终端设备管理）、MAM（智能终端应用管理）、MSM（智能终端服务管理）等系列管理功能，实现对设备、数据、应用、业务的全生命周期管理。

**4. 提供面向组织和个人用户的基础安全通信服务**

基础安全通信服务包括安全的短信、语音对讲、视频通话、邮件、即时通信、可视化调度、云存储等基础通信手段，能够解决高端用户对安全通信、隐私保护、可信终端、可信应用的需求。基于安全服务云平台提供的基础安全通信服务，任意两个具有安全模块的移动终端，均可以实现端到端的安全通信。组织级的基础安全通信应用能够无缝融入移动电子政务、移动办公等移动化应用系统，降低移动化应用开发复杂度，增强应用功能。

**5. 提供统一的安全认证服务**

安全服务云平台建立可信的身份数据库，通过身份认证、服务认证和电子签名等技术，为移动化应用系统提供第三方认证服务，通过核实用户的合法身份，最大程度上杜绝虚假信息，保证业务的安全。统一的安全认证能够支持社会信用体系建设，消除阻碍信息消费的各种行业性、地区性、经营性壁垒，整合多部门资源，提高共享能力，促进互联互通，有效提高公共服务水平。

**6. 构建安全移动互联网应用开发与运行平台**

安全服务云平台提供从安全的 IDC 设施、安全的网络通信、可信的身份认证、密码等服务，构造了一个开放的安全生态环境和信息消费环境，降低了移动化应用开发与运维过程中应对安全问题的复杂度。安全服务云平台默认提供了安全云办公、安全政务助理、安全 CRM 等轻量级特色安全 OTT 应用。第三方软件服务提供商可以基于安全服务云平台的身份认证与用户资源、应用安全接入能力、安全 IDC 设施、应用分发渠道、推送服务等开放资源，开发特色安全的移动电子政务、移动电子商务、移动办公等各类 OTT 应用，为政府、企业用户和个人消费者提供更为丰富的信息消费产品。

## （三）信大捷安 2014 年发展态势预测

该战略规划之安全智能终端的生产研发，将弥补国内相关领域的空白，将逐步成长为一个庞大的产业。安全服务云平台项目在推动信息安全产业快速发展的同时，还将对信息消费产品以及服务的发展有着巨大的带动作用，培育信息消费需求，强化信息消费产品以及服务提供商的供给能力和创新能力，促进安全智能终端产业的发展，并对河南省智能终端产业集群规划的落地起到良好的示范作用。

安全服务云平台项目建设将衍生出庞大的信息安全产业生态群落，促进信息消费产品与服务的发展。

**1. 安全智能终端密码模块**

国产化密码模块基于国产密码算法芯片和自主知识产权的移动可信模块（MTM），可逐步封装为智能终端安全标准配件，具有信息安全需求的智能终端均可以加载该硬件模块，实现芯片与集成电路级的自主可控。

**2. 安全智能终端软件研发**

包括安全增强组件研发、安全操作系统研发与标准操作系统加固，实现操作系统级的自主可控。

**3. 安全智能终端生产**

所有的智能终端生产厂商均可以集成安全智能终端密码模块、安全操作系统和安全增强组件，生产面向不同用途的智能终端设备，实现设备级的自主可控。

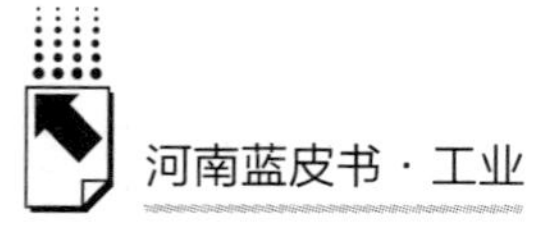



**4. 安全智能终端服务体系**

包括 MDM（智能终端设备管理）、MAM（智能终端应用管理）、MSM（智能终端服务管理）等智能终端管控与服务平台，实现企业级的自主可控。

**5. 移动信息化软件产业**

安全服务云平台提供的各项服务，能够满足移动信息化建设过程中对信息安全的政策要求和应用要求，满足对数据的安全性要求，应用开发商可以基于安全基础设施的软硬件服务、数据资源快速开发移动化应用，满足各行业移动信息化建设和信息消费的需求，实现业务级的自主可控。

2014 年，伴随着各项项目规划的顺利实施，将会有效促进信大捷安产业结构升级，产品门类优化，极大提升信大捷安的市场竞争力和综合实力。

## 四　信大捷安下一步发展重点举措

信大捷安以“让信息传递更安全”为己任，下一步将紧紧围绕国家和地方一系列支持产业发展的政策，继续致力于移动信息安全相关产品的研发，抓住经济回暖、市场复苏带来的重大发展机遇，充分借助积累的品牌效应，坚持自主创新，依靠领先技术，稳增长、促转型，努力探求出一条内涵式增长与外延式扩张相结合的发展道路来，实现生产和经营规模的迅速扩大。为此，需要改进和加强以下几个方面。

### （一）紧抓产业政策，强化信息消费业务

要抓住国家促进信息消费扩大内需的有利时机，重点推进基于云安全服务电子商务平台、公共信息安全服务平台、面向移动互联网的安全服务云平台及其他信息消费业务的开展，争得先机，抢占市场。

### （二）以市场为导向，重视产品升级，持续加大研发投入，提升产品综合竞争力

以市场需求为导向，进一步树立产品服务意识，把促进产品创新、实现产品升级、推动产业结构调整作为提高企业核心竞争力、加快企业发展的根本途

径。持续做好基于云安全服务的电子商务平台功能的开发、完善，针对目标客户制订更为贴身的整套安全解决方案，增加产品的竞争力。着力推进公共信息安全服务平台建设，研究新情况和新问题，结合公共信息管理的特点，不断完善、改进其功能，为最终引入应用做好技术准备。

加强对专利申请和技术革新的奖励力度，加大对新产品、新技术的研发投入，要力争涌现一批科技创新成果，全面提升企业的科技创新能力和核心竞争力。

### （三）加大市场开拓力度，积累品牌价值，提高市场占有率

市场需求是拉动企业发展的先导，下一步信大捷安将积极抓住国家促进信息消费扩大内需的发展重大机遇，依靠自身领先的产品、技术服务优势，拓宽产品应用领域，全面布局、抢占市场。实现关键领域的重大突破，加大与重点客户的战略合作力度，构建长期稳定的重点客户群。确保重大合同的签署与履行，持续提高市场占有率，塑造过硬的品牌价值形象。

### （四）以开放合作作为做强做大的支撑

信大捷安愿与所有具备行业、区域、市场、专业技术等领域优势的合作伙伴一起，本着优势互补、互利共赢、共同发展的原则，加强双方的联系对接、协同配合，完善移动互联网信息安全产业规划，形成核心竞争力。

**1. 平台建设与推广**

借助合作伙伴区域、行业、市场等方面的优势，在不同的省市推广建设面向政府部门、垂直行业（如税务、电力、国土等）、公共信息服务等不同领域的安全服务云平台。

**2. 移动化应用**

安全服务云平台具备完善的移动信息安全基础设施与内网移动安全接入能力，合作伙伴可以利用自身的行业、技术优势，快速实现现有业务系统的移动化，研发新的移动化应用，丰富完善产品线，开拓新的业务机会。

**3. 智能终端研发与合作**

信大捷安提供标准化的安全智能终端密码模块、安全加固操作系统及安全

增强组件，与智能终端厂商合作研制面向不同行业与应用场景（如电子政务、办公、测绘、移动执法、导航定位、智能家居、安防等）的安全智能终端，形成产业规模优势，促进安全智能终端在移动互联网和物联网领域的应用与发展。

### （五）提升企业综合管理水平，保障企业健康发展

随着信大捷安的进一步发展，企业规模持续扩大，人员数量不断增加，市场覆盖面日益广阔，必将对企业的综合管理提出更高的要求，信大捷安按照“强化管理、严控风险、精简高效、团结协作”的理念，及时调整内部组织结构，压缩管理开支，理顺管理流程，优化配置资源利用，实现内部组织结构的高效运转。显著提高人力、财力、物力的集约化管理水平，降低企业运营成本，提升企业管控能力。

作为一家从事信息安全产业的民营企业，信大捷安肩负着共建我国美好、安全信息消费环境的重大使命。在国家鼓励信息消费的大背景下，我国的信息安全企业使命艰巨、责任重大，我们有理由相信我国的信息安全企业能够抓住这一历史机遇，在实现自身飞速发展的同时，提升我国信息安全产业的发展水平。

B.22

# 搭上电子商务快车的传统机械制造企业

## ——河南黎明重工科技股份有限公司发展态势分析与展望

谢震鹏　赵西三*

**摘　要：**

作为一个传统机械制造企业，黎明重工是行业内推广电子商务模式的先行者，通过发展电子商务对传统营销模式的创新与突破，黎明重工始终保持着较高的增长速度，近三年电子商务创造的营业收入占企业营业收入的80%以上，有力支撑了企业的可持续发展，主要得益于企业对互联网战略的较早谋划、对电子商务的持续投入和对电商高端人才的储备，黎明重工电子商务模式已经成为行业样板被广泛复制，未来黎明重工将持续推进以电子商务为依托的营销模式创新，不断拓展新的增长空间。

**关键词：**

黎明重工　电子商务　营销模式创新

河南黎明重工科技股份有限公司（以下简称黎明重工）成立于1987年，总部坐落于郑州国家高新技术产业开发区，生产基地位于郑州市上街区，是河南省级高新技术企业，郑州市重点支持发展的百强非公有制企业之一。公司始终专注于破碎制粉类机械设备的制造，在行业内占主导地位，多项产品与技术获得国家专利。作为中国破磨装备制造的第一品牌，近几年，面临着国际金融危机的巨大冲击，公司营业收入仍保持着较快的增长速度，主要受益于公司通过发展电子商务对传统营销模式的创新与突破。

* 谢震鹏，河南黎明重工科技股份有限公司；赵西三，河南社会科学院工业经济研究所，副研究员。

## 一　电子商务引领传统制造型企业创新发展

近几年，作为传统机械装备制造企业，黎明重工通过搭建电子商务平台获得了快速增长，电子商务成为企业销售收入的主要来源，如图1所示，2010～2012年，电子商务累计为公司带来销售额7.1亿元，约占郑州公司销售额的83%，而同期电子商务总投入3320万元，综合投入产出比高达1∶21。黎明重工以电子商务为依托的新型营销模式已经为业内同行普遍接受，不仅编入了河南省高等院校电子商务教程，被百度、阿里巴巴等国内知名网络平台特邀授课培训，并且于2008年由黎明重工牵头组建了区域电子商务网络联盟——中原商盟，旨在提升中原地区网商总体竞争力。网络调查发现，业内很多企业在网络展示途径、推广平台、信息内容、产品图片风格等商务推广行为方面乃至部门内部人员设置，都完全复制黎明重工模式，折射出了黎明重工电子商务模式行业风向标的重要地位。

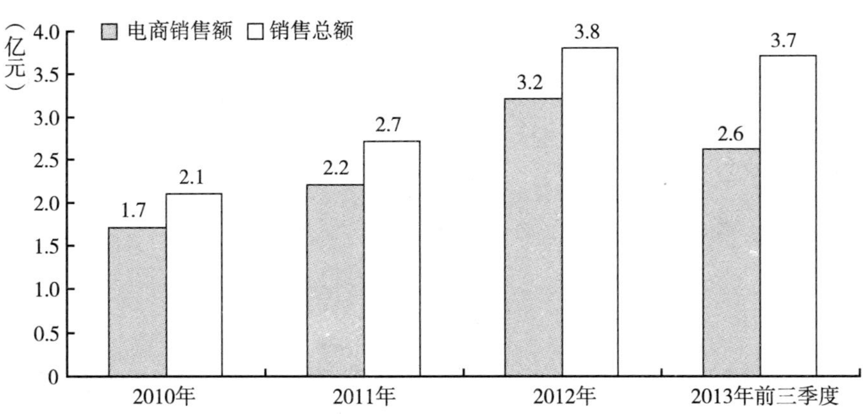


**图1　黎明重工销售额与电商销售额**

黎明重工之所以能够在电子商务模式创造了较高的投资回报率，支撑企业规模与效益的快速增长，主要得益于企业对互联网战略的较早谋划、对电子商务的持续投入和对高端人才的储备。

### （一）黎明重工较早开始谋划互联网战略

黎明重工早在2000年就意识到了互联网蓬勃发展给传统产业带来的战略

机遇，开启了公司电子商务的鸿业远图，正是在这一年，公司搭建了第 1 个企业官网，2002 年开始筹划成立市场信息部，探索传统行业在互联网方面的应用，2004 年正式组建电子商务团队，开展国内和国际网络贸易，企业电子商务活动自此全面展开。

经过十余年的不断探索和创新，黎明重工的电子商务运行模式在经历无数次互联网波动考验及勇于“试错”下日臻完善。从 2000～2003 年的简单电子商务操作，到 2004～2008 年找到适合自身特点的粗放型电子商务模式。再到 2009～2013 年建立了以数据为驱动的精细型电子商务模式。13 年来，黎明重工电子商务中心在矿山机械行业始终占得先机，为郑州市乃至河南省电子商务企业的集成及电子商务平台的建设起到了关键的推动作用。黎明电子商务应用属于河南省电子商务示范企业规范里的第三类——传统企业电子商务应用平台。

### （二）黎明重工持续加大电子商务资金投入

随着企业在互联网应用上的日益积累以及我国整体电子商务的蓬勃发展，黎明重工抓住机遇持续加大电商商务建设，尤其是国际金融危机以来，黎明重工更加重视对电商平台的提升，近 5 年来，黎明电子商务中心累计投入资金约 4880 万元，其中 2009～2012 年，黎明重工电子商务中心每年的资金投入分别较上年增长 1.79%、31.58%、60%、50%，通过企业大力的资金支持，黎明重工科技电子商务中心不仅带来了可观的经济效益，而且在电子商务平台建设、人才培养、管理模式创新等方面迎合了市场，提升了企业品牌竞争力。

### （三）黎明重工储备培养了一批电商高端人才

经过十几年的探索与发展，黎明重工在电子商务方面已经形成了专业化的研发和推广团队，黎明重工电子商务中心共有 146 人，汇集了大批来自清华大学、北京大学、中国人民大学等国内知名院校的高素质管理人才和技术精湛的电商精英。人才是企业发展的灵魂，黎明重工一向注重人才的培养，公司为电子商务人员制定了以专家教授和企业内部管理人员相结合的培训模式，既完善了电子商务技术前沿的理论指导，同时又注重企业、市场的电子商务实战。通过对现代管理知识培训、行业知识和技能培训、企业电子商务培训等各种符合企业实际培训需求的培训内容，提升了企业电子商务部门的工作效率，完善了人员培养制度，增强了企业电子商务在行业内的市场竞争力。

## 二　黎明重工电子商务模式解析与绩效评价

在国际金融危机背景下，越来越多的公司体会到：电子商务已成为全球经济最具活力的增长点，代表着未来贸易方式的发展方向，其应用和推广将给公司发展带来巨大的变革与收益，黎明重工是河南较早一批开展电子商务并成功“尝螃蟹”的传统企业之一。

### （一）黎明重工电子商务模式解析

黎明重工电子商务中心的主要业务内容包括：中文官网和另外 8 种外文网站的网站策划、网站建设、网站维护、网站优化推广、网络竞价、信息发布、在线洽谈、用户体验调查及优化、渠道拓展等。同时，360 度可视产品展厅借助先进的 FLASH 技术，可让客户产生身临其境的感觉，能够更好地方便客户了解公司及公司的产品。

黎明重工设立有专门的电子商务中心，中心下设有 UED 用户体验团队、SEO 技术优化团队、品牌技术和品牌营销团队、国际国内渠道拓展团队、市场信息团队、项目研发团队等部门，部门内部分工精细，职责明确，部门内部、部门之间均有相应的沟通协调机制，部门还有定期和不定期的培训和分享等交流，从而极大地降低了沟通成本，提高了团队的工作效率（见表 1）。

**表 1　黎明重工电子商务中心团队构成**

| 团队组成 | 团队人数 |
| --- | --- |
| 中心经理 | 1 |
| 国际国内渠道拓展团队 | 30 |
| 品牌技术和品牌营销团队 | 14 |
| 市场信息团队 | 16 |
| UED 用户体验团队 | 12 |
| SEO 技术优化团队 | 60 |
| 项目研发团队 | 8 |
| 其他 | 5 |

黎明重工构建了完善的电子商务中心管理制度，通过对电子商务中心组织职权管理制度、领导工作职责管理制度、部门工作职责管理制度、人员岗位职责管理制度、人员培训及激励制度、人员行为规范制度的建立优化了组织架构，明确了部门及员工职责，规范了员工行为以及提高了员工专业技能。电子商务中心管理制度的建立明确了发展方向和规划的实施，基本建成了一个体制灵活、健全、有序有法、权责分明、统一协调的电子商务组织，保证了电子商务系统的正常运转。

客户通过公司的中文官方网站（http：//lmlq. com）、手机网站（手机登录 http：//m. lmlq. com）和其他 8 个外国语言版本的企业网站，以及在百度、谷歌等搜索引擎上进入黎明电子商务平台，保证了黎明重工的产品发布的快捷高效，信息推广与处理的有效运行，同时开拓了国内、国际市场。

### （二）黎明重工电子商务应用绩效评价

得益于电子商务的助推，黎明重工逐步销售额逐年快速增长，最近十余年在矿山机械行业始终占得先机，2008 年，电子商务带来的销售额占公司销售额比例首次突破 60%，近几年公司销售额渠道来源比例中来自电子商务的占比最高达 80%。

随着公司电子商务应用的持续深化，黎明重工形成了一套以电子商务为依托的新型营销模式。黎明重工作为目前国内规模最大的矿山破碎粉磨设备生产经营企业、河南省矿山设备制造的支柱企业，电子商务应用的成功，不仅引领同行业争相模仿复制，更是推动了河南省重工企业对电子商务的应用进程。随着这股电子商务热潮的到来，可为河南省直接提供就业岗位百余人，间接提供就业岗位千余人。

推动电子商务的发展特别是企业间电子商务的应用，不仅可以使商务活动更加“直接化”和“透明化”，还可以满足边际成本递减法则，有助于传统的生产流程与经营管理模式得到再创造，从而达到降低成本，扩大工业品市场规模的目的。

## 三　2014 年黎明重工发展趋势展望

明年及未来一段时期，伴随着我国进一步深化改革开放，民营企业将迎来新的发展机遇，电子商务与移动互联网的爆发式增长也将为黎明重工带来新的增长空间。

## （一）发展环境分析

2014 年，工程机械行业面临巨大挑战，从国际市场来看，由于新兴市场经济增速放缓，矿产品需求增速下滑，全球矿业巨头普遍业绩低迷，预计 2014 年下半年铁矿石全球供应将过剩，势必上传到工程机械行业。从国内情况来看，在可预见的时期里，中央不会推行大规模的刺激性投资计划，而各地方政府又普遍负债率偏高，因此全国各地的工程建设不太可能会出现前期 4 万亿时期那样的高潮，而且不同的地域、时期也会出现不同的特点。对于中国工程机械来讲很难出现快速全面复苏的情况，相对的可能会出现缓慢的长期复苏或分层次的复苏。

破碎机行业转型升级提速带来新机遇，面临着资源环境约束的持续强化，将推动着破碎机产业不断提升技术水平，以求逐步提升自身生产效率和产值，当前破碎机的发展在逐渐向大型化、自动化、智能化、综合化方向发展，破碎机行业必须根据自身的实际情况，加快工艺改革和产品创新，提高大型环保节能设备的技术水平，完善生产体质，抓住市场机遇，实现产业升级。

## （二）矿山破碎机械行业发展中存在的主要问题

一是竞争日趋激烈，当前国内矿山破碎机械领域存在着鱼龙混杂、技术落后、创新不足、相互模仿、竞争激烈无序等问题。二是产品标准尚未规范，当前处于无标准状态，亟待需要相关大公司以及整个行业的共同努力来确定相关标准，维护行业规则，保证有序竞争。三是售后服务亟待提升，随着新一轮投资计划“轮廓”的逐渐清晰，可预见的是未来大部分投资将从一线城市转移到二、三线城市和急需改建的县镇乡等区域，但这些区域与传统的市场（一线城市）有很大的不同，如交通物流相对薄弱、设备销售分部小而散、设备工作地点跨度大等特点。

### （三）黎明重工主要经济指标预测

总体上而言，未来一段时期，黎明重工会随着市场需求的脚步不断创造、制造出高品质、高质量、满足客户需求的产品，同时加大对客户群体的维护，加快电子商务的发展步伐，提升自身竞争力，最大限度地为市场服务、为客户服务，赢得新的发展空间。预计 2014 年黎明重工还能保持较快的发展步伐及增长节奏，增速可以保持在 20% 以上，与此同时，电商推广网络询盘量的增加也将保持在 40% 以上的增长速度。

力争到 2015 年，黎明重工网站日均页面访问量（PV）将达到 1260 万人次，IP 用户将达到 180 万，电子商务带来的国际意向客户 30000 个，国内意向客户 25000 个，营业收入达到 15 亿元。

## 四　推进黎明重工转型发展的思路与举措

面对新的形势，黎明重工继续强化电子商务发展战略，加大研发投入与新产品开发力度，不断拓展新的发展空间，保持在矿山破碎磨粉行业的领航地位。

### （一）继续推进电子商务营销模式创新

黎明重工电子商务中心将在现有基础上，完善网上销售模式。从产品信息的推广方式、客户深层次需求的挖掘与处理、对订单处理流程的优化、对产品物流信息的实时追踪、对网上营销策略的创新等方向切入。以市场为导向，以客户为中心，努力打造出具有黎明特色，全面满足网上销售各个模块的创新型在线销售系统。

**1. 完善客户跟踪系统**

通过完善销售自动化模块，全面永久的保存客户资料，避免销售人员离职而导致客户资源流失。通过客户快速定制模块，从挖掘潜在客户、客户询问、产品方案推荐、订单处理、售后服务等一整套流程进行特殊定制。通过完善集成邮箱服务，使海量邮件清晰便于查询，轻松追溯往来邮件历史记录，全面保管客户资料。

**2. 探索移动电子商务模式**

伴随着移动智能终端的快速普及，移动电子商务也在蓬勃发展，移动电子商务模式是通过手持移动设备进行的电子商务，构建移动电子商务不能照搬传统电子商务模式来实现。它受到用户、移动环境、移动设备与浏览器、互联网接入、网站结构与内容等因素的影响，这就需要企业加强移动电子商务模式的探索与应用。在用户意识仍然欠缺、产业链资源仍待整合、基础设施尚未到位的基本市场条件下，黎明重工将以敢为天下先的姿态，以提升用户体验、创新移动电子商务模式为契机，整合企业资源，将传统电子商务模式与移动电子商务进行有效结合，相互借鉴技术经验和管理模式，使黎明重工电子商务实现跨越式发展。

**3. 强化社会化媒体营销**

社会化媒体营销就是利用社会化网络、在线社区、博客、百科或者其他互联网协作平台和媒体来传播和发布资讯，从而形成营销、销售、公共关系处理和客户关系服务维护及开拓的一种方式。一般社会化媒体营销工具包括微信、微博、博客、SNS 社区、论坛、图片和视频通过自媒体平台或者组织媒体平台进行发布和传播。社会化媒体的互动特性可以拉近企业与用户的距离，大数据特性可以帮助企业低成本进行舆论监控和市场调查，由此可以精准定向目标客户，降低成本，提高企业价值。

虽然社会化营销有诸多优势，但对其误区、手段和营销策略等关键问题的研究还只处在理论阶段。对重工行业的社会化媒体营销而言，由于重工行业单机产品价值较高、客户群体网络化程度有待提高、企业社会化媒体营销人才缺失等方面的影响，使社会化媒体营销的发展存在着很大困难，同时，这对于企业也是极大的机遇。黎明重工电子商务中心将对社会化媒体营销中存在的误区如向粉丝过度推销、贪图数据表现、强调自我、因嫉妒而抄袭等进行总结及规避。对社会化媒体的营销策略进行探索和完善，将通过精准定位来确定客户群体和选择适合企业的社交平台，通过全面的营销策略对账号矩阵的建立、内容的规划、互动反馈机制的建立以及危机公关等内容进行处理。通过数据监测和报告来建立企业的监控和反馈机制以实现精准营销。

## （二）大力拓展研发与服务两端的高附加值环节

对于重工行业来说，未来发展趋势是向研发与服务“微笑曲线”两端高附加值环节延伸，打造综合解决方案提供商，这将是黎明重工未来的主攻方向。

**1. 持续加大研发技术投入**

创新是一个民族、一个团队、一个组织发展的不竭动力，要想在较为混乱的矿山破磨行业取得较大的成果，必须注重产品研发创新。在新产品推广、性能质量优越等方面显得格外重要。尤其是近年来，随着中国建筑市场的迅猛发展（如工程项目越来越大、工期越来越短、高度越来越高等），国内市场对工程机械产品要求也越来越高，相对于同质化产品而言，具有个性化能满足特殊要求和作业的产品更加受到市场的青睐。黎明重工未来将加大对研发顶尖人才的培养和引进，开发出更加符合市场趋势的个性化产品，更好地服务市场和满足市场的需要。

**2. 提升综合服务能力**

伴随着市场要求更加重视服务质量，工程机械企业应将更多的注意力放到产品的售后服务上，以提高“新市场”对品牌产品的认可度和加强用户对购买新机械的信心。近年来，中联重科、徐工、三一重工等中国工程机械的龙头企业，纷纷推出各种高质量的综合服务，把企业打造成综合解决方案提供商。以三一重工为例，近几年通过创新服务举措，在线服务平台持续提升，那些只能在别的行业享受的“终身免费服务”、“保姆式服务”，也能在工程机械行业实现，三一重工以此举占据了服务制高点。未来黎明重工也将围绕着如何打造服务平台，以提升综合服务能力。

# 附　表

The Schedule

## 一　2013年世界企业500强和中国企业500强河南工业入榜企业名单

表1　世界企业500强河南工业入榜企业名单

| 名次 | 企业名称 |
|---|---|
| 404 | 河南煤业化工集团有限责任公司 |

表2　中国企业500强河南工业入榜企业名单

| 名次 | 企业名称 |
|---|---|
| 66 | 河南煤业化工集团有限责任公司 |
| 98 | 中国平煤神马能源化工集团有限责任公司 |
| 263 | 河南省漯河市双汇实业集团有限责任公司 |
| 302 | 安阳钢铁集团有限责任公司 |
| 305 | 义马煤业集团股份有限公司 |
| 315 | 郑州煤炭工业(集团)有限责任公司 |
| 323 | 金龙精密铜管集团股份有限公司 |
| 355 | 河南神火集团有限公司 |
| 430 | 郑州宇通集团有限公司 |
| 433 | 万基控股集团有限公司 |
| 438 | 上上集团有限公司 |
| 452 | 河南豫联能源集团有限责任公司 |
| 454 | 天瑞集团股份有限公司 |
| 478 | 河南豫光金铅集团有限责任公司 |

# 二　河南省 2013 年度百强企业名单

表 3　河南省 2013 年度百强企业名单

| 名次 | 企业名称 |
|---|---|
| 1 | 河南煤业化工集团有限责任公司 |
| 2 | 中国平煤神马能源化工集团有限责任公司 |
| 3 | 鸿富锦精密电子(郑州)有限公司 |
| 4 | 河南省电力公司 |
| 5 | 郑州铁路局 |
| 6 | 中国烟草总公司河南省公司 |
| 7 | 中国石油化工股份有限公司河南石油分公司 |
| 8 | 中国石油化工股份有限公司洛阳分公司 |
| 9 | 中国石油化工集团公司中原油田 |
| 10 | 河南省漯河市双汇实业集团有限责任公司 |
| 11 | 河南中烟工业有限责任公司 |
| 12 | 中国建筑第七工程局有限公司 |
| 13 | 安阳钢铁集团有限责任公司 |
| 14 | 义马煤业集团股份有限公司 |
| 15 | 中国石油天然气股份有限公司河南销售分公司 |
| 16 | 中国中铁隧道集团有限公司 |
| 17 | 金龙精密铜管集团股份有限公司 |
| 18 | 郑州煤炭工业(集团)有限责任公司 |
| 19 | 郑州宇通集团有限公司 |
| 20 | 河南神火集团有限公司 |
| 21 | 中国移动通信集团河南有限公司 |
| 22 | 河南中原黄金冶炼厂有限责任公司 |
| 23 | 万基控股集团有限公司 |
| 24 | 河南豫联能源集团有限责任公司 |
| 25 | 天瑞集团有限公司 |
| 26 | 河南投资集团有限公司 |

续表

| 名次 | 企业名称 |
|---|---|
| 27 | 登封电厂集团有限公司 |
| 28 | 中国石油化工集团河南石油勘探局 |
| 29 | 河南豫光金铅集团有限责任公司 |
| 30 | 河南龙成集团有限公司 |
| 31 | 大唐河南发电有限公司 |
| 32 | 灵宝金源矿业股份有限公司 |
| 33 | 中信重工机械股份有限公司 |
| 34 | 许继集团有限公司 |
| 35 | 郑州日产汽车有限公司乘用车分公司 |
| 36 | 河南济源钢铁(集团)有限公司 |
| 37 | 中国一拖集团有限公司 |
| 38 | 中国联合网络通信有限公司河南省分公司 |
| 39 | 中国石化集团华北石油局 |
| 40 | 河南黄河实业集团股份有限公司 |
| 41 | 河南大用(集团)实业有限公司 |
| 42 | 建业住宅集团(中国)有限公司 |
| 43 | 河南众品食业股份有限公司 |
| 44 | 河南省南街村(集团)有限公司 |
| 45 | 河南森源集团有限公司 |
| 46 | 河南金汇不锈钢产业集团有限公司 |
| 47 | 河南省淅川铝业(集团)有限公司 |
| 48 | 郑州煤矿机械集团股份有限公司 |
| 49 | 济源市万洋冶炼(集团)有限公司 |
| 50 | 河南金利金铅有限公司 |
| 51 | 河南亚新钢铁集团有限公司 |
| 52 | 河南省淇县永达食业有限公司 |
| 53 | 郑州日产汽车有限公司 |
| 54 | 风神轮胎股份有限公司 |
| 55 | 河南交通投资集团有限公司 |
| 56 | 开曼铝业(三门峡)有限公司 |
| 57 | 河南省邮政公司 |
| 58 | 昊华骏化集团有限公司 |
| 59 | 辅仁药业集团有限公司 |
| 60 | 舞阳钢铁有限责任公司 |
| 61 | 河南凤宝特钢有限公司 |
| 62 | 郑州丹尼斯百货有限公司 |

续表

| 名次 | 企业名称 |
|---|---|
| 63 | 中铝洛阳铜业有限公司 |
| 64 | 河南财鑫集团有限责任公司 |
| 65 | 河南信阳毛尖集团有限公司 |
| 66 | 河南省国有资产控股运营有限公司 |
| 67 | 国电河南电力有限公司 |
| 68 | 河南华英农业发展股份有限公司 |
| 69 | 灵宝黄金股份有限公司 |
| 70 | 河南省北徐集团有限公司 |
| 71 | 河南金山化工集团 |
| 72 | 焦作万方铝业股份有限公司 |
| 73 | 安阳市豫北金铅有限责任公司 |
| 74 | 沙钢集团安阳永兴钢铁有限公司 |
| 75 | 河南天冠企业集团有限公司 |
| 76 | 洛阳栾川钼业集团股份有限公司 |
| 77 | 河南新野纺织股份有限公司 |
| 78 | 东方希望（三门峡）铝业有限公司 |
| 79 | 平高集团有限公司 |
| 80 | 益海（周口）粮油工业有限公司 |
| 81 | 卫华集团有限公司 |
| 82 | 林州重机集团控股有限公司 |
| 83 | 中国铝业股份有限公司河南分公司 |
| 84 | 中国石油天然气第一建设公司 |
| 85 | 河南环宇集团有限公司 |
| 86 | 河南省龙云集团有限公司 |
| 87 | 科迪食品集团股份有限公司 |
| 88 | 焦作隆丰皮草企业有限公司 |
| 89 | 宏源（许昌）焦化有限公司 |
| 90 | 河南省顺成集团煤焦有限公司 |
| 91 | 中国船舶重工集团公司第七二五研究所 |
| 92 | 新乡航空工业（集团）有限公司 |
| 93 | 中原出版传媒集团公司 |
| 94 | 河南金丹乳酸科技股份有限公司 |
| 95 | 河南省中原内配股份有限公司 |
| 96 | 河南晋开化工投资控股集团有限责任公司 |
| 97 | 河南心连心化肥有限公司 |
| 98 | 平顶山姚孟发电有限责任公司 |
| 99 | 洛阳钼都钨钼科技有限公司 |
| 100 | 河南明泰铝业股份有限公司 |

（本名单由河南省人民政府发布）

# 三　河南省2013年度百高企业名单

（按企业所在地排序）

**表4　河南省2013年度百高企业名单**

| 名次 | 企业名称 |
|---|---|
| 1 | 郑州三全食品股份有限公司 |
| 2 | 好想你枣业股份有限公司 |
| 3 | 郑州新大方重工科技有限公司 |
| 4 | 郑州华晶金刚石股份有限公司 |
| 5 | 河南汉威电子股份有限公司 |
| 6 | 河南辉煌科技股份有限公司 |
| 7 | 河南少林汽车股份有限公司 |
| 8 | 中铁隧道装备制造有限公司 |
| 9 | 河南鸽瑞复合材料有限公司 |
| 10 | 联保作物科技有限公司 |
| 11 | 河南恒星科技股份有限公司 |
| 12 | 中原利达铁路轨道技术发展有限公司 |
| 13 | 河南国控宇飞电子玻璃有限公司 |
| 14 | 生茂光电科技股份有限公司 |
| 15 | 郑州旭飞光电科技有限公司 |
| 16 | 百年金海安防科技有限公司 |
| 17 | 河南省数字证书有限责任公司 |
| 18 | 郑州铁路经济开发集团有限公司 |
| 19 | 中原证券股份有限公司 |
| 20 | 河南电影电视制作集团有限公司 |
| 21 | 中原期货有限公司 |
| 22 | 开封空分集团有限公司 |
| 23 | 河南瑞创通用机械制造有限公司 |
| 24 | 奇瑞汽车河南有限公司 |
| 25 | 洛阳北方玻璃技术股份有限公司 |

续表

| 名次 | 企业名称 |
|---|---|
| 26 | 河南柴油机重工有限责任公司 |
| 27 | 洛阳轴研科技股份有限公司 |
| 28 | 洛阳双瑞精铸钛业有限公司 |
| 29 | 四季沐歌(洛阳)太阳能有限公司 |
| 30 | 洛阳单晶硅有限责任公司 |
| 31 | 洛阳铁路运通集团有限公司 |
| 32 | 洛阳杜康控股有限公司 |
| 33 | 中钢集团洛阳耐火材料研究院有限公司 |
| 34 | 河南省前进化工科技集团股份有限公司 |
| 35 | 中航光电科技股份有限公司 |
| 36 | 洛阳中硅高科技有限公司 |
| 37 | 平顶山煤矿机械有限责任公司 |
| 38 | 圣光医用制品有限公司 |
| 39 | 河南平高东芝高压开关有限公司 |
| 40 | 平顶山市东方碳素有限公司 |
| 41 | 安阳凯地电磁技术有限公司 |
| 42 | 安阳鑫盛机床股份有限公司 |
| 43 | 安阳艾尔旺新能源环境有限公司 |
| 44 | 安阳市健丰食品有限公司 |
| 45 | 河南凯瑞数码股份有限公司 |
| 46 | 河南安彩高科股份有限公司 |
| 47 | 安阳锻压机械工业有限公司 |
| 48 | 河南天海电器有限公司 |
| 49 | 河南仕佳光子科技有限公司 |
| 50 | 河南省矿山起重机有限公司 |
| 51 | 豫飞重工集团有限公司 |
| 52 | 新乡克瑞重型机械科技股份有限公司 |
| 53 | 河南科隆集团有限公司 |
| 54 | 华兰生物工程股份有限公司 |
| 55 | 焦作市崇义轻工机械有限公司 |
| 56 | 焦作市卓立烫印材料有限公司 |
| 57 | 河南中轴股份有限公司 |
| 58 | 多氟多化工股份有限公司 |
| 59 | 河南佰利联化学股份有限公司 |
| 60 | 昊华宇航化工有限责任公司 |
| 61 | 河南超威电源有限公司 |

续表

| 名次 | 企业名称 |
|---|---|
| 62 | 濮阳惠成电子材料股份有限公司 |
| 63 | 濮阳濮耐高温材料(集团)股份有限公司 |
| 64 | 濮阳市盛源石油化工有限公司 |
| 65 | 河南豪丰机械制造有限公司 |
| 66 | 许昌远东传动轴股份有限公司 |
| 67 | 西继迅达(许昌)电梯有限公司 |
| 68 | 河南瑞贝卡控股有限责任公司 |
| 69 | 许昌恒源发制品股份有限公司 |
| 70 | 河南曙光健士医疗器械集团股份有限公司 |
| 71 | 河南莲花医疗用品有限公司 |
| 72 | 际华三五一五皮革皮鞋有限公司 |
| 73 | 漯河银鸽实业集团有限公司 |
| 74 | 河南骏通车辆有限公司 |
| 75 | 河南速达电动汽车科技有限公司 |
| 76 | 河南开祥精细化工有限公司 |
| 77 | 三门峡恒生科技研发有限公司 |
| 78 | 南阳防爆集团股份有限公司 |
| 79 | 南阳二机石油装备(集团)有限公司 |
| 80 | 南阳金冠电气有限公司 |
| 81 | 中南钻石股份有限公司 |
| 82 | 河南省西保冶材集团有限公司 |
| 83 | 河南省宛西制药股份有限公司 |
| 84 | 河南福森药业有限公司 |
| 85 | 南阳淅减汽车减振器有限公司 |
| 86 | 河南省力量新材料有限公司 |
| 87 | 河南冰熊冷藏汽车有限公司 |
| 88 | 河南香雪海家电科技有限公司 |
| 89 | 河南明业食品有限责任公司 |
| 90 | 河南羚锐制药股份有限公司 |
| 91 | 信阳天意节能技术有限公司 |
| 92 | 河南科信电缆有限公司 |
| 93 | 周口金丝猴食品有限公司 |
| 94 | 河南辅仁堂制药有限公司 |
| 95 | 河南联塑实业有限公司 |
| 96 | 河南省银丰塑料有限公司 |
| 97 | 河南莲花味精股份有限公司 |
| 98 | 驻马店市王守义十三香调味品集团有限公司 |
| 99 | 河南天方药业股份有限公司 |
| 100 | 河南省济源市矿用电器有限责任公司 |

(本名单由河南省人民政府发布)

# Abstract

The book, which is compiled by the Henan Academy of Social Sciences, with Progress under Stability of Henan, Sindustry as the theme, analyzes the trend and features of industrial economic operation in Henan province in 2013 and the prospect for 2014, discusses and explores the measures and efforts of Henan to promote industrial development from all its aspects and from multiple perspectives, and some policy suggestions for Henan to further promote industrial economy were put forward.

The first of the general reports of this book written by the research group of Industrial Economy Research Institute of Henan Academy of Social Sciences represents the book's basic views on the analysis and prediction of Henan industrial economy. The report says, since 2013, in the face of more complex economic environment at home and abroad, the industrial economy in Henan province grows under pressure, from slow start to rebound, the province industrial operation presents the overall situation and the main features "Stability in slow, Progress in Stability", and the "Stable" situation is formed, the "Progress" pattern is presented. Expected the future period, Henan industry on the whole will continue to maintain the pattern of the Progress in Stability; in 2013, more than scale industrial added value will realize the strategic target of 12% year-on-year growth; in 2014, more than scale industrial added value still will continue to remain at around 12% year-on-year growth, but the pace of structural adjustment and transformation and upgrading will significantly accelerate. The report recommends, in the background of our country's comprehensive deepening of reform, Henan's industry should adhere to the thinking of "advance steadily, doing something in Stability", continue to build a strong foundation to support the "stability", clear the main direction of "progress", improve the comprehensive measures of "doing", push the Henan industry into the second season of "improving quality and efficiency".

The second of the general reports of this book also written by the research group of Industrial Economy Research Institute of Henan Academy of Social Sciences represents the book's basic views on Henan regional industrial competitiveness evaluation. The report says, Comprehensive evaluation of regional industrial competitiveness, which can not only fully understand the relative level of the regional industrial competitiveness, and to take targeted measures to improve the quality and speed of regional industrial development, is the necessary requirement for Henan to improve the overall industrial competitiveness, continue to promote the industrial economy "Progress under Stability". Through the establishment of the guiding ideology and principles, this report constructs the competitiveness evaluation index system of regional industry in Henan. Using the economic data from Henan Statistical Yearbook in 2013, this report makes comprehensive evaluation and analysis on the competitiveness of Henan's regional industry. The report recommends, at this stage, that each region should focus on bigger and stronger the characteristic advantage industry clusters, to do the work of undertaking industrial cluster well, but also actively promote the regional innovation ability, the regional degrees of openness and cooperation, and the regional industrial sustainable development ability, and eventually achieve a persistent boost in regional industrial competitiveness.

Sub report part of the book, mainly carry out special studies, from transformation and upgrading, industry agglomeration, industry operation, enterprise development and so on, and strive to comprehensively display Henan key areas, key industries and typical enterprise in efforts and effects of promoting industrial advance in Stability, of improving the quality and increasing the benefit, facing the advantages and special problems, and ideas and Countermeasures of improving the quality and increasing the benefit.

In order to make the readers better understand the development of Henan's industry, this book gives, in appendix form, the enterprises list of Henan industry entry the world's top 500 companies and the top 500 Chinese enterprises, the annual list of the top 100 enterprises in Henan province in 2013, the annual list of the top 100 high growth enterprises in Henan province in 2013.

# Contents



**Abstract**: In 2013 Henan industrial economic showed the overall situation of "Stability in Slow, Progress in Stability", and the "Stable" situation is formed, the "Progress" pattern is presented. Looking to the future, the external environment of "Stable" continue to optimize, and the restricting factors of "Progress" still exist. Henan industry is expected to maintain the stability of the pattern of development, Need to deepen the reform as the focus, build a strong foundation to support the "stability", clear the main direction of "Progress", improve the comprehensive measures of "doing", Push the Henan Industry into the second season of "improving the quality and efficiency".

**Keywords**: Henan Industry; Progress under Stability; Transformation and Upgrading



**Abstract**: Comprehensive evaluation of regional industrial competitiveness, which can not only fully understand the relative level of the regional industrial competitiveness, and to take targeted measures to improve the quality and speed of regional industrial development, is the necessary requirement for Henan to narrow the regional gap, improve the overall industrial competitiveness, continue to promote the industrial economy "Progress in Stability". Through the establishment of the guiding ideology and principles, this report constructs the competitiveness evaluation index system of regional industry in Henan. With the economic data from the Henan Statistical Yearbook in 2012 as the basis, this paper makes comprehensive evaluation on the competitiveness of Henan regional industry, and analyzes the reason for the regional differentiation of industrial competitiveness. According to the evaluation results, some countermeasures and suggestions of promoting competitiveness are given.

**Keywords**: Regional Economy; Industrial Competitiveness; Competitive Strength; Development Potential; Development Environment

## B.3 The 2013 Annual Evaluation Report on New-type Industrialization in Henan

*Henan University of Economics and Law Research Group* / 033

**Abstract**: According to scientific, systematic, feasibility, comparability and dynamic principles, reference new-type industrialization relevant index of the Ministry of Industry and Information Technology, combined with the specific situation of Henan province, this report studies and puts forward the regional evaluation index and industrial evaluation index of Henan new-type industrialization. The paper gives the 2013 annual horizontal evaluation of new-type industrialization in Henan province, predicts the industrialization timetable for Henan province, and according to the evaluation results, some suggestions are put forward.

**Keywords**: New-type Industrialization; Evaluation System; Transformation and Upgrading

## B. 4 Research on Optimizing the Industrial Lagout in Henan

*Zhao Jianji* / 048

**Abstract**: Industrial allocation is the spatial distribution and structure in a certain area within the scope of the industry, whether it is reasonable or not directly affects the development speed and the competitiveness of the regional industrial economic promotion. Based on the analysis of the current situation of industrial spatial distribution in Henan, the article pointed out the existing problems of Henan industrial allocation, meanwhile analyzed the influencing factors of the adjustment, then built Henan industrial allocation as "one harbor, two regions, three cores, four axes, five doors", at last proposed countermeasures and suggestions for accelerating the adjustment and optimizing of industrial allocation in Henan province.

**Keywords**: Industrial Allocation; Adjustment and Optimization; Henan Province

## B. 5 Research on Speeding up Industrial Transformation and Upgrading of Henan through Industrial Relocation

*Tang Haifeng* / 074

**Abstract**: Using policy of the central plains of economic and opportunities of domestic industrial transfer, Henan increases to undertake transfer and invite investments dynamics, which speed up the transformation and upgrading of industry and has obtained a better effect in 2013. Henan's industry structure has been effectively promoted to the more grade and rationalization. Then, many restricting factors and Difficulties will stop Henan's process of industrial transfer, it is necessary to sum up experience, analyze and judge trending, further explore to undertake industry to speed up the transformation and upgrade of path and countermeasures.

**Keywords**: Undertaking the Industrial Transfer; Transformation and Upgrading

## B.6 Research on Promoting Industrial Transformation and Upgrading by Developing Producer Service in Henan Province

*Yang Zhibo* / 087

**Abstract**: In recent years, producer service industry has been an important driving force of Henan province. On one hand, the development of producer services can strengthen the local economy; on the other hand, it can also promote the restructuring of the industrial economy and sustainable development. By analyzing the promotion effects and problems of producer services on industrial transformation and upgrading in Henan province, this paper gives some practical advice and suggestions on how to promote the industrial restructuring and upgrading through the development of producer services in Henan province.

**Keywords**: Producer Services; Transformation & Upgrading; Collaborative Development

## B.7 The Situation and Prospects on Transformation and Upgrading of Zhengzhou's Industrial Economy

*Chen Jinfen, Niu Zhiyong, Qu Benli, Xing Qingxuan, Li Ding and Yang Zhiyong* / 100

**Abstract**: 2013, faced with the complicated macro-economic situation, the city's focus on industry-led industrial development, industrial projects in order to carry out activities for the carrier to "steady growth, structural adjustment," the main line, strengthen the monitoring and regulation of industrial operation, positive promote structural adjustment, speed up industrial restructuring and upgrading, and strive to maintain steady development of industrial economy. This article will be the city's industrial economic operation in 2013, the industrial transformation and upgrading of the situation, the main approach and analysis of the problem, and the next stage of development prospected.

**Keywords**: Industrial Economy; Operation Status; Transformation and Upgrading

## B. 8 The Analysis and Prospect on Luoyang's Industry Structure Adjustment and Industrial Transformation and Upgrading

*Yang Qingwei* / 119

**Abstract**: In 2013, under a very serious macroeconomic situation, by taking the industrial economic structure adjustment as the main line, Luoyang city vigorously carries out the transformation and upgrading of traditional industries, breeding strategic emerging industry and so on. Luoyang's industrial economy presents a stable momentum as a whole, the adjustment of industrial structure is accelerating, space layout is gradually optimizing, effect of the new technology and new projects of emerging industry on industrial transformation and upgrading has been enhanced. In 2014, Luoyang's industrial economy will present a slow recovery in traditional pillar industry, and a rapid development in strategic emerging industry.

**Keywords**: Industrial Economy; Structure Adjustment; Transformation and Upgrading

## B. 9 A Study on the Dominant Industry Development of Industrial Clusters in Henan Province

*Liu Xiaoping* / 133

**Abstract**: Since the international financial crisis broke out, Henan province has more actively tried to promote the healthy and rapid development of industrial concentration area, keep optimizing the allocation of resources and provide guidance for the project in accordance with the layout of leading industry, it has basically formed a trend of intersecting development structure initially rendering, structural quality steadily improving and cluster characteristic gradually highlighting. Meanwhile, the dominant industry development in the industrial concentration area still has some issues, for example, the quality of industrial development needs to be improved, the overall ability of independent innovation is relatively low and the difficulty in industrial chain integration is still large. Therefore Henan province should continue to insist on the development strategy of promoting the development of leading industries in industrial concentration area from gathering up to cluster, gradually making major changes of industrial development from industrial gathering to industrial cluster, from emphasizing the scale expansion to improving the product quality, from attaching importance to investment to innovation, from Government-led to market-led, and from competing on growth to transformation etc.

**Keywords**: Industrial Concentration Area; Dominant Industry; Upgrade of Industrial Transformation

## B. 10 Xinyang Electronic Information Industry Cluster Development Trend Analysis and Prospects



**Abstract**: In 2013, Xinyang continues to seize the opportunities of electronic information industry transfer, highlight the comparative advantages, in accordance with the designation investment ideas, around the "electronic information industry chain map". Relying on industrial concentration of Xinyang area to promote cluster introduction, preliminary formed intelligent communication terminals, and intelligent terminal, digital audio terminal three big industry chains, vigorously promote the upgrading of the industrial structure. Xinyang will develop the intelligent terminal (mobile) as the key point of electronic information industry, "area" more layout in the whole province greater support.

**Keywords**: Industrial Agglomeration; Electronic Information Industry; Intelligent Terminal

## B. 11 Minquan County Industrial Clusters Development Trend Analysis and Prospects

*Chang Baogang* / 157

**Abstract**: Minquan industrial concentration area continues to push forward with the surrounding building "cold valley of China". Cooling transformation of industrial agglomeration development, constantly improves the infrastructure and public service, to be the first choice of the inland coastal refrigeration industry transfer. Famous brand refrigeration in succession, leading industry become more prominent, refrigeration industry chain gradually improves. Refrigeration industry cluster effect basic formation, refrigerator car 40% domestic market share, to realize the revival of the Minquan of refrigeration industry.

**Keywords**: China Cold Valley; Industrial Aglomeration; Industry Gene

## B. 12 Changyuan County Industrial Clusters Development Trend Analysis and Prospect

*Zhang Fudong* / 164

**Abstract**: The development of China's township of Changyuan of hoisting machinery is a miracle. Changyuan county industrial concentration area on the basis of integration of lifting equipment manufacturing industry, focusing on the relevance of automobile and parts industry chain extension, attracted the domestic and foreign well-known enterprises, led a large number of local enterprises to enter the necessary link, the special motor city be vividly portrayed, a feature of advanced manufacturing base is on the rise.

**Keywords**: The Lifting of the Township; Industrial Transformation; Industrial Chain Extension

## B. 13 The Development Analysis and Prospects of the Smart Phone Industry in Henan

*Lin Fengxia* / 171

**Abstract**: The intelligent mobile phone industry has become one of the world's most active, most rapidly developing areas. In 2013, Henan put the cluster introduction work of the intelligent mobile phone industry as a strategic focus on speeding up the adjustment of industrial structure, transformation and upgrading. Henan has been actively introducing the projects and supporting projects, vigorously improving the infrastructure and service platform, and trying to build the whole industry chain. At present, the explosive growth of Henan intelligent mobile phone industry has driven the rapid development of electronic information industry. The intelligent mobile phone industry in Henan has gradually entered the track of healthy development.

**Keywords**: The Intelligent Mobile Phone Industry; Cluster Development; The Whole Industry Chain; FOXCONN

## B. 14 The Analysis of Development Situation and Prospect of the Food Industry in Henan

*Zhou Chunyu* / 185

**Abstract**: In 2013, the food industry in Henan grows steadily and rapidly. The growth rate rebound smoothly, which is faster than the average level of the whole province's industrial growth. The pace of transformation and industrial restructuring is accelerating. The investment of food industry is more optimistic. What's more, the exhibition economy is of great importance in the development of food industry. However, the fluctuation of raw material price has a significant impact on the food industry. In the future, the development priorities of the food industry in Henan consists of improving the level of industrialization of food, accelerating the pace of internationalization of the market, attaching great importance to consumer branding, promoting industrial integration actively, accelerating enterprise information, strengthening the standardization of raw materials. Finally, the paper gives some suggestions on the development of the food industry in Henan.

**Keywords**: Food Industry; Situation Analysis; Development Priorities

## B. 15 The Analysis and Prospects of Development Trend of the Iron Steel Industry in Henan



**Abstract**: As a result of the implementation of policies as "Transformation, Optimization, High-quality, Benefit growth", the production of steel products increases rapidly and economic benefits achieves monthly profit. However, the steel industry in our province is faced with great challenge owing to various negative factors such as: the slowdown of economic growth at home and abroad, insufficiency of market demand, excess production capacity. Looking forward, we are confronted with challenge and risk, demand and growth. Provided that policies as structural adjustment, steady increase and elimination of the contradiction of excess capacity were implemented, we can break through the bottleneck to seek the new development for steel industry. Based on the past successful experience, we can put forward suggestions to promote the development of steel industry.

**Keywords**: Iron and Steel Industry; Structure Optimization; Industrial Upgrading

## B. 16 Analysis and Prospect of Operation of Henan's Clothing Industry



**Abstract**: In 2013, faced with the enormous pressure of weak demand and rising cost, Henan clothing industry insisted load ongoing and continuous innovation, vigorously implemented the "five projects", the industry operation recovered steadily and the brand awareness enhanced continuously. Electronic Commerce mode infiltrated rapidly and the core competitiveness enhanced significantly. Henan clothing industry is expected to remain constant and steady growth in 2014.

**Keywords**: Clothing Industry; Industrial Upgrading; Electronic Commerce

## B. 17 Analysis and Prospect of the Development of the Energy Equipment Manufacturing Industry of Nanyang City

*Henan Academy of Social Sciences,*

*Institute of Industrial Economics Research Group* / 218

**Abstract**: After years of development, Nanyang has formed the development pattern of manufacturing energy equipment with explosion-proof equipment, oil and gas equipment, power transmission equipment and biomass energy as the main energy equipment, and the equipment manufacturing industry become its special advantage industries. In recent years, the energy equipment manufacturing industry of Nanyang city has maintained faster development by the promotion of energy equipment manufacturing industry to accelerate the development, but looking to the future, we find we are facing both development opportunities and favorable conditions challenges and constraints to upgrade a series of transformation, so we should continue to transition development four big advantage industry as the strategic emphasis, at the same time, we should take effective strategy to speed up the energy equipment manufacturing industry and the pace of transformation and upgrading in Nanyang City.

**Keywords**: Energy Equipment Manufacturing Industry; Development Status; Transformation and Upgrading

## B. 18 Research on the Henan Province "Bis-hundred" Enterprises

*Henan Provincial Industrial Development Research Center*
*"Bis-hundred" Enterprises Development Research Group* / 231

**Abstract**: Henan province annual "Bis-hundred" enterprises' total revenue in 2013 hit a record high, the threshold of revenue increased and the internal structure was optimized apparently. The "Bis-hundred" enterprises have become the core power of transformation and upgrading of Henan's industry, a supporting role for the province's industrial economy was further strengthened. But it also faced the continuing slowed growth, reduced investment desire, declined tax contribution and other problems. Facing the increasingly severe economic situation and perplexing external environment, Henan province should pay more attention to make the development and support "Bis-hundred" enterprises.

**Keywords**: "Bis-hundred" Enterprises; Industrial Upgrading; Resources Integration

## B. 19 An Enterprise Aircraft Carrier under Strategic Restructuring: Analysis of Development and Prospect of Henan Energy Chemical Industry Group

*Henan Energy Chemical Industry Research Group* / 244

**Abstract**: In September 2013, the original Henan coal chemical industry group and Yi coal group carried out strategic reorganization, Henan energy chemical group Co. Ltd was set up. Facing grim and complicated macroeconomic situation and the pressure of increasing safety and management, Henan Energy Chemical Group insisted that stresses promoting transformation by the strategic reorganization, stresses promoting recovery by holding steady growth, the strategic integration run smoothly. Looking to the future, the group will focus on "insist on a premise, complete two major tasks, build three major system, hold a key", continued to improve the quality and efficiency of economic operation, and to play a greater role in economic and social development of Henan.

**Keywords**: Strategic Restructuring; Deeply Integrated; Transformation and Upgrading

## B. 20 A Leader in the Printing Industry: Analysis of Development and Prospect of Lucky Huaguang Printing Science and Technology Co. , Ltd



**Abstract**: As the only one large state-owned enterprises with offset printing plates, printing film, flexible resin plates production capacity, a full range of services for the printing industry in our country, Lucky Huaguang printing science and technology limited company have made outstanding contributions to the China's printing industry bid farewell "lead and fire" into "light and electricity" and the realization of digital. Facing the challenges of information technology to the printing industry, Lucky Huaguang has been adhering to market-oriented, continuous development of new products and structure adjustment for years. In 2013, In digital printing and green environmental protection as the main line, change the company efforts to printed optoelectronic information materials based system service provider, Lucky Huaguang has maintained a good momentum of growth. It is expected that annual sales revenue will exceed 2billion RMB Yuan, exports more than $100million. In the 2014, it is full of challenges and opportunities, Lucky Huaguang will continue to maintain the momentum of steady growth

**Keywords**: Lucky Huaguang; Structural Adjustment; Tendency Analysis; Printing Digitization; Green Environmental Protection

## B. 21 Invisible Champion in the Field of Information Security: Analysis of Development and Prospect of Zhengzhou Xinda Jie'an Information Technology Co. , Ltd

*He Jun, Shi Shuying and Liu Changhe* / 267

**Abstract**: Nowadays, it's well known that information security industry has risen to national strategy level. A series of preferential policies are adopted to encourage enterprises to become bigger and stronger. After nearly 10 years of development, Xinda Jie, a harvested fruitful results in the research and development in the field of the mobile security intelligent terminal information security products. What's more, the key security issues of information transmission, storage, communication, and rendering are all solved, which contribute to the civic and national information security. Xinda Jie'an adheres to the philosophy of product development that "making the information transmission more security". With the support and guidance of relevant national industry policy, the company pay great attention to constant innovation, new products, expanding marketing channels, improving service levels, seizing opportunities to accelerate development.

**Keywords**: Information Security; Intelligent Terminal; Value of Brand

## B. 22 The Traditional Machinery Manufacturing Enterprises on the Electronic Business Express: Henan Liming Heavy Industry Polytron Technologies Inc.

*Xie Zhenpeng, Zhao Xisan* / 279

**Abstract**: As a traditional machinery manufacturing enterprise, Liming Heavy Industry is the pioneer of e-commerce model, and it has maintained a high growth rate on the electronic business express. It creates business income accounting for 80%

of company revenue for three years. Liming heavy industry e-commerce model has been widely replicated and has been a model in the industry. Liming heavy industry will continue to promote the innovation of marketing mode to rely on e-business, continuously expand new growth space.

**Keywords**: Liming Heavy Industry; the Electronic Business; Marketing model innovation

# 中国皮书网

www.pishu.cn

发布皮书研创资讯，传播皮书精彩内容

引领皮书出版潮流，打造皮书服务平台

## 栏目设置：

- □ 资讯：皮书动态、皮书观点、皮书数据、 皮书报道、 皮书新书发布会、电子期刊
- □ 标准：皮书评价、皮书研究、皮书规范、皮书专家、编撰团队
- □ 服务：最新皮书、皮书书目、重点推荐、在线购书
- □ 链接：皮书数据库、皮书博客、皮书微博、出版社首页、在线书城
- □ 搜索：资讯、图书、研究动态
- □ 互动：皮书论坛

中国皮书网依托皮书系列“权威、前沿、原创”的优质内容资源，通过文字、图片、音频、视频等多种元素，在皮书研创者、使用者之间搭建了一个成果展示、资源共享的互动平台。

自2005年12月正式上线以来，中国皮书网的IP访问量、PV浏览量与日俱增，受到海内外研究者、公务人员、商务人士以及专业读者的广泛关注。

2008年、2011年中国皮书网均在全国新闻出版业网站荣誉评选中获得“最具商业价值网站”称号。

2012年，中国皮书网在全国新闻出版业网站系列荣誉评选中获得“出版业网站百强”称号。

首页 数据库检索 学术资源群 我的文献库 皮书全动态 有奖调查 皮书报道 皮书研究 联系我们 读者荐购

权威报告　热点资讯　海量资源

## 当代中国与世界发展的高端智库平台

**皮书数据库**　www.pishu.com.cn

皮书数据库是专业的人文社会科学综合学术资源总库，以大型连续性图书——皮书系列为基础，整合国内外相关资讯构建而成。该数据库包含七大子库，涵盖两百多个主题，囊括了近十几年间中国与世界经济社会发展报告，覆盖经济、社会、政治、文化、教育、国际问题等多个领域。

皮书数据库以篇章为基本单位，方便用户对皮书内容的阅读需求。用户可进行全文检索，也可对文献题目、内容提要、作者名称、作者单位、关键字等基本信息进行检索，还可对检索到的篇章再作二次筛选，进行在线阅读或下载阅读。智能多维度导航，可使用户根据自己熟知的分类标准进行分类导航筛选，使查找和检索更高效、便捷。

权威的研究报告、独特的调研数据、前沿的热点资讯，皮书数据库已发展成为国内最具影响力的关于中国与世界现实问题研究的成果库和资讯库。

## 皮书俱乐部会员服务指南

**1. 谁能成为皮书俱乐部成员？**

- 皮书作者自动成为俱乐部会员
- 购买了皮书产品（纸质皮书、电子书）的个人用户

**2. 会员可以享受的增值服务**

- 加入皮书俱乐部，免费获赠该纸质图书的电子书
- 免费获赠皮书数据库100元充值卡
- 免费定期获赠皮书电子期刊
- 优先参与各类皮书学术活动
- 优先享受皮书产品的最新优惠

社会科学文献出版社 SOCIAL SCIENCES ACADEMIC PRESS (CHINA) 皮书系列
卡号：9177893657630470
密码：

**3. 如何享受增值服务？**

**（1）加入皮书俱乐部，获赠该书的电子书**

第1步 登录我社官网（www.ssap.com.cn），注册账号；

第2步 登录并进入“会员中心”—“皮书俱乐部”，提交加入皮书俱乐部申请；

第3步 审核通过后，自动进入俱乐部服务环节，填写相关购书信息即可自动兑换相应电子书。

**（2）免费获赠皮书数据库100元充值卡**

100元充值卡只能在皮书数据库中充值和使用

第1步 刮开附赠充值的涂层（左下）；

第2步 登录皮书数据库网站（www.pishu.com.cn），注册账号；

第3步 登录并进入“会员中心”—“在线充值”—“充值卡充值”，充值成功后即可使用。

**4. 声明**

解释权归社会科学文献出版社所有

皮书俱乐部会员可享受社会科学文献出版社其他相关免费增值服务，有任何疑问，均可与我们联系

联系电话：010-59367227　企业QQ：800045692　邮箱：pishuclub@ssap.cn

欢迎登录社会科学文献出版社官网（www.ssap.com.cn）和中国皮书网（www.pishu.cn）了解更多信息

# 皮书系列

“皮书”起源于十七、十八世纪的英国，主要指官方或社会组织正式发表的重要文件或报告，多以“白皮书”命名。在中国，“皮书”这一概念被社会广泛接受，并被成功运作、发展成为一种全新的出版形态，则源于中国社会科学院社会科学文献出版社。

皮书是对中国与世界发展状况和热点问题进行年度监测，以专业的角度、专家的视野和实证研究方法，针对某一领域或区域现状与发展态势展开分析和预测，具备权威性、前沿性、原创性、实证性、时效性等特点的连续性公开出版物，由一系列权威研究报告组成。皮书系列是社会科学文献出版社编辑出版的蓝皮书、绿皮书、黄皮书等的统称。

皮书系列的作者以中国社会科学院、著名高校、地方社会科学院的研究人员为主，多为国内一流研究机构的权威专家学者，他们的看法和观点代表了学界对中国与世界的现实和未来最高水平的解读与分析。

自 20 世纪 90 年代末推出以《经济蓝皮书》为开端的皮书系列以来，社会科学文献出版社至今已累计出版皮书千余部，内容涵盖经济、社会、政法、文化传媒、行业、地方发展、国际形势等领域。皮书系列已成为社会科学文献出版社的著名图书品牌和中国社会科学院的知名学术品牌。

皮书系列在数字出版和国际出版方面成就斐然。皮书数据库被评为“2008~2009 年度数字出版知名品牌”;《经济蓝皮书》《社会蓝皮书》等十几种皮书每年还由国外知名学术出版机构出版英文版、俄文版、韩文版和日文版，面向全球发行。

2011 年，皮书系列正式列入“十二五”国家重点出版规划项目；2012 年，部分重点皮书列入中国社会科学院承担的国家哲学社会科学创新工程项目；2014 年，35 种院外皮书使用“中国社会科学院创新工程学术出版项目”标识。

# 法律声明

“皮书系列”（含蓝皮书、绿皮书、黄皮书）由社会科学文献出版社最早使用并对外推广，现已成为中国图书市场上流行的品牌，是社会科学文献出版社的品牌图书。社会科学文献出版社拥有该系列图书的专有出版权和网络传播权，其 LOGO（ ）与“经济蓝皮书”、“社会蓝皮书”等皮书名称已在中华人民共和国工商行政管理总局商标局登记注册，社会科学文献出版社合法拥有其商标专用权。

未经社会科学文献出版社的授权和许可，任何复制、模仿或以其他方式侵害“皮书系列”和 LOGO（ ）、“经济蓝皮书”、“社会蓝皮书”等皮书名称商标专用权的行为均属于侵权行为，社会科学文献出版社将采取法律手段追究其法律责任，维护合法权益。

欢迎社会各界人士对侵犯社会科学文献出版社上述权利的违法行为进行举报。电话：010－59367121，电子邮箱：fawubu@ssap.cn。

社会科学文献出版社